Bernard Pyne Grenfell, Arthur Surridge Hunt

New Classical Fragments and other Greek and Latin Papyri

Bernard Pyne Grenfell, Arthur Surridge Hunt

New Classical Fragments and other Greek and Latin Papyri

ISBN/EAN: 9783743428256

Manufactured in Europe, USA, Canada, Australia, Japa

Cover: Foto ©ninafisch / pixelio.de

Manufactured and distributed by brebook publishing software (www.brebook.com)

Bernard Pyne Grenfell, Arthur Surridge Hunt

New Classical Fragments and other Greek and Latin Papyri

NEW CLASSICAL FRAGMENTS

AND OTHER GREEK AND LATIN PAPYRI

GRENFELL AND HUNT

London
HENRY FROWDE
OXFORD UNIVERSITY PRESS WAREHOUSE
AMEN CORNER, E.C.

New York
THE MACMILLAN CO., 66 FIFTH AVENUE

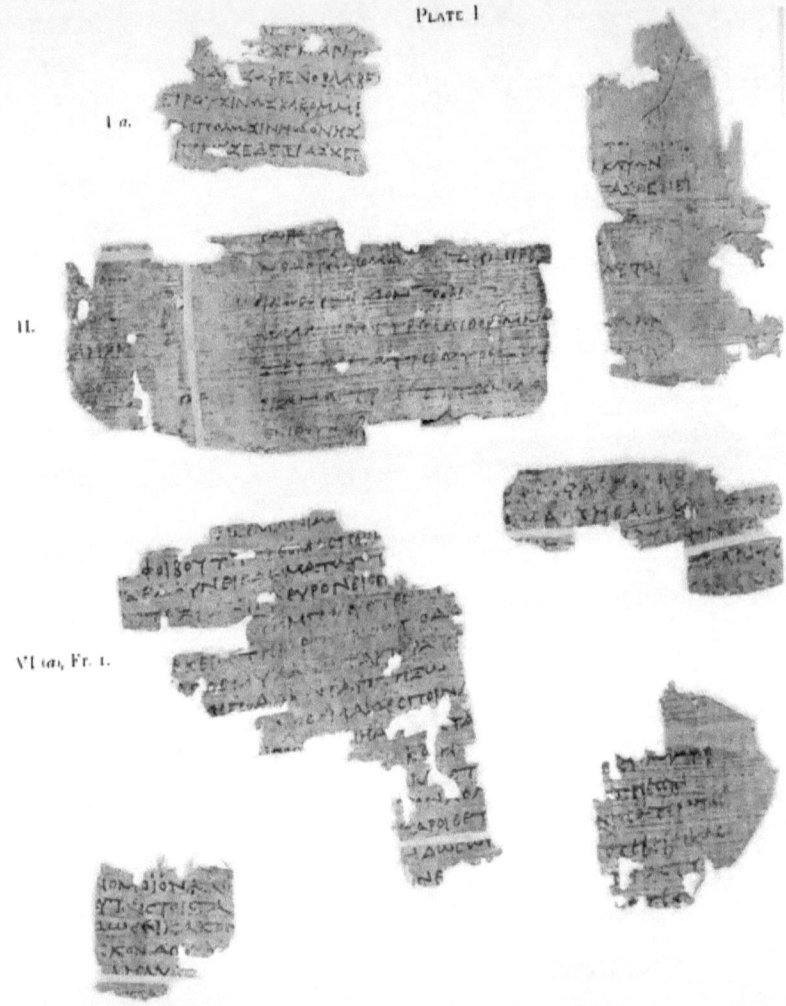
PLATE I

GREEK PAPYRI, SERIES II

NEW CLASSICAL FRAGMENTS

AND OTHER GREEK AND LATIN PAPYRI

EDITED BY

BERNARD P. GRENFELL, M.A.
SOMETIME CRAVEN FELLOW IN THE UNIVERSITY OF OXFORD
FELLOW OF QUEEN'S COLLEGE

AND

ARTHUR S. HUNT, M.A.
CRAVEN FELLOW
LATE SCHOLAR OF QUEEN'S COLLEGE

WITH FIVE PLATES

Oxford
AT THE CLARENDON PRESS
1897

Oxford
PRINTED AT THE CLARENDON PRESS
BY HORACE HART
PRINTER TO THE UNIVERSITY

PREFACE

Of the 146 papyri published in this volume nos. xv–xxxvii, lvii and lxxix were acquired by Mr. D. G. Hogarth and Mr. E. R. Bevan, nos. xli, 1 (*k*), and liii (*e*) and (*f*) by Prof. Mahaffy; for permission to publish these we are much indebted to their respective owners. The rest formed part of our own collection. With one or two exceptions all the papyri published are now in public museums or libraries.

These documents offer a good example of the varied character of papyri found in Egypt, both in age and contents. Besides numerous fragments of classical literature, new and old, and documents relating to the history of the Church from the fourth to the seventh century, this volume contains (for the first time) a complete series of dated official and private Greek papyri from the third century B.C. to the eighth A.D., as well as a few pieces in Latin.

In editing the Ptolemaic documents we have had the help of Prof. Mahaffy, who has also read through the proofs of the book, and to whom we owe numerous suggestions. On special points we are indebted for assistance to Prof. Wilcken,

Dr. C. Wessely, Mr. F. E. Brightman, Dr. Henry Jackson, Mr. F. G. Kenyon, Prof. Margoliouth, Mr. D. B. Monro, Dr. J. E. Sandys, and Mr. C. H. Turner.

In conclusion, we desire once more to thank the Delegates of the Clarendon Press for publishing this volume and providing the plates. The latter have been selected with the view of illustrating the history of Greek uncial writing, of Greek cursive in the first century B.C., and of Latin cursive in the second and third centuries. The excellence both of the printing and of the facsimiles, in spite of unusual difficulties, speaks for itself.

BERNARD P. GRENFELL.
ARTHUR S. HUNT.

Queen's College,
Oct. 10, 1896.

CONTENTS

I.

NEW CLASSICAL FRAGMENTS.

NUMBER	DESCRIPTION	DATE	PAGE
I. (a), (b)	Two Tragic fragments	3rd cent. B.C.	1
II.	Homer, Iliad VIII. 217–219 and 249–253	3rd cent. B.C.	4
III.	Homer, Iliad IV. 109–113	3rd cent. B.C.	5
IV.	Fragments of Homer, Iliad XXI, XXII, XXIII	3rd cent. B.C.	5
V.	Epic fragment	3rd cent. B.C.	13
VI. (a)–(c)	Tragic fragments	3rd cent. B.C.	14
VII. (a), (b)	Philosophical fragments	3rd cent. B.C.	15
VIII. (a), (b)	Lyric and Comic fragments	3rd cent. B.C.	18
IX.	Demosthenes, de falsa leg. § 10	1st or 2nd cent. A.D.	19
X.	Demosthenes, contra Phorm. §§ 6, 7	2nd cent. A.D.	20
XI.	Pherecydes fragment	3rd cent. A.D.	21
XII.	Fragment of a Tragedy with scholia	3rd cent. A.D.	24
XIII.	Philosophical fragment	3rd cent. A.D.	24

II.

PAPYRI OF THE PTOLEMAIC PERIOD.

XIV. (a)–(d)	Correspondence of Asclepiades	3rd cent. B.C.	26
XV.	Sale of land	139 B.C.	30
XVI.	Sale of a sycamore tree	137 B.C.	33
XVII.	Loan	136 B.C.	34
XVIII.	Loan of money	127 B.C.	34

CONTENTS

NUMBER	DESCRIPTION	DATE	PAGE
XIX.	Repayment of a loan	118 B.C.	36
XX.	Sale of land	114 B.C.	37
XXI.	Loan of money	113 B.C.	38
XXII.	Repayment of a loan	110 B.C.	39
XXIII.	Official correspondence	108 B.C. (?)	40
XXIII. (a)	Sale of land	107 B.C.	43
XXIV.	Loan of wine	105 B.C.	44
XXV.	Cession of land	103 B.C.	46
XXVI.	Repayment of a loan	103 B.C.	47
XXVII.	Loan of money	103 B.C.	49
XXVIII.	Cession of land	103 B.C.	51
XXIX.	Loan of wheat and barley	102 B.C.	52
XXX.	Repayment of a loan	102 B.C.	54
XXXI.	Repayment of a loan	104 B.C.	55
XXXII.	Sale of land	101 B.C.	56
XXXIII.	Cession of land	100 B.C.	57
XXXIV.	Greek docket to a demotic contract	99 B.C.	59
XXXV.	Sale of property	98 B.C.	59
XXXVI.	Letter	95 B.C.	61
XXXVII.	Official letter	circa 100 B.C.	62
XXXVIII.	Letter	81 B.C.	62
XXXIX.	Receipts for beer-tax	80/79 B.C. (?)	65

III.

PAPYRI OF THE ROMAN PERIOD.

XL.	Part of a census list (?)	9 A.D.	66
XLI.	Agreement by a tax farmer	46 A.D.	67
XLII.	Official letter	86 A.D.	68
XLIII.	Receipt	92 A.D.	69
XLIV.	Receipt	101 A.D.	70
XLV.	Registration of camels	136 A.D.	71
XLV. (a)	Registration of camels	137 A.D.	72
XLVI.	Sale of an ass	137 A.D.	73

CONTENTS

NUMBER	DESCRIPTION	DATE	PAGE
XLVI. (a)	Letter	139 A. D.	74
XLVII.	Certificate of payment	140 A. D.	75
XLVIII.	Receipts for camel-tax	141 A. D.	76
XLIX.	Census return	141 A. D.	77
L. (a)–(m)	Customs-receipts	142–192 A. D.	78
LI.	Sale of goat-skins	143 A. D.	84
LII.	Receipt for camel-tax	145 A. D.	86
LIII. (a)–(g)	Certificates for work on the dykes	148–190 A.D.	86
LIV.	Tax receipt	150 A. D.	89
LV.	Census return	161 A. D.	89
LVI.	Registration of property	162–3 A. D.	91
LVII.	Lease of land	168 A. D.	92
LVIII.	Tax receipt	175 A. D.	93
LIX.	Hire of a slave	189 A. D.	94
LX.	Tax receipt	193–4 A.D.	95
LXI.	Petition	194–8 A.D.	95
LXII.	Declaration by a surety	211 A.D.	97
LXII. (a)	Taxation returns	2nd cent.	98
LXIII.	Receipt	3rd cent.	98
LXIV.	Certificate	2nd or 3rd cent.	99
LXV.	Account	2nd or 3rd cent.	100
LXVI.	Notice addressed to the police	3rd cent.	100
LXVII.	Hire of dancing-girls	237 A. D.	101
LXVIII.	Deed of gift	247 A. D.	104
LXIX.	Repayment of a loan	265 A. D.	106
LXX.	Deed of gift	269 A. D.	108
LXXI.	Deed of gift	244–8 A. D.	110
LXXII.	Loan of money	290–304 A. D.	114
LXXIII.	Letter	late 3rd cent.	115
LXXIV.	Sale of a camel	302 A. D.	116
LXXV.	Receipt for wages of a nurse	305 A. D.	118
LXXVI.	Deed of divorce	305–6 A. D.	119
LXXVII.	Letter	3rd or 4th cent.	121
LXXVIII.	Petition	307 A. D.	123
LXXIX.	Declarations by sureties	284–304 A. D.	125

LIST OF PLATES

Plate I . . . . FRONTISPIECE.
Plate II . . . . To face page 6
Plate III . . . . ,, 10
Plate IV . . . . ,, 23
Plate V . . . . ,, 158

In the following pages uncial texts are printed as they were written, except that words are separated from each other. As regards non-literary texts, we have ventured upon an extension of the method adopted by the Berlin editors. Not only have accents, breathings, and punctuation been added, but the resolutions of *sigla* and abbreviations have been introduced into the text, the words or letters supplied being included within round brackets. Only in those cases where amounts have been written out both in words and signs, the latter are retained in the text; elsewhere they are relegated to footnotes. Iota adscript is reproduced wherever it was actually written; otherwise iota subscript is printed. The originals have also been followed in the dots over letters, lines over figures, and other lection signs which from time to time occur. Lacunae are indicated by square brackets [ ]. Dots placed within them represent the approximate number of letters lost. Dots outside the brackets indicate mutilated or otherwise illegible letters. Whenever enough of a partially obliterated letter remains to afford at any rate negative evidence, the dot has as a rule been placed in this position. Letters with dots underneath them are to be considered uncertain. Those about which, though partially lost, there was no doubt, have not been distinguished by dots.

Faults of orthography are corrected in the footnotes; but variations which could cause no difficulty have not always been noticed.

Small Roman numerals refer to the papyri in this volume.

B. U. = the Berlin Griechische Urkunden.

Gr. Pap. I = An Alexandrian Erotic Fragment, &c., edited by B. P. Grenfell.

I. NEW CLASSICAL FRAGMENTS

1. *Third century* B.C.

AMONG our acquisitions of last winter were some fragments of a mummy-case made of papyri. From the worm-eaten and rubbed condition of the cartonnage it is probable that the tomb in which it was found, probably in the Fayoum, had been rifled anciently, and that this part of the mummy-case was thrown aside and left exposed until the sand again filled up the tomb. When once more brought to light, it must have been in a highly brittle condition, and in any case it speedily broke up into small pieces when carried about, while its owner, in order to enhance the value of his wares, scribbled over some scraps which were blank. Even in such a condition it was, nevertheless, one of the most fortunate of our acquisitions. For in the manufacture of the mummy-case the remains of a library had been used, and amidst a few cursive and demotic fragments there were pieces of more than thirty different literary manuscripts. Most of these, with the exception of the Homeric fragments, are, as may be expected, too small to have much more than a palaeographical value. But we have thought it worth while to print all the scraps of verse and the largest of those in prose, in the hope that others may be more successful in identifying them than we have been. As to the great antiquity of these fragments (Nos. i–viii) there can be no question. The handwriting of the cursively-written pieces and the resemblance of the literary hands to those in the Petrie Papyri are sufficient to assign even the least archaic of them to the third century B.C.; but the first two. i (*a*) and (*b*), deserve special consideration.

An examination of these two fragments shows that the papyri with which they have to be classed are not the other third century B.C. literary fragments in this volume or even those of the Phaedo and Antiope, but the still more archaic fragments of the adventures of Heracles (Mahaffy, *Petrie Pap.* I, pp. 52–61 and Table of Alphabets) and the Artemisia papyrus at Vienna.

The form of sigma in i (*a*) and (*b*), Σ, is indeed more archaic than the forms used in either of the two last papyri, and the epigraphic form of Xi, Ξ, which occurs in i (*a*) 6, has not been found on papyrus before, though this does not help in a comparison with the Heracles and Artemisia papyri which have no example of that letter. On the other hand, in i (*a*) and (*b*) M is more rounded. The writing of uncial texts in the third century B.C. may, we think, be divided into three classes: the earliest contains the Artemisia and Heracles papyri with our i (*a*) and (*b*), which approximate closely to the epigraphic type; the next contains the Phaedo, Laches, and Antiope fragments and our ii, which are less consistently epigraphic and have a number of rounded forms; the third will include the other third century B.C. literary texts in the Petrie papyri and this volume. It is much more probable that these differences of type correspond to differences of time than that they are due to archaising. The question of archaising does not in any case arise concerning the Artemisia papyrus. which, so far as can be judged, is an original composition in a natural hand by some person unskilled in writing, and comparable to such papyri as *Gr. Pap.* I. xxxviii, written in rough uncials, or to the rude signatures in capitals found in contracts of the Roman period. Though the case of literary papyri written by professional scribes is of course more doubtful, the varying transitional forms in the same papyrus between the epigraphic and the rounded types of several letters, more especially Ω and E, are not what we should expect from archaising scribes. They either copy evenly the forms of letters before them,—in the ninth and tenth centuries this was done with such skill that doubt attaches to all MSS. ascribed to the fourth and fifth centuries on the evidence of the handwriting—or else put in archaic forms now and then, e.g. *Gr. Pap.* I. ii. 103, where an archaic zeta, Ɪ, occurs in a papyrus of the Roman period.

Assuming then that these three types correspond to differences of time, in which periods are they to be placed? The third class, comprising the bulk of third century B.C. literary MSS., may be safely ascribed to the latter half of the third century, to which the great mass of the Petrie collection belongs. The Phaedo, Antiope, and Laches fragments and our ii may well be ascribed to the middle of the century, when the dated examples in the Petrie papyri begin to be common. The first forty years of the third century are then left for the earliest group, an amply sufficient period to account for the differences between them and the latest class, seeing that the non-epigraphic cursive forms of letters were in daily use certainly far beyond the highest date that could be assigned to the earliest literary papyri; and that as soon as the rounded forms came to be used for literary manuscripts, a very few years would account for the disappearance of most of the less convenient archaic forms. The attribution of the Artemisia papyrus to the fourth century B.C. in preference to the third is defensible, though unnecessary. But to ascribe the Phaedo, Laches, and Antiope fragments to an older period than about 260 B.C., or the Heracles fragments and our i (*a*) and (*b*) to an earlier date than 300 B.C., is, we think, in the absence of evidence that literary fragments from a mummy-case are, as a rule, appreciably older than the cursive documents accompanying them, not only unnecessary but unjustifiable.

(*a*) *Frontispiece.* *Brit. Mus. Pap.* DCLXXXVIII *a*.

Two fragments in Tragic iambics.

Fr. 1.   ]ΓΟΝΤΑΓΑ[Fr. 2.   ]ΜΕΤΛΗΜ[
         ]ΓΑ[. . .]Ν ΣΕ ΜΑΝΤΕ[Α   ]ΗΜΕ[
         Α]ΝΔΡΕΣ Ω ΦΡΕΝΟΒΛΑΒΕΙ[Σ   ]ΓΑ[
         ΦΘ?]ΕΙΡΟΥCΙΝ ΩΣ ΚΑΚΟΜ ΜΕ[ΓΑ
   5   ] ΕΜΠΟΛΩΣΙΝ ΗΔΟΝΗΣ
         ]Ι ΠΡΟΣ ΣΕ ΔΕΞΙΑΣ ΧΕΡ[ΟΣ

(b) *Frontispiece.   Brit. Mus. Pap.* DCLXXXVIII b.

Fragment containing the ends of iambic lines, written in a hand not less archaic than that of the preceding papyrus.

```
            Col. 1.                        Col. 2.
            ]ΞΕ
            ]Ι ΚΑΥΩΝ
            ΜΕ]ΓΑΣΘΕΝΕΙ
            ]Ε
       5    ]Ε
            ]ΛΕΤΑΙ                         ΚΛ[
            ]
            ]ΣΤΟΡΟΝ
            ]ΟΜΗΝ                          Π[
```

II. *Frontispiece.   Third century* B.C.   *Brit. Mus. Pap.*
DCLXXXIX a.

Fragment from the eighth book of the Iliad containing parts of lines 217-219 (?) and 249-53 as well as of several new lines. The papyrus is written in a curiously sloping hand.   Є and C are round, but there is a remarkably archaic form of Ω like that used in the Laches papyrus; and Θ with a dot and Π with a short right leg also differentiate it from the succeeding papyri, though its general appearance is on the whole less archaic than i (a) and (b).

Col. 1.

―― [ЄΝΘΑ ΚЄ ΛΟΙΓΟC ЄΗΝ ΚΑΙ ΑΜΗΧΑΝΑ ЄΡΓΑ ΓЄ]ΝΟΝΤΟ
217? [ΚΑΙ ΝΥ Κ ЄΝЄΠΡΗCЄΝ ΠΥΡΙ ΚΗΛЄΩΙ ΝΗΑC ΑΧΑΙ]ΩΝ
218. [ЄΙ ΜΗ ЄΠΙ ΦΡЄCΙ ΘΗΚ ΑΓΑΜЄΜΝΟΝΙ ΠΟΤΝΙ]Α ΗΡΗ
219? [ΑΥΤΩΙ ΠΟΙΠΝΥCΑΝΤΙ ΘΟΩC ΟΤΡΥΝΑΙ ЄΤ]ΑΙΡΟΥC

Col. 2.

249. ΠΑΡ ΔЄ ΔΙ[ΟC ΒΩΜΩΙ ΠЄΡΙΚΑΛΛЄΙ ΚΑΒΒΑΛЄ ΝЄΒΡΟΝ
250. ЄΝΘΑ ΠΑΝΟΜΦΑΙΩΙ ΖΗΝΙ ΡЄΙ[ЄCΚΟΝ ΑΧΑΙΟΙ
251. ΟΙΔ ΩC ΟΥΝ ЄΙΔΟΝΤΟ ΔΙΟC ΤЄΡΑC [ΑΙΓΙΟΧΟΙΟ
252. ΜΑΛΛΟΝ ЄΠΙ ΤΡΩЄCCΙ ΘΟΡΟΜ ΜΝ[ΗCΑΝΤΟ ΔЄ ΧΑΡΜΗC
―― ΖЄΥC ΔЄ ΠΑΤΗΡ ΩΤΡΥΝЄ Φ[
     ЄΙΖΑΝ ΔЄ ΤΡΩЄC ΤΥΤΘΟΝ ΔΑ[
253. ЄΝΘ ΟΥ ΤΙC [ΠΡΟΤЄΡΟC ΔΑΝΑΩΝ ΠΟΛΛΩΝ ΠЄΡ ЄΟΝΤΩΝ

Col. 1.]A HPH is the only one of these four ends of lines which agrees with the received text, and this may be either 198 or 218. We are indebted to Mr. D. B. Monro for the proposed restoration, the correctness of which admits of little doubt. The analogy of other literary texts belonging to this period suits a column of about thirty lines much better than one of about fifty, and if]A HPH is the end of 198 the terminations of the other three lines are quite irreconcilable with that passage in the vulgate. On the other hand the proposed restoration, based on the supposition that]A HPH is the end of 218, presents no difficulties. The occurrence here of the line ΕΝΘΑ ΚΕ, κ.τ.λ. makes the construction parallel to that found in VIII. 130 and XI. 310, where ΕΝΘΑ ΚΕ, κ.τ.λ. precedes two lines beginning, as here, with ΚΑΙ ΝΥ ΚΕ and ΕΙ ΜΗ ; and the terminations ΑΧΑΙ]ΩΝ in 217 and ΕΤ]ΑΙΡΟΥC in 219 are easily explained variants for ἴσας and Ἀχαίους, the readings which are found in all the MSS.

Lines 249 and 250 agree with the vulgate, but in 251 comes a complete change— ΕΙΔΟΝΤΟ ΔΙΟC ΤΕΡΑC]ΑΙΓΙΟΧΟΙΟ (cf. V. 742) in place of εἴδονθ' (or εἴδόν θ') ὅ τ' ἄρ' ἐκ Διὸς ἦλυθεν ὄρνις.

After 252 we have two new lines, which moreover are not found in any other place in the Iliad.

III. *Third century* B.C. *Brit. Mus. Pap.* DCLXXXIX *b*.

Fragment containing part of lines 109-13 of the fourth book of the Iliad. There are no variations from the text of the vulgate.

109. [ΤΟΥ ΚΕΡΑ] ΕΚ ΚΕΦΑΛΗC ΕΚΚΑΙ[ΔΕΚΑΔΩΡΑ ΠΕΦΥΚΕΙ
110. [ΚΑΙ ΤΑ Μ]ΕΝ ΑCΚΗCΑC ΚΕΡΑΟΞΟΟC [ΗΡΑΡΕ ΤΕΚΤΩΝ
111. [ΠΑΝ Δ ΕΥ Λ]ΕΙΗ[ΝΑC Χ]ΡΥCΕΗΝ Ε[ΠΕΘΗΚΕ ΚΟΡΩΝΗΝ
112. [ΚΑΙ ΤΟ ΜΕΝ ΕΥ ΚΑΤΕΘΗΚ]Ε ΤΑΝΥC[ΑΜΕΝΟC ΠΟΤΙ ΓΑΙΗΙ
113. [ΑΓΚΛΙΝΑC ΠΡΟCΘΕΝ ΔΕ CΑ]ΚΕΑ CΧΕ[ΘΟΝ ΕCΘΛΟΙ ΕΤΑΙΡΟΙ

IV. *Third century* B.C. *Bodl. MS. Gr. class. b.* 3 (*P*).

The following fragments of the twenty-first, twenty-second, and twenty-third books of the Iliad all appear to have been written by one scribe, whose hand closely resembles that of the writer of *Petrie Pap.* I, Plate IV (2). There are occasional corrections, sometimes apparently by the scribe himself, sometimes in a smaller and probably different hand.

(*a*) Book XXI. Two fragments, the first of which is much effaced, and differs from the vulgate in several places. The second fragment offers no variation of importance.

Fr. 1, *Plate* II.

387. [CYN Δ ΕΠΕCΟΝ ΜΕΓΑΛΩΙ ΠΑΤΑΓ]ΩΙ Β[ΡΑ]Χ[Ε Δ ΕΥΡΕΙΑ ΧΘΩΝ
388. [ΑΜΦΙ ΔΕ CΑΛΠΙΓΞΕΝ ΜΕΓΑC ΟΥΡ]ΑΝΟC ΑΙΕ ΔΕ ΞΕΥC
389. [ΗΜΕΝΟC ΟΥΛΥΜΠΩΙ ΕΓΕΛΑC]ϹΕ ΔΕ ΟΙ ΦΙΛΟΝ ΗΤΟΡ
390. [ΓΗΘΟCΥΝΗΙ ΟΘ ΟΡΑΤΟ ΘΕΟΥC ΕΡΙ]ΔΙ ΞΥΝΙΟΝΤΑϹ
391. [ΕΝΘ ΟΙ Γ ΟΥΚΕΤΙ ΔΗΡΟΝ ΑΦΕC]ΤΑϹΑΝ ΗΡ[ΧΕ ΓΑΡ ΑΡΗC
392. [ΡΙΝΟΤΟΡΟC ΚΑΙ ΠΡΩΤΟC ΑΘ]ΗΝΑΙΗΙ ΕΠΟΡΟΥϹ[ΕΝ
393. [ΧΑΛΚΕΟΝ ΕΓΧΟC ΕΧΩΝ ΚΑΙ Ο]ΝΕΙΔΕΟΝ ΦΑΤΟ ΜΥ[ΘΟ]Ν
394. [ΤΙΠΤ ΑΥ]ΤΩ ΚΥΝΑΜΥΑ ΘΕΟΥC ΕΡΙΔΙ ΞΥΝ[ΕΛ]ΑΥΝΕΙ[C
395. [ΘΑΡCΟC] ΑΗΤΟΝ ΕΧΟ[ΥCΑ] ΜΕΓΑC ΔΕ CΕ ΘΥΜΟC ΑΝΗΚ[Ε]Ν
396. [Η ΟΥ ΜΕΜΝΗΙ Ο]ΤΕ ΤΥ[ΔΕ]ΙΔΗΙ ΔΙΟΜΗΔΕΙ ΑΝΩΓΑC
                               ΥΠΟΝΟ[C]Φ
397. [ΟΥΤΑΜΕΝΑΙ Α]ΥΤΗ ΔΕ ΠΑΝΟΨΙΟΝ ΕΓΧΟC ΕΛΟΥCΑ
                             ΔΙΑ
398. [ΙΘΥC ΕΜ]ΕΥ ΩCΑC ΕΜΕ ΔΕ ΧΡΟΑ ΚΑΛΟΝ [ΕΔΑ]ΨΑC
399 ? [. .]ΓΗ[   ]   [

387. The letters not enclosed in brackets are, though faint, quite discernible in the original.

389. The few and faint traces of the first three letters are consistent with ϹΕΔΕΟΙ, but that is all, and the same remark applies to the letters ΙΟΝΤΑϹ in the next line, which have almost completely disappeared, and to ΥϹ in line 392.

393. If ΟΝΕΙΔΕΟΝ had been corrected by the insertion of Ι over the line, as ΙΜΑΤΑ was in (*b*) Fr. 5, the Ι would quite possibly have disappeared, the papyrus being much rubbed just at that point. It is therefore impossible to be certain that the spelling ΟΝΕΙΔΕΟΝ was not corrected; and there is also a doubt whether ΚΥΝΑΜΥΑ in the next line may not have been altered by the corrector to ΚΥΝΑΜΥΙΑ, for the space above the Υ in question is lost altogether.

396. Here there is an interesting variant from the MSS., which have Τιδείδην Διομήδε' ἀνῆκας. The reason for the difference is obvious, since the preceding line ends with ἀνῆκεν. That the difficulty of having two consecutive lines ending with the same verb was felt by others is shown by the variant ΑΝΩΓΕΙ for ἀνῆκεν in 395, found in the Syrian palimpsest.

397. Here the scribe wrote ΠΑΝΟΨΙΟΝ, the reading of the MSS., but it was altered by the corrector to ΥΠΟΝΟCΦΙΟΝ, the reading of Antimachus according to Schol. B. As this correction is of considerable importance for the whole question of these variations from the received text, suggesting as it does another possible explanation for some of them, and as those who have only the facsimile before them may be somewhat sceptical about the reading ΥΠΟΝΟ[CΦ], it is worth while stating that ΥΠΟ is quite clear in the original, and that the traces following suit ΝΟ. The fibres on which CΦ were written are lost with the exception of one which is much rubbed, but contains some traces of ink and would suit Φ.

398. Above the Υ of ΕΜ]ΕΥ is a stroke, but it is most probably the ink of another papyrus which adhered to this one when made up into cartonnage, and not a correction.

IV (a), Frs. 1, 2; (b) Frs. 3, 5, 6;
(c) Fr. 1.

There is much difficulty as to the word between ωCAC and ΔЄ. MЄ is clear, and there is not room for Є on the line before M, though ЄMЄ must in any case be what the scribe meant; and there certainly is a correction over MЄ, the first letter of which looks like Δ, while the traces of the other two letters do not suit IA very well. At the side of the Δ above the M is a black smudge which we have considered to be part of an Є inserted by the scribe, not the corrector, like the insertion of Є in (*b*) Fr. 5, line 154. But it may be a mere blot.

399. About this line too there is much difficulty. The MSS. begin τῷ σ' αὖ νῦν, and the two letters partly preserved, which are, judging by the previous lines, third and fourth or fourth and fifth in the line, ought therefore to correspond with CAY. But they certainly do not. The first of the two letters, having a cross stroke at the top, may be Γ, Π or T, the second may be H, I or K. ω is quite impossible, so that Tω will not do, even supposing that this line began further in than the ones preceding it. But there is some doubt whether these two letters are the remains of a complete verse at all, for there are no evidences left of the rest of the line, although the fibres along which it must have run are mostly preserved. It is true that there are a few stray dots of ink here and there, but these may be a legacy of the papyrus which was stuck on the face of this one in the process of the cartonnage manufacture. Still, other parts of this fragment show that the top fibres may remain and yet the ink entirely vanish; and the only alternative to supposing this to be a new line is to imagine that the two letters formed part of a marginal note at the bottom of the column, which is not satisfactory.

Fr. 2, *Plate* II.

607. [ΑCΠΑCΙΟΙ ΠΡΟΤΙ ΑCΤΥ ΠΟΛΙC Δ]ЄΜΠ[ΛΗΤΟ ΑΛЄΝΤωΝ
608. [ΟΥΔ ΑΡΑ ΤΟΙΓ ЄΤΛΑΝ ΠΟΛΙΟC ΚΑ]Ι ΤЄΙΧЄΟC [ЄΚΤΟC
609. [ΜЄΙΝΑΙ ЄΤ ΑΛΛΗΛΟΥC ΚΑΙ ΓΝωΜЄΝΑ]Ι ΟC ΚЄ ΠЄ[ΦЄΥΓΟΙ
610. [ΟC Τ ЄΘΑΝ ЄΝ ΠΟΛЄΜωΙ ΑΛΛ ЄCCΥΜЄΝ]ωC ЄCЄΧ[ΥΝΤΟ
611. [ЄC ΠΟΛΙΝ ΟΝ ΤΙΝΑ ΤωΝ ΓЄ ΠΟΔЄ]C ΚΑΙ Γ[ΟΥΝΑ CΑωCΑΙ

607. ЄΜΠ is by no means certain. There is a stroke which may be the cross-stroke of Є, but if the next letter is M we should rather expect the middle of it to be visible. There are however no other letters in this part of the verse which suit the vestiges at all except ЄΜΠ.

609. ΚЄ Pap.: τε MSS.

610. The remains of a stroke before ωC would suit I or N equally, so that either ἐσσυμένως or ἀσπασίως is possible.

(*b*) Book XXII. Six fragments, of which only the first agrees entirely with the vulgate.

Fr. 1.

33. [ωΙΜωΞЄ]Ν Δ Ο[ΓЄΡωΝ ΚЄΦΑΛΗΝ Δ Ο ΓЄ ΚΟΨΑΤΟ ΧЄΡCΙΝ
34. [ΥΨΟC ΑΝΑC]ΧΟΜЄΝ[ΟC ΜЄΓΑ Δ ΟΙΜωΞΑC ЄΓЄΓωΝЄΙ
35. [ΛΙCCΟΜЄ]ΝΟ[C ΦΙ]ΛΟΝ [ΥΙ]ΟΝ Ο ΔЄ [ΠΡΟΠΑΡΟΙΘЄ ΠΥΛΑωΝ

36. [ЄСΤΗΚΕΙ ΑΜΟΤΟΜ] ΜΕΜ[ΑѠC ΑΧΙΛΗΙ ΜΑΧΕCΘΑΙ
37. [ΤΟΝ Δ Ο ΓΕΡ]ѠΝ ΕΛΕΕΙΝΑ ΠΡΟ[CΗΥΔΑ ΧΕΙΡΑC ΟΡΕΓΝΥC
38. [ΕΚΤΟΡ ΜΗ ΜΟΙ ΜΙΜΝ]Ε ΦΙΛΟ[Ν ΤΕΚΟC ΑΝΕΡΑ ΤΟΥΤΟΝ

Fr. 2.   Col. 1.   Col. 2.

48. . . . . . . ΚΡΕΙΟΥ]CΑ ΓΥ[ΝΑΙΚѠΝ
49. . . . . CΤΡΑΤ]ѠΙ ΕΥ Τ ΑΝ ΕΠΕΙΤΑ
50. . . . . . ΑΠΟΛΥCΟ]ΜΕΘ ΕCΤΙ ΓΑΡ ΕΝΔΟΝ
51. . . . .] ΟΝΟΜΑΚΛΥΤΟC ΑΛΤΗ[C
52. ΕΙΝ ΑΙΔΛΟ ΔΟ]ΜΟΙCΙΝ   81. Κ[ΑΙ . . . .
53. . . . . ΤΟΙ] ΤΕΚΟΜΕCΘΑ   82. ΕΚ[ΤΟΡ . .
54. . . .ΜΙΝΥΝΘΑΔΙѠΤΕΡ]ΟΝ ΑΛΓΟC   83. Α[ΥΤΗΝ . .
55. . . . ΑΧΙΛΗΙ Δ]ΑΜΑCΘΕΙC   84. Τ[ѠΝ . . .

49. ΕΥ Τ Pap.: ἤτ' MSS.
81. Since Κ[ΑΙ is in a line with ΔΟ]ΜΟΙCΙΝ the height of the column was about twenty-eight lines. Cf. (c) Fr. 2, where the height of a column is about the same.

Fr. 3, *Plate* II.

— [. . . . .]ΝΑΜ[. . . . .
133. [CΕΙѠΝ ΠΗΛΙΑΔΑ ΜΕΛΙ]ΗΝ ΚΑΤΑ [ΔΕΞΙΟΝ ѠΜΟΝ
134. [ΔΕΙΝΗΝ ΑΜΦΙ ΔΕ ΧΑΛΚΟC] ΕΛΑΜΠ[Ε]ΤΟ [ΕΙΚΕΛΟC ΑΥΓΗΙ
135. [Η ΠΥΡΟC ΑΙΘΟΜΕΝΟΥ Η ΗΕΛΙΟΥ] ΑΝΙΟΝ[ΤΟC

In the first line]ΝΑΜ[is inconsistent with line 132 of the MSS., which runs ἶσος Ἐνυαλίῳ κορυθάικι πτολεμιστῇ.

Fr. 4.

151. [Η Δ] ΕΤΕΡ[Η ΘΕΡΕΙ ΠΡΟΡΕΕΙ ΕΙΚΥΙΑ ΧΑΛΑΖΗΙ
                              Η
152. [Η ΧΙΟ]ΝΙ ΨΥΧΡѠΙ Η ΕΞ [ΥΔΑΤΟC ΚΡΥCΤΑΛΛѠΙ
153. [ΕΝΘΑ] Δ ΕΠ ΑΥΤΑѠΝ Π[ΛΥΝΟΙ ΕΥΡΕΕC ΕΓΓΥC ΕΑCΙ
154. [ΚΑΛ]ΟΙ ΛΑΙΝΕΟΙ ΤΟΘΙ ΕΙΜΑ[ΤΑ CΙΓΑΛΟΕΝΤΑ
155. [ΠΛΥ]ΝΕCΚΟΝ ΤΡѠѠΝ ΑΛ[ΟΧΟΙ ΚΑΛΑΙ ΤΕ ΘΥΓΑΤΡΕC

152. The corrections in this line and in line 154 are rather faint, and it is doubtful whether they were made by the original scribe.
154. ΤΟΘΙ Pap.: ὅθι MSS.

Fr. 5, Plate II.   Col. 1.
—— [. . . . .] . [. . .] . ωCIΘ[. . .]A
260. [ΤΟΝ Δ ΑΡ ΥΠΟΔΡ]Α ΙΔΩΝ ΠΡΟCΕΦΗ [ΠΟΔΑC ΩΚΥC ΑΧΙΛ]ΛΕΥC
261. [ΕΚΤΟΡ ΜΗ ΜΟΙ ΑΛΑC]ΤΕ CΥΝΗΜΟCΥΝ[ΑC ΑΓΟΡ]ΕΥΕ
262. [ΩC ΟΥΚ ΕCΤΙ ΛΕΟΥCΙ ΚΑΙ Α]ΝΔΡΑ[C]ΙΝ ΟΡΚ[ΙΑ ΠΙC]ΤΑ
—— [. . . . .]ΟΧΟ[. . . .]ΟC

Col. 2.

291. Τ[ΗΛΕ

In the first line the letter before ΩC is perhaps Δ. Α seems to be the end of the line. Line 259 in the vulgate runs νεκρὸν Ἀχαιοῖσιν δώσω πάλιν· ὡς δὲ σὺ ῥίζειν, and line 263 οὐδὲ λύκοι τε καὶ ἄρνες ὁμόφρονα θυμὸν ἔχουσιν: both are quite different from the text of the papyrus.

Fr. 6, Plate II.
        Col. 1.   Col. 2.
—— . . . . .]ΩΜΟΝ   340. ΑΛΛΑ CΥ Μ[ΕΝ] ΧΑΛΚΟΝ Τ[Ε ΑΛΙC . . .
                         341? [ΤΑ]ΛΛΑ[. . . . .
                         342. [CΩΜ]Α ΔΕ Ο[ΙΚΑΔ ΕΜΟΝ . . .
                         343. [ΤΡΩ]ΕC Κ[ΑΙ ΤΡΩΩΝ . . .

Col. 1.]ΩΜΟΝ should be the end of some verse near line 312 (cf. note on (*b*) Fr. 2. line 81), but it does not suit any one thereabouts, the termination nearest to it being λαγωόν in line 310.

Col. 2. Line 341 of the vulgate runs δῶρα, τά τοι δώσουσι πατὴρ καὶ πότνια μήτηρ. The papyrus perhaps had ΤΑΛΛΑ Θ Α ΤΟΙ, κ.τ.λ.; there is the vestige of a letter visible after ΛΛΑ which might be the bottom of the left-hand stroke of Α, Θ in the intervening space being lost.

Fr. 7, Plate III.

Fragment from the top of a column, containing apparently XXII. 343-4 in the same hand as the other fragments, but not joining on to the one preceding. Probably the two lines occurred twice in this manuscript of the three books. This seems more likely than to suppose the existence of two copies of this book by the same scribe.

        343? ΤΡΩΕC ΚΑΙ ΤΡΩΩΝ ΑΛΟΧ[ΟΙ . . .
        344? ΤΟΝ Δ Α]Ρ ΥΠΟΔ[ΡΑ ΙΔΩΝ . . .

(c) Book XXIII. Two fragments, differing largely from the vulgate.

Fr. 1, *Plate* II.

159. [ΟΠΛΕϹΘΑΙ] ΤΑ[Δ]Ε [Δ ΑΜΦΙΠΟΝΗϹΟΜΕΘ ΟΙϹΙ ΜΑΛΙϹΤΑ
160. [ΚΗΔΕΟϹ ΕϹ]ΤΙ ΝΕΚΥϹ Π[ΑΡΑ Δ............
— [..... ΚΗΔ]ΕΜΟΝΕϹ ϹΚΕΔ[...............
161. [ΑΥΤΑΡ ΕΠ]ΕΙ ΤΟ Γ ΑΚΟΥϹ[ΕΝ ΑΝΑΞ ΑΝΔΡΩΝ ΑΓΑΜΕΜΝΩΝ
162. [ΑΥΤΙΚΑ Λ]ΑΟΜ ΜΕΝ ϹΚΕ[ΔΑϹΕΝ ΚΑΤΑ ΝΗΑϹ ΕΙϹΑϹ
                            ϹΙ
— [ΚΑΠΝΙϹϹ]ΑΝ ΤΕ ΚΑΤΑ ΚΛΙΑϹ Κ[ΑΙ ΔΕΙΠΝΟΝ ΕΛΟΝΤΟ
163. [ΚΗΔΕ]ΜΟΝΕϹ ΔΕ ΚΑΤ ΑΥΘΙ Μ[ΕΝΟΝ ΚΑΙ ΝΗΕΟΝ ΥΛΗΝ
164. [ΠΟΙΗ]ϹΑΝ ΔΕ ΠΥΡΗΝ ΕΚΑ[ΤΟΜΠΕΔΟΝ ΕΝΘΑ ΚΑΙ ΕΝΘΑ
165? [........]ΑΛΥ[... Ν]ΕΚΡΟ[.............
— [...... Κ]ΑΤΑ ΧΕΡϹΙΝ ΑΜΗϹΑ[ΜΕΝΟΙ...........
166. [ΠΟΛΛΑ ΔΕ ΙΦΙΑ] ΜΗ[ΛΑ ΚΑΙ ΕΙΛΙΠΟΔΑϹ ΕΛΙΚΑϹ ΒΟΥϹ

160. This passage down to line 163 is clearly expanded quite in the epic style in order that the commands of Achilles in 158-60 of the vulgate may correspond more exactly with their execution in lines 162-3. δεῖπνον ἄνωχθι in line 158 has no answering clause in the received text, but in the papyrus it is answered by the line between 162 and 163, which is found in II. 399. Similarly κηδεμόνες in line 163 of the vulgate does not correspond to any word in line 160. But in the papyrus after 160 comes a new line introducing κηδεμόνες. This makes it very doubtful whether the papyrus had in line 160 either τ' ἀγοί or ταγοί. It is quite possible that the line ended altogether differently. ϹΚΕΔ[, presumably the beginning of ϹΚΕΔΑϹΟΝ, is a difficulty, since if the papyrus agreed with the vulgate in having σκίδνασον in line 158, the word is not required again.

162. The scribe first wrote ϹΚΑ and then erased the Α.

163. ΚΑΤΑΥΘΙ Pap. MSS. παρ' αὖθι.

165. The first three letters preserved are inconsistent with the πυρῇ ὑπάτῃ of the vulgate. After this comes a new line.

Fr. 2, *Plate* III.   *Col.* 1.

195. [ΒΟΡΕΗΙ ΚΑΙ ΖΕΦΥΡΩΙ ΚΑΙ ΥΠΙ]ϹΧΕΤΟ ΙΕΡΑ ΚΑΛΑ
— [   ]ΝΕ ΚΑΤ ΑΡΗΝ
196. [ΠΟΛΛΑ ΔΕ ΚΑΙ ϹΠΕΝΔΩΝ ΧΡΥϹΕΩΙ ΔΕΠΑΙ ΛΙΤΑ]ΝΕΥΕ
197. [ΕΛΘΕΜΕΝ ΟΦΡΑ ΤΑΧΙϹΤΑ ΠΥΡΙ Φ]ΛΕΓΕΘΟΙΑΤΟ ΝΕΚΡ[ΟΙ]
198. [ΥΛΗ ΤΕ ϹΕΥΑΙΤΟ ΚΑΗΜΕΝ]ΑΙ ΩΚΑ ΔΕ ΙΡΙϹ
199. [ΑΡΑΩΝ ΑΙΟΥϹΑ ΜΕΤΑΓΓΕΛΟϹ] ΗΛΘ ΑΝΕΜΟΙϹΙΝ
200. [ΟΙ ΜΕΝ ΑΡΑ ΖΕΦΥΡΟΙΟ ΔΥϹΑΕΟϹ Α]ΘΡΟ[ΟΙ ΕΝΔΟΝ

After 195 there is a line not in our texts, in which ΑΡΗΝ clearly preludes

PLATE III.

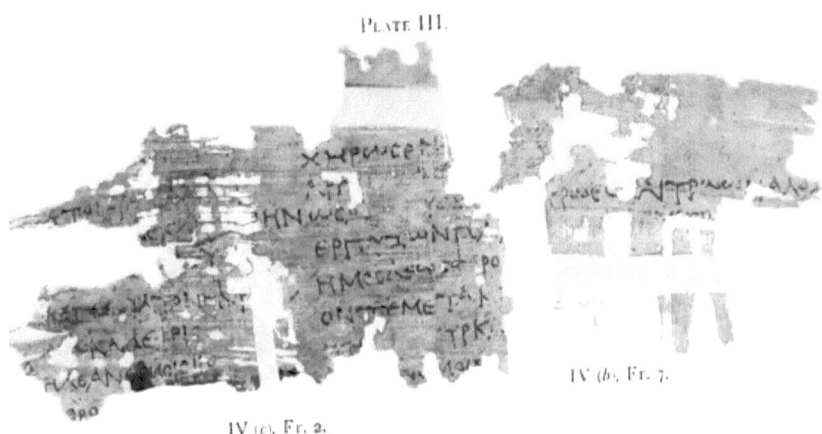

IV (a), Fr. 2.

IV (b), Fr. 7.

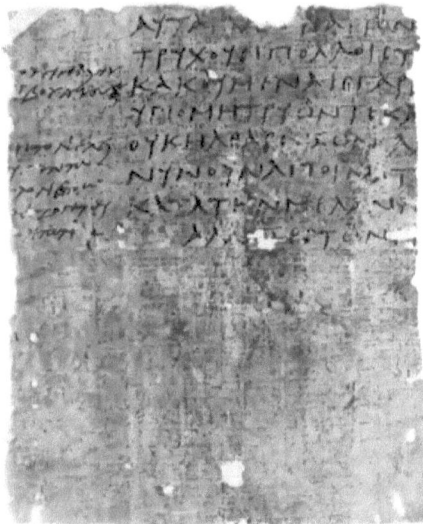

XII.

ἀρίων ἀίουσα in line 199. Not improbably this line began with πολλὰ μέν contrasted with πολλὰ δὲ καί in the next.

196. The MSS. have λιτάνευεν, but there seems to be hardly room for N in the lacuna after E, unless it was written unusually small.

198. ωΚΑ ΔE Pap., thus justifying Nauck's conjecture : ὠκέα δ' MSS. The superiority of the reading here found in the papyrus admits of little doubt. Not only does IPIC receive the digamma to which she is entitled, but the adverb improves the construction, since Iris has two predicates in the next line, ἀίουσα and μετάγγελος, and a third is decidedly awkward.

Col. 2.

――― ΧΗΡωCΕΝ Δ[Ε ΓΥΝΑΙΚΑ ΜΥΧωΙ ΘΑΛΑΜΟΙΟ ΝΕΟΙΟ
――― ΑΡΗ[ΤΟ]Ν ΔΕ Τ[ΟΚΕΥCΙ ΓΟΟΝ ΚΑΙ ΠΕΝΘΟC ΕΘΗΚΕ
224. ωC A[ΧΙΛΕ]ΥC ΕΤ[ΑΡΟΙΟ ΟΔΥΡΕΤΟ ΟCΤΕΑ ΚΑΙωΝ
225. ΕΡΠΥΖωΝ ΠΑΡ[Α ΠΥΡΚΑΙΗΝ ΑΔΙΝΑ CΤΕΝΑΧΙΖωΝ
226. ΗΜΟC Δ ΕωCΦΟΡΟ[C ΕΙCΙ ΦΟωC ΕΡΕωΝ ΕΠΙ ΓΑΙΑΝ
227. ΟΝ ΤΕ ΜΕΤΑ ΚΡ[ΟΚΟΠΕΠΛΟC ΥΠΕΙΡ ΑΛΑ ΚΙΔΝΑΤΑΙ ΗωC
228. ΤΗ[ΜΟC Π]ΥΡΚΑ[ΙΗ ΕΜΑΡΑΙΝΕΤΟ ΠΑΥCΑΤΟ ΔΕ ΦΛΟΞ
229. [ΟΙ Δ] ΑΝΕΜΟΙ Π[ΑΛΙΝ ΑΥΤΙC ΕΒΑΝ ΟΙΚΟΝΔΕ ΝΕΕCΘΑΙ

Before line 224 there are two lines hitherto not found in this position in any MS., but occurring, with the difference of χήρωσας for χήρωσεν and ἔθηκας for ἔθηκεν, in XVII. 36–7. The MSS. of Plutarch, however (*Consol. ad Apoll.* 30), give the second line, ἄρητον δέ κ.τ.λ., after line 223 of the vulgate, νυμφίου, ὅς τε θανὼν δειλοὺς ἀκάχησε τοκῆας. One would at first sight conjecture that the rhapsodist, or whoever was responsible for the papyrus text, brought in the line χήρωσεν κ.τ.λ. from XVII. 36 in order to expand νυμφίου, and then not unnaturally added the line ἄρητον κ.τ.λ., though the τοκῆες had already been mentioned in line 223. But then how is the partial coincidence of the quotation in Plutarch with the text of the papyrus to be explained? Do the MSS. of Plutarch really represent what he wrote, and was he merely misquoting the text of the papyrus, or have the copyists omitted the line beginning with χήρωσεν? These alternatives are based on the assumption that the papyrus text and the quotation as given by Plutarch had line 223 of the vulgate in its vulgate form. But even that is not certain, and it is therefore possible that the passage in the papyrus was in every line different from the vulgate. Be this as it may, the intrusion of the two lines here is not in the least likely to be due to the scribe who wrote this papyrus. The variations in these earlier Homeric traditions are far too many and too important to be scribes' blunders; moreover this copy of XXIII was most probably corrected no less than that of the two preceding books, and the corrector displayed no objection to these two lines.

We are far from proposing to discuss here the general bearings of these variations, and still further from propounding a positive explanation for them; but it will not be out of place to summarise the results of our fresh evidence, and to treat briefly of some points in the controversy evoked by Professor Mahaffy's publication of the Petrie fragment, on which the new papyri tend to throw light.

First, out of ninety-seven or ninety-eight lines partly preserved, nine (two after VIII. 252 and before XXIII. 224, one after XXIII. 160, 162, 165 and 195) are certainly new to us, four of them being lines which occur either wholly or with a slight change in other parts of the Iliad; to this number must be added two more if iv. (*b*) Fr. 7 is not part of a duplicate text. Secondly, in four other cases at least (before XXII. 133, 260, after XXII. 262, and the line ending ΙѠΜΟΝ in Fr. 6 of XXII, in five if we include the line after XXI. 398), what is left is wholly irreconcilable with the vulgate. Most of these probably, all possibly, are new lines. Thirdly, omitting differences of spelling and mere blunders, in thirteen other instances, VIII. 217, 219, 251, XXI. 396, 397, 398, 609, XXII. 49, 154, 341, XXIII. 163, 165, 198, there are readings which are not found in any of the MSS., to say nothing of the numerous differences which must have occurred in many lines with which the new verses were connected. The average difference between a passage from the vulgate and from one of these papyri amounts to about one new line in eight, and one new reading in every six or seven lines of the vulgate—an average which is much the same as that given by the Petrie and Geneva fragments (Nicole *Revue de philologie* 1893 pp. 101-111). This calculation of averages is however somewhat misleading, as will be shown.

Such being the facts, what are the inferences? So long as the Petrie fragment stood alone, it was possible to discount the importance of its variations from the received text as being accidental, ephemeral, embodying no genuine or early tradition, and valueless for the critical study of the text. This extreme position is no longer tenable. Instead of a fragment of one Ptolemaic Homer papyrus there are now fragments of five—for our fragments of XXI, XXII, XXIII may be treated, as we have shown, as parts of one tradition, if not of one manuscript. Four of these papyri, the Petrie Homer, the Geneva Homer, and ii and iv of this volume, differ very considerably from the vulgate; only one, iii, which is too small to be of much importance, agrees with it. In the face of all this evidence an explanation of the variations as mere scribes' blunders and interpolations is inadmissible. The Geneva fragment and the partial agreement of XXIII. 224 in iv with the quotation of Plutarch show that they were not ephemeral, but a tradition. If their antiquity be doubted, there is the reading of Antimachus in the correction of XXI. 397; and whatever view may be taken as to the value of most of the variations, it cannot be denied that several of them, e.g. XXIII. 198, have seriously to be considered in the critical study of those passages in which they occur.

Secondly, the testimony of these five papyri goes some way to show that if there was any one tradition generally accepted in Egypt in the third century B.C., it was at any rate not our vulgate. While evidence is every year increasing of the unquestioned pre-eminence of the latter in Egypt as far back as the Roman conquest, the evidence for the third century B.C. is tending in the opposite direction. It is clear that the rise of the vulgate into general acceptance took place in the interval. But for that period the only *datum* is the Geneva papyrus, of about the middle of the second century B.C., and a small fragment of VIII without variants, which we found together with some late Ptolemaic papyri at Bacchias when excavating with Mr. D. G. Hogarth last winter, and which probably dates from the late second or first century B.C.

Thirdly, though the average number of new lines in our papyri is much the same as in the Petrie Homer, the fresh evidence seems on the whole to justify the acute suggestion based on the latter by Meyer (*Hermes*, xxvii. p. 368), that new lines were not evenly distributed throughout the Iliad, but were much more frequent in those passages where the thread of the narrative was loose. It is in the passages from the eighth and twenty-third books that the new lines are most common, and this appears to be in accordance with his conjecture. From this point of view a comparison of the variations in XXI, XXII, and XXIII, if we are right in supposing them to be all part of one tradition, is particularly instructive. Had the fragments of the twenty-first book alone been preserved, it might have been thought that here was a text which at any rate agreed with the vulgate in the number of lines. But the fragments of the twenty-second and twenty-third books prove that it is not so. They show on the one hand that the greatest divergence in some parts of the same book from the text of the vulgate is quite compatible with the occurrence of long passages which agree with it; and conversely that the greatest caution must be exercised in arguing from even a considerable fragment of this period which, so far as it goes, has the same number of lines as the vulgate.

Lastly, with regard to the vexed question of the relation of the vulgate to the Alexandrian critics and their influence in obtaining its acceptance, we confine ourselves to a single observation. It is unfortunate that our new fragments do not contain any passage where the reading of the Alexandrians is known to have differed from the vulgate. But on the other hand, if it is a valid assumption that, where the texts of the Alexandrian critics are not known to have differed from the vulgate, they agreed with it, then wherever the readings of the new papyri are foreign to the vulgate, they are in every case equally foreign to the texts adopted by the Alexandrian critics; and beside the enormous divergencies between the vulgate and these papyri, its disagreements with the text of Zenodotus and Aristarchus appear comparatively insignificant.

V. *Third century* B.C. *Bodl. MS. Gr. class. f.* 45 (*P*).

Two fragments containing ends of hexameter lines.

Fr. 1 *Frontispiece.*   Fr. 2.

  ] . . ΕϹΟΜΑΙ Α . . ѠΙ   . . . .
  ]ΗΛΗΕϹϹΙΝ   ].ΠΟΛ[. . . . . .]ΡΟΝ[
  ]ΝΗϹ ΑΤΕΡ ΑΤΗϹ   Π]ΤΕΡΟΝ ΟΙѠΝΟΙΟ
  ]ΗΤΕ ΒΕΒΗΚΑϹ   ]ΑΡ ΕΜΟΙ ΛΛΓΕ[Α] ΔΗ[
5]Τ[Ο]Ν ΑϹΤΥ   10] ΠΑΙΔΑ ϹΕ ΤΙΚΤ[. .
  ]ΤΟ ΤΕΚΝ[. .   . . . .
   . . . .

Fr. 1. 3. Was this what Sophocles had in his mind when he wrote the famous 4th line of the *Antigone* ending οἰδ' ἄτης ἄτερ, which has caused his commentators so much trouble? The occurrence of the phrase ἄτερ ἄτης here is in any case an argument for keeping the MS. reading.

VI. *Third century* B.C.

Fragments of lost tragedies in various hands.
(*a*) *Brit. Mus. Pap.* DCXC.
Four fragments from the middles of columns by the same hand. We have not succeeded in making any of them fit together.

Fr. 1. *Frontispiece.*

```
     . . . . . .
       ]ΕΥϹ ΜΑΝΙΑΔ[
     ]Α ΦΟΙΒΟΥ ΤΗϹ ΤΕ ΟΜΟϹΠΟΡΟ[Υ
     Ε]ΞΕΛΑΥΝΕΙϹ ΔΩΜΑΤΩΝ Τ[                    Fr. 2.
     ]ΑϹΤΟΧΙΤΗΙ ΠΛΕΥΡΟΝ ΕΙϹΕ[                   . . .
5          ]Ϲ ΤΗΜ ΠΟΛΥϹΤΟΝΟΝ [                 ]ΠΩΜ[
     ] ΕΚΕΙϹΕ ΤΗΙΔ ΕΠΟΥΡΙϹΩ ΠΟΔΑ[              ]ΓΑΡ[
     ]ΩϹ ΔΕ ΜΥΧΑΛΑ ΤΑΡΤΑΡΑ ΤΕ[                ]ΤΙϹΚΕ[
     ]ΑΙΠΟΔΑ ΚΑΤΑΠΤΗΞΩ    [                   ] ΜΑΛΛΟΝ [
              ΑΛ]ΛΑϹϹΟΜΑΙ ΔΕϹΠΟΙΝΑ [        5 ]ΕΛΕΑΙ[
10           ]ΝΤΟ[. . .] ΜΗΔ[. . .]ΚΤΑ[       ] ΟΞΥΝ[
                      ]ΝΑ ΚΟΡΗ [              ]ΗΚΕΠ[. .]ϹϹΟϹ ΕΙϹ ΚΕ[
                      ]ΜΑϹΤ[                  ]ΩϹΕΙ Δ ΕΠ ΑΥΤΟΝ [
                      ]ΤΟΝ ΧΟΛ[              ]Γ[.]ΡΕΜΟΙ ΞΙΦΟϹ Δ[
                      ]ΠΑΡΟΙΘΕ Τ[          10 ]Ε[ . . . ]ΙϹ ΗΜΙΛΛΗϹ[
15                    ]Η ΔΩϹΩΝ[                ]ΑΜΦΩ Δ ΟΡΑ[
                      ]ΝΕ[

         Fr. 3.                                   Fr. 4.
         ]ΠΕΝ ΟΥϹΙΑΙ                          ]ΩΜΜ[
         ]                                  Ο]ΤΟΤΟΤΟΤΟΤΟΤ[ΟΙ
         ]Ν ΛΟΓΩΝ ΥΠΕΡΤΕΡΟΝ                   ]ΑΥΤΑϹ Δ ΟΡΩ[
         ]ΕΙ ΠΩΛΟϹ ΩϹ ΥΠΟ ΖΥΓΟΥ              ]ΑΝ ΤΗΝΔΕ[
         ]ΡΟΥΜΕΝ ΑΡΤΙΩϹ ΚΑΙ ϹΥΓΓ[          5 ]ΑΓΡ[.]ΥΦΩ[
5              ]ΦΟΡΗΙ ΝΥΝ Μ[                  ]ΑΛΛ[
                                              2 lines obliterated.
                                              ]ΙΝΟϹ[
```

(b) Brit. Mus. Pap. DCXCI a.

```
         ]ΚΑΤ[
         ]Ι[
         ]Τ[
       ]ΩΙ Π[ΡΑ]ΞΕΙ[
 5     ]Ω ΤΑ ΠΟΛΛΑ [
       ]ΤΟΝ Η ΜΟΝΟΣ[
       ]Δ ΕΠΡΑΧΘΗΜ[ΕΝ
       ]Α ΠΙΣΤΕΥΕΙΝ[
       ]ΤΕΩΣ ΑΠΙΣΤ[
10     ]ΠΡΑ[Γ]ΜΑ Κ[
       ]Α ΠΡΟΜΗ[
       ]Η ΜΗΘΕΝ[
       ]Ι . ΧΡΗΣΙΝ[. .]Μ[
       ]ΤΙ ΜΗ ΠΕΙΡΩ[
15     ]Η ΚΑΚΟΥ ΜΙ[
       ]ΟΝ ΕΜ ΜΝΗΜ[ΗΙ
       ] ΠΟΛΛΑΚΙΣ ΓΑΡ[
       ]ΑΛΛΟΝ ΕΓΚΑ[
       ] ΕΥΦΗΜΩΣ ΘΥ[
20     ]ΝΩΣ ΤΗ . . ΕΝ[
```

(c) Brit. Mus. Pap. DCXCI b.

Fr. 1. *Frontispiece.*

```
       ]Ν ΟΜΟΙΟΝ ΚΑΙ [
       ]ΑΥΤΟΙΣ ΤΟΙΣ ΓΑ[
       ]ΔΩΣΕΙ ΚΑΚΟΝ [
       ]ΚΚΟΝ Δ ΟΥΔΕ[
 5     ]ΕΛΗΛΥΘΕΝ [
         ]ΥΠΑ . [
```

Fr. 2.

```
         ] . Μ ΠΑΛΑΙ
         ] . ΑΣΗΣ
         ] . . ΗΙ ΜΟΝΟΝ
       ΛΙ]ΜΠΑΝΕΙ
 5     ]ΑΝ ΠΗ ΒΑΛΩΝ
       ]ΠΟΙ ΓΑΜΟΝ
       ]ΜΟΙ ΔΟΚΕ[Ι
       ΤΩ]Ν ΣΩΝ Ε . [
```

VII. *Third century* B.C.

(a) Brit. Mus. Pap. DCXCII.

Portions of two columns from a lost philosophical work. The papyrus had been covered with a thin coating of plaster and then painted red, so that the ink is extremely faint throughout and in the first column is obliterated except a few letters at the ends of lines. We give a transcript of the second column, in the reading of which we have been much helped by several suggestions from Dr. Henry Jackson, subsequently verified in the papyrus.

```
        . . . . . . . .
        [. . . . . .] ΕΥΛΟΓΩΝ ΑΝΔΡΙ . . . ΕΥΝ
        ΩC ΕΥΗΚΟWΙ ΚΑΙ ΜΗ ΨΟΦΟ[Δ]ΕΕΙ ΝΗΔΙ
        ΦΟΒΟΥΜΕΝWΙ ΚΑΝ ΤΟ ΛΕΓΟΜΕΝΟΝ
        [ΤΟ]ΥΤΟ CΚΙΑΝ ΙΔΗΙ ΦΑΝΤΑCΙΑC
    5   ΠΡΟC ΔΕ ΤΟΥΤΟΙC ΜΗΠW ΔΙΕΦΘΑΡ
        ΜΕΝWΙ ΤΗΝ ΔΙΑΝΟΙΑΝ ΥΠΟ CΟΦΙC
        ΤΙΚΗC ΚΑΚΙΑC ΦΑΝΗΝΑΙ ΑΝ ΤΑ ΜΕΝ
        CΥΝΗΓΟΡΟΥΝΤΑ ΤWΝ ΕΙΡΗΜΕΝWΝ
        ΤΟΙC ΠΕΡΙ ΤΗ[C] ΗΔΟΝΗC ΛΕΓΟΜΕΝΟΙC ΕΧΟΝ
   10   ΤΑ ΤΙ ΠΡΑΓΜΑΤΙΚΟΝ ΚΑΙ ΔΙΚΑΙΟΛΟ
        ΓΙΚΟΝ ΚΑΙ ΕΜΒΡΙΘΕC ΤΑ Δ ΕΞ ΕΝΑΝ
        ΤΙΑC ΑΥΤΟΙC ΛΕΓΟΜΕΝΑ ΓΛΙCΧΡΑ
        ΚΑΙ ΜΕΙΡΑΚΙWΔΗ ΚΑΙ ΚΟΥΦΑ [ΠΑ]Ν
        ΤΑΠΑCΙΝ ΟΥ ΜΗΝ ΑΛΛ ΟΥΔΕΝΙ[. . . .
   15   ΗΜΕΙC ΓΕ ΤΑ ΜΕΝ ΚΑΘ ΕΚΑCΤ[ . . . .
        ΑΝ . [. . . . . . . . . . . . . . .]ΤW[ . . . .
        . . . . . . . . .
```

1. The Δ of ΑΝΔΡ may be Α, and the Ε of ΕΥΝ may be C and a letter (Ο?) may be obliterated after Ν. ΕΥΝΟWC is possible.

10. δικαιολογικός is found in the Schol. to Soph. *O.C.* 237.

15. The Τ of ΤΑ is written above Κ erased.

(*b*) *Bodl. MS. Gr. class. c.* 63 (*P*).

Fragments of a philosophical work in a small neat hand rather resembling that of the Antiope fragments. The letters are often extremely faint.

Fr. 1, *Plate* II.

```
        Col. 1.                                Col. 2.
         . . . . .                              . . . .
        ]ΤΟΙC [Α]ΡΙCΤΕΡΟΙC                     ΛΟΓΟ[
        ]Τ[. . .]ΔΕΞΙΟΙC ΓΙΝΕC                 . [
        ]Ν ΕΠΕΙΔΗ ΚΑΙ ΤΟ ΠΝΕ[Υ]                Η[
        ]ΝΕCΤΙΝ ΕΝ ΤΟΥΤΟΙ[C]                   Τ[.]Ν[
    5   Π]ΟΛΛΑΚΙC ΤΟ ΔΕΔΙ[. . .]              ΤΑΥ[
        ]ΝΚΑΙWΝ[. . . . .]Ε[ . . ]             ΕΝΑΥΤ[
        ]ΑΡΕ[C]ΤΙ[. . . . .]Ν                  [
```

NEW CLASSICAL FRAGMENTS

```
         ]ΥΤΗΝ ΔΟΙΗΜΕΝ                ΚΑΙ Α[
         ]ΔΕΞΙΑ ΚΑΤΑ Τ[. .]            [
10       ]Ν ΤΟΥΤΟ Π[. .] . ΕΙ[. .]    Ν[
         ]ΥΤΟ ΚΥΝΟ[. . . . .]          ΠΑΛ[
         Τ]ΟΥΤΟ Π[. .]ΑΝ[. .]          ΞωΤ[
         ]Γ[. .]Ν                      ΔΕΙΝ[
         ]Μ[.]ΝΟΣ[. .]ΘΕΝ              ΚΕΝ[
15       Α]ΛΛΑ [.]ΥΝ . . ΙΝ ΤΗΝ        ΤΙΝΟ[
         ]ΝΑΝΟΜΟΙΣ ΔΗΤΑ                Κ[.]ΙΜ[
         ]Ν . [. .]ΕΡΗ[.]ΕΝ            Τ[
         ] . [                         . . . .
           . .
```

Frs. 2 and 3, tops of columns.   Fr. 4.

Col. 1.   ]ΔΕΟΣ   . . . .
Col. 2.   ]ΑΛΛΟΝ[
         ΑΥΓΗΝ Μ[. . . .]Τ . [   ]ΑΝΤΙΣ[
         ΚΑΙΟΝ ΕΣΤ[Ι . . .] Ν[   ]ΤΗΝ Δ[
         ΤΟΥΣ ΔΑ[. . .]ΛΑ[.] . . [
         ΚΗΣΟ . [. . . .]ΝΑ[. . . .
5   ΚΑΙ Α[. .]ΤΟΝ Τ[Fr. 5, bottom of column (?)
         ΤΟΙΣ ΑΝΑΙΣΘ[. . . .
         ΔΑΚΡΥΟΥΣΙΝ[   ]Τω[
         .] ΔΕ ΦΥ[   ]ΛΛ ΠΑΡΑ[
         . . . .   ]ΛΕΓΟΜΕΝΑΣ[
             Frs. 6 and 7.   ]ΟΝωΣ ΟΥ ΔΕΙ Τ[
           5   ]ΥΝΗΣ Ε[
         [. . . . .] ΕΙ . [   ]ΑΒΑΛΕΙΝ Ε[
         [. . . . .] ΔΟΝΤωΝ   ]ΟΙΣ ΠΑΘΕΣΙ[
         [. . . . .] ΟΣ ΔΕ]Ν ΣΕωΣ Γ[
         [. . . . .] ΕωΝ ΕΧΟΝΤΕΣ ΘΑΥ]ΜΑΣΙΑΝ[
5   [   ]   10]ΝΑΣΕΝ[
         [. . . . .] ΗΣ[. . .] . Θ[Fr. 8.
         [. . . . .] . Α[. .
         . [. . . . . . .]ΟΥΔ[   ] . . [
         Τ[. . .] . ΓΡΗΝ ΔΑΚΡΥ[   ]ΤΗ . [
10   Κ[. . .]ΜΗΝ ΚΑΙ ΔΙΑ ΤΙ ΚΟΙ[   ]ωΤΑΤΑ[
```
```

```
        ΓΙ[ΝΕ]ΤΑΙ Μ ... ΟΝ ΣΥΝ ΗΑ .. [         ] . Α[
        Μ[. . . .] . . ΠΕΡΙ ΤΟ . ΣΟΦΙΑ . . .    . .
        ΣΩ[. .] ΚΑΙ ΦΥ . . . . . . . . . .      Fr. 9.
        ΠΟ[. . . .]ΕΧΟΙΑ . . . ΚΑΙ ΤΩΙ          ]ΗΚΕΝ ΗΜΙΝ [
15      Τ[. . . . . .] . . . Κ . . . ΑΙ ΕΑΝ[   ]ΕΝ ΚΡΑΤ[
              . . . .                           ]ΝΗΣΑΕΡΓ[
```

It is possible that Frs. 2 and 3 join Frs. 6 and 7 in such a way that line 6 of Fr. 3 and line 4 of Frs. 6 and 7 come together. There would however be room for one letter only between ΑΙΣΘ and ΕΩΝ, and it is difficult to extract an intelligible word. It is also uncertain whether Fr. 6, containing the first one or two letters of the column, and Fr. 7, have been rightly connected. In line 12 the occurrence of ΓΙ in Fr. 6, and ΤΑΙ in Fr. 7 at two letters' distance, may be only accidental.

VIII. *Third century* B.C.

(*a*) *Brit. Mus. Pap.* DCXCIII.

Two fragments, both from the bottoms of columns, apparently in lyric metre. The word ἀντιφλέγω, which probably occurs in Fr. 1. 4, is found only in Pindar (*Ol.* iii. 36).

```
        Fr. 1.                                Fr. 2.
                ]ΙΑΜ[                          ]ΜΜΕΛΕΟΣ Α[.]Ο . . [
        Φ]ΑΕΣΦΟΡ[Ο]Ν ΑΕ[. . . . .]ΡΟΜΩΝ ΕΝ[   Ε]ΚΦΥΓΟΝ ΑΛΚΑ[
        ]ΠΙ ΝΕΡΤΕΡΟΝ ΑΥΓΗΙΟΝΥΚ[               ]ΑΤΑ ΜΕΝ ΣΚΟΤΕΑ[
        ]ΡΙΣΜ ΑΝΤΕΦΛΕ[Γ.]ΝΝΕΚ[                ]ΑΙΣ ΔΕ ΠΟΤΜΟ[
5       ]ΤΕΚΝΟΝ Ω ΤΕΚΝΟΝ Ε[                   ]ΑΡΜΕΝΟΣ ΩΛΕ[
        ] . ΑΜΑ ΤΑΣ ΔΑΡΔΑΝ[                   ]ΤΑΣΤΟΡΕΣΑΣ Β[
                ]ΥΤΑΤΑ ΤΕ ΔΕΑ[                Κ]ΕΔΡΙΝΟΝ Π[
                                              ] ΑΠΟΣΦΑΛΤ[
                                              ]ΣΙ ΥΠΕΝ[
```

(*b*) *Brit. Mus. Pap.* DCXCIV.

Two fragments in comic Iambics. Both contain the tops of columns, and it is possible that they were once joined. If so, only a small strip containing three or four letters in each line has been lost between the second column of Fr. 1 and Fr. 2. Owing to the faintness of the writing. the readings are often uncertain.

Fr. 1.   Col. 1.   Col. 2.
[Α]ΠΑΤΗΝ .... ΤΟ ΜΕΤΑ .... ΤΕΚΕΙΝ   ΑΠΑΥ[
CΚΟΠΕΙΝ ΠΡΟCΙΕΝΑΙ ΠΑCΙ ....   ΑΥΤ[
ΕΙ ΔΥΝΑΤΟΝ ΕCΤΙ ΤΗC ΚΟΡΗC ΑΥΤΟΝ ΤΥΧΕΙΝ   ΠΡΟC Τ[
ΖΗΤΗC ΑΝΟΙΑC ΜΕCΤΟC ΗΝ Τ ...... Ν . .
5 ΕΠΟΙΗCΑ Α ΜΟΙ ΠΡΟCΕΤΑΤΤΕΝ ΕΥΡΟΝ ΟΙCΙΑΝ
ΑΔΥΝΑΤΟΝ ΗΝ[
ΑΥΤΗΝ ΝΟΜΑΡΧ[
ΕΝ ΖΗΛΟΤΥΠΙ[ΑΙ
Τ[

Fr. 2.
          Ε]ΥΘΥC CΥΛΛΑΒΗC ΜΙΑC ΤΙ ΠΥΡ
          ] ΟΝΟΜΑΤΙ ΤΟΥΤΟ ΠΥΡ ΑΚΗΚΟΑ
          ]ΠΕ ΝΙΚΑΙC ΑΓΑΘΟC ΕΙ ΤΗΝ ΕΛΛΑΔΑ
          ] . ΛΟΓΗCΑΙ ΠΛ . . ΑΥ . . ΔΕΙ . [
     5   ]Α ΜΙΚΡΟΥC ΦΟ[. .]ΡΕΦΟΔ[
          ]Ν ΕΛΛΑΔ[.] ΔΟΥC ΠΟΤ ΕΝ[

(1) Col. 1, 4. The first three letters of the line look more like ΖΠΥ than anything else; Ν of ΑΝΟΙΑC might be Μ.
5. ΟΙCΙΑΝ seems to be a proper name, but it has no parallel; ΟΥCΙΑΝ was certainly not written.
(2) 6. ΕΛΛΑΔ[. : the reading is very doubtful; the first letter may be Ε or Λ; one has been written over the other, and it is difficult to determine which was intended to stand.

IX. *First or second century* A.D. *Bodl. MS. Gr. class.*
f. 46 (*P*). 5¾ × 4⅞ *in.*

Fragment of Demosthenes' oration περὶ τῆς παραπρεσβείας containing § 10 (p. 344), written on the *verso* of an official document of some kind. The scribe appears to have been a careless one as there are several mistakes. ι adscript is written thrice, omitted once. We append a collation with Bekker's text.

[ΕCΤΙ ΤΟΙΝΥΝ Ο]ΥΤΟC Ο ΠΡΩ[ΤΟC ΑΘΗ
[ΝΑΙΩΝ ΑΙCΘΟ]ΜΕΝΟC Φ[ΙΛΙΠΠΟΝ
[ΩC ΤΟΤΕ ΔΗΜΗΓ]ΟΡΩΝ ΕΦΗ [ΕΠΙ
[ΒΟΥΛΕΥ]ΟΝ[ΤΑ ΤΟΙC Ε]ΛΛΗCΙΝ ΚΑΙ Δ[Ι

5   [Α]Φ[Θ]ΕΙΡΟΝΤ[Α ΤΙΝΑC Τ]ωΝ ΕΝ ΑΡΚΑΔ[Ι
    Α ΠΡΟΕCΤΗΚΟ[Τ]ω[Ν] ΚΑΙ ΕΧωΝ ΙCΧΑ[Ν
    ΔΡΟΝ ΤΟΝ ΝΕΟΠΤΟΛΕΜΟΥ ΔΕΥΤΕΡΑ
    ΑΓωΝΙCΤΗΝ ΚΑΙ ΠΡΟCΙωΝ ΜΕΝ[ΤΗΙ
    ΒΟΥΛΗΙ ΠΡΟCΙωΝ ΔΕ ΤωΙ ΔΗΜωΙ ΠΕ[ΡΙ
10 ΤΟΥΤωΝ ΚΑΙ ΠΕΙCΑC ΥΜΑC ΠΑΝΤΑΧΟΥ
    ΠΡΕCΒΕΙC ΠΕΜΨΑΙ ΤΟΥ ΑΞΑΝΤΑC ΔΕΥ
    ΡΟ ΤΟΥ ΠΡΟC ΦΙΛΙΠΠΟΝ ΠΟΛΕΜΟΥ /

4. Ε]ΛΛΗCΙΝ : Ἕλλησι Bekk.
7. l. δευτεραγωνιστήν.
8. ΚΑΙ ; om. MSS.
10. The MSS. vary between πανταχοῖ (Σ), πανταχοῦ (FYQ), and πανταχῇ (vulg.):
Bekk. adopts the first.
The MSS. have τοὺς συνάξοντας δεῦρο τοὺς βουλευσομένους περὶ τοῦ πρὸς Φίλιππον
πολέμου. The omission of τοὺς βουλευσομένους περὶ is clearly due to the fact that
in the archetype a line beginning ΡΟΤΟΥC was immediately followed by one
beginning ΡΙΤΟΥ.

X. *About the second century* A.D. *Bodl. MS. Gr. class.*
    f. 47 (P). 5 × 2½ *in.*

Fragment of Demosthenes' oration πρὸς Φορμίωνα containing the end
of § 5 and §§ 6-7 (pp. 908-9). The papyrus is written in a careful
semi-uncial hand; ι adscript is written five times, omitted once.

Col. 1.

[Δ]ΙΗ
[ΓΗCΑCΘ]ΑΙ ΥΜΙΝ ΕΓω
[ΓΑΡ ω ΑΝ]ΔΡΕC ΑΘΗΝΑΙ
[ΟΙ ΕΔΑΝ]ΕΙCΑ ΦΟΡ
5 [ΜΙωΝΙ Τ]ΟΥΤωΙ ΕΙ
[ΚΟCΙ ΜΝ]ΑC ΑΜΦΟ

Col. 2.

ΡΟΥ Λ[ΑΜΠΙΔΟC ΧΙΛΙΑC
ΔΡΑΧ[ΜΑC ΔΕΟΝ ΔΕ ΑΥ
ΤΟΝ Κ[ΑΤΑΓΟΡΑCΑΙ ΦΟΡ
ΤΙΑ ΑΘ[ΗΝΗΘΕΝ ΜΝωΝ
5 ΕΚΑΤΟ[Ν ΔΕΚΑΠΕΝ
ΤΕ ΕΙ Η[ΜΕΛΛΕ ΤΟΙC
ΔΑΝΙ[CΤΑΙC ΠΑCΙ ΠΟΙ
ΗCΑΙ Τ[Α ΕΝ ΤΑΙC CΥΓ
ΓΡ[ΑΦΑΙC ΓΕΓΡΑΜΜΕ
10 Ν[Α] ΟΥ [ΚΑΤΗΓΟΡΑCΕΝ
ΑΛΛ Η [ΠΕΝΤΑΚΙCΧΙ
ΛΙωΝ [ΚΑΙ ΠΕΝΤΑΚΟ

```
    [ΤΕΡΟΠΛΟΥ]Ν ΕΙC ΤΟΝ            CΙωΝ Δ[ΡΑΧΜωΝ CΥΝ
    [ΠΟΝΤΟΝ] ΕΠΙ ΕΤΕΡΑ             ΤωΙ ΕΠ[ΙCΙΤΙCΜωΙ
    [ΥΠΟΘΗΚ]ΗΙ ΚΑΙ CΥΓ          15 ΟΦΕΙΛΕ[Ι Δ ΕΒΔΟΜΗΚΟΝ
 10 [ΓΡΑΦΗΝ] ΕΘΕΜΗΝ                ΤΑ ΜΝΑC [ΚΑΙ ΠΕΝΤΕ ΑΡ
    [ΠΑΡΑ ΚΙΤΤω]Ι ΤωΙ              ΧΗ ΜΕ[Ν ΟΥΝ ΑΥΤΗ ΕΓΕ
    [ΤΡΑΠΕΖΙΤ]ΗΙ ΚΕ                ΝΕΤΟ Τ[ΟΥ ΑΔΙΚΗΜΑ
    [ΛΕΥΟΥCΗC Δ]Ε ΤΗC              ΤΟC [
    [CΥΓΓΡΑΦΗC ΕΝΘ]ΕCΘΑ[Ι
```

Col. 2, 2. ΔΡΑΧΜΑC: so ΣFQ; om. Bekker with some MSS.
7. ΔΑΝΙ[CΤΑΙC: δανεισταῖς Bekk.
8. ΠΟΙ]ΗCΑΙ: ποιήσειν Bekk. with most MSS. ποιεῖν FQ. On the use of the aorist infinitive after μέλλω cf. Phrynichus (315, p. 420, ed. Rutherford), ἔμελλον ποιῆσαι, ἔμελλον θεῖναι, ἁμαρτήματα τῶν ἐσχάτων εἴ τις οὕτω συντάσσει.

XI. *Plate IV. Third century* A.D. *Bodl. MS. Gr. class. f. 48 (P).* $3\frac{3}{4} \times 5\frac{1}{4}$ *in.*

Parts of two consecutive columns from the lost Πεντέμυχος of Pherecydes of Syros. This identification—due originally to Dr. W. Leaf—is based on the well-known quotation in Clemens Alexandrinus (*Strom.* 6, p. 621), most of which is contained without variation in col. 1. There is therefore no room for doubt that we have here a fragment of what at any rate passed for the work of Pherecydes in Clement's day. That this was more than a collection of fragments we know on the authority of Diogenes Laertius, who asserts that Pherecydes' book was then still extant, and quotes its opening words (*Vit. Phil.* i. 11. 6). The testimony of Celsus (*ap.* Orig. *c. Cels.* i. p. 14) is no less explicit. Whether this βιβλίον, of which the present fragment now offers a fair specimen, can be accepted as the genuine writing of Pherecydes is another question. We know from Josephus (*C. Apion.* i. p. 1034 E) that what had been handed down as the work of the earliest philosophers, and among them Pherecydes, was by no means free from the suspicion of the Greeks themselves. Similar doubts have been entertained in more recent times; but at all events the obscurity and symbolical language which displeased Heine (*Mem. de l'acad. royale des Sc. et belles Lettres de Berlin*, 1749 p. 303 ff.) cannot be urged against the new fragment. The impurity of the dialect need be no stumbling-block. In the case of so old a writer, and moreover a writer of prose, much may be laid to the account of copyists. The occurrence of the two forms ποιοῦσιν and ποιεῦσιν within the space of ten lines (col. 1, lines 1 and 10) afford a good instance of the gradual corruption. The form Ζᾶς as employed by Pherecydes is not new (cf. Clem. Alex. l. c., Eustath. p. 1387. 24), and has before now excited remark (cf. Diels, *Archiv f. Geschichte d. Phil.* i. 1 p. 12); it seems to have been also used by Pythagoras (*ap.* Porph. *V. P.* 17). On the whole we may say that there is nothing in the passage incompatible with genuineness, though this is as far as the present data will carry us.

The precise subject of the two columns is not made perfectly clear. We are expressly told by Eratosthenes (*Kat.* 3) that the marriage of Zeus and Hera had been described by Pherecydes; and the words put in the mouth of the former at the beginning of col. 2, σέο γὰρ τοὺς γάμους εἶναι, decidedly suit the supposition that this is part of the description to which Eratosthenes referred. That the occasion was an important one is emphasized by the remark that it formed a precedent for gods as well as men. On the other hand has to be set the very anthropomorphic description of the preparations for the ceremony, though this may not have been out of harmony with the ideas of the age.

But whatever may be the view adopted, the context in which Clement's quotation, Ζᾶς ποιεῖ φᾶρος μέγα, κ.τ.λ., is now shown to have occurred, makes the natural identification of the φᾶρος here described with that mentioned in another place by Clement in connexion with the ὑπόπτερος δρῦς (*Strom.* 6. 642 A), somewhat doubtful. Hitherto the presumption was that the two quotations were taken from the same passage. It now becomes tolerably evident that they were not. It is obvious that the φᾶρος made by Zeus on this occasion was simply the marriage coverlet. The other φᾶρος πεποικιλμένον which was placed on the oak tree, the whole having some symbolical meaning and generally regarded as an allegory of the Creation, may indeed have been similar, but this we do not know. And it may be pointed out how much more natural Clement's comparison between the φᾶρος of Zeus and the shield of Hephaestus becomes on this view. The repetition of the idea of a god making a work of art is all that he intends to notice.

The hand of this papyrus appears to be rather anterior in date to that of xii, but belongs to the same type.

Col. 1.

ΤΩΙ ΠΟΙΟΥΣΙΝ ΤΑ Ο[Ι]ΚΙΑ
ΠΟΛΛΑ ΤΕ ΚΑΙ ΜΕΓΑΛΑ
ΕΠΕΙ ΔΕ ΤΑΥΤΑ ΕΞΕΤΕ
ΛΕΣΑΝ ΠΑΝΤΑ ΚΑΙ ΧΡΗ
5 ΜΑΤΑ ΚΑΙ ΘΕΡΑΠΟΝΤΑΣ
ΚΑΙ ΘΕΡΑΠΑΙΝΑΣ ΚΑΙ
ΤΑΛΛΑ ΟΣΑ ΔΕΙ ΠΑΝΤΑ
ΕΠΕΙΔΗ ΠΑΝΤΑ ΕΤΟΙ
Ν'Α ΓΙΓΝΕΤΑΙ ΤΟΝ ΓΑ
10 ΜΟΝ ΠΟΙΕΥΣΙΝ ΚΑΠΕΙ
ΔΗ ΤΡΙΤΗ ΗΜΕΡΗ ΓΙ
ΓΝΕΤΑΙ ΤΩΙ ΓΑΜΩΙ ΤΟ
ΤΕ ΖΑΣ ΠΟΙΕΙ ΦΑΡΟΣ ΜΕ
ΓΑ ΤΕ ΚΑΙ ΚΑΛΟΝ ΚΑΙ
15 ΕΝ ΑΥΤΩ[Ι] ΠΟΙΚ[ΙΛΛΕΙ ΓΗΝ
ΚΑΙ ΩΓΗ[ΝΟΝ ΚΑΙ ΤΑ Ω
ΓΗΝΟΥ [ΔΩΜΑΤΑ . . . . . .
. . .]ΠΙ[. . . . .
- - - - - - - -

Col. 2.

ΓΑΡ ΣΕΘ ΤΟΥΣ ΓΑΜΟΥ[Σ
ΕΙΝΑΙ ΤΟΥΤΩΙ ΣΕ ΤΙΜ[Ω
ΣΥ ΔΕ ΜΟΙ ΧΑΙΡΕ ΚΑΙ . Ρ[. .
ΙΣΘΙ ΤΑΥΤΑ ΦΑΣΙΝ ΑΝ[Α
ΚΑΛΥΠΤΗΡΙΑ ΠΡΩΤΟΝ
ΓΕΝΕΣΘΑΙ ΕΚ ΤΟΥΤΟΥ Δ[Ε
Ο ΝΟΜΟΣ ΕΓΕΝΕ[Τ]Ο ΚΑΙ
ΘΕΟΙΣΙ ΚΑΙ ΑΝΘΡ[ΩΠ]ΟΙ
ΣΙΝ Η ΔΕ ΜΙ[. . . . . . .
ΤΑΙ ΔΕΞΑ[. . . . .
ΦΑ[. . . . .
Σ[. . . . .
ΚΑ[. . . . .
Ο[. . . . .
ΟΡ[. . . . .
- - - - - - - - -

Col. 1, 11. Η has very likely fallen out after ΚΑΠΕΙΔΗ.
15-17. The lacunae are filled up from Clem. Alex. *Strom.* 6, p. 621 A.
16. ΩΓΗ[ΝΟΝ: cf. the note of Sturz, *Commentatio de Pher.* p. 46.
18. The letters are fairly certain; the second is quite clearly not Ο or Τ, so ΥΠΟΠΤΕΡΟΣ is excluded.
Col. 2, 1. The last word of the preceding col. was perhaps a participle with the meaning 'ordaining.'
3. ΧΑΙΡΕ is ambiguous: the meaning depends upon the view taken as to the person addressed; the speaker is presumably Zeus.
4. The numeral in the margin probably denotes a new chapter, and indicates that this was a continuous work, not a collection of extracts; cf. Introd.
ΑΝΑΚΑΛΥΠΤΗΡΙΑ: Pollux, *On.* III. 36, says: οὐ μόνον ἡ ἡμέρα ἐν ᾗ ἐκκαλύπτει τὴν νύμφην οὕτω καλεῖται, ἀλλὰ καὶ τὰ ἐπ' αὐτῇ δῶρα. Either meaning will suit this passage, but the first seems preferable.
9-11. The lacunae may be filled in various ways; Η ΔΕ ΜΙΞΙΣ ΓΙΓΝΕ | ΤΑΙ ΔΕΞΑΜΕΝΗΣ ΤΟ | ΦΑΡΟΣ would perhaps fit the context.

XII. *Plate III.* *Late third century* A.D. *Brit. Mus. Pap.*
DCXCV a. 4½ × 3½ *in.*

Fragment of a lost tragedy with scholia, probably from the Melanippe Desmôtis of Euripides, if Prof. Mahaffy's conjecture ΜΕΛΑΝΙΠΠΗΝ in line 7 is right. The first seven lines are in iambics, the eighth is no doubt the beginning of a chorus. The scholia are written in a late third or early fourth century A.D. cursive hand, which is important as showing that the broad rather sloping uncials in which this and so many other papyri are written, go back to the third century A.D. Cf. xi, xiii, the Ezekiel fragment in *Gr. Pap.* I. v, the Homeric fragment no. iv of that volume, Brit. Mus. Pap. CXXVI *recto*, containing part of the second, third, and fourth books of the Iliad, and the long magical papyrus, Brit. Mus. Pap. XLVI, which are all written in this type of uncial.

The *verso* contains a much effaced petition addressed to the god Soenopaeus (cf. B. U. 229 and 230), in a hand of the same period as the scholia.

```
                               .    .    .    .
                              ΑΥΤΑΙ ΛΛΛΟΥϹΑΙ ΤΟΝ[
   ]ουσιν καὶ νυ-            ΤΡΥΧΟΥϹΙ ΠΟΛΛΟΙϹ Τ[
 . . . ουσ]ι βουλεύουσι        ΚΑΚΟΥΜΕΝΑΙϹ ΓΑΡ Ν[
                              ΫΠΟ ΜΗΤΡΥΩΝ ΤΕ ΚΑ[Ι
   ] οἶκτον ἔχει          5   ΟΥΚ ΗΛΘ ΑΡΗΞΩΝ ΑΛ[ΛΑ
   ]σι πεντα-                 ΝΥΝ ΟΥΝ ΑΠΟΙΝΑ Τ[
   ]υλον ἐν ᾧ                 ΚΑΤΑ ΤΗΝ ΜΕΛΑΝΙΠ[ΠΗΝ
   ]λάζονται                  ΑΛΛΑ ΞΕϹΤΩΝ ΕΤ[Ι
   ]οντων κ
```

Scholia, line 2. The lacuna has no doubt to be filled up with another verb; νυ-[(for νυν-[ ) [θιτοῦσ]ι may be conjectured; but it is quite uncertain how many letters are lost. 'Women worrying with superfluous advice' seems to have been the gist of the text.

XIII. *Third or early fourth century* A.D. *Brit. Mus. Pap.*
DCXCV b. 7 × 3½ *in.*

Portions of two columns from a prose work, written, this fragment would suggest, in Platonic style. The subject under discussion is seemingly poetic composition.

```
        Col. 1.                    Col. 2.
     ]ΤΩC Η ΔΕC               ΑΥΤΟΝ[
     ]Α ΠΟΛΛΑ ΕΠΙ             ΤΟΙC ΕΔΟ[
     ] ΠΡΑΓΜΑ ΤΑΥ             ΧΟΜΕΝ[
     ]Ι ΛΥΠΕΙ[C]ΘΑΙ           ΤΑ ΟΥΤ . [
  5  ]ΤΟΝ ΛΕΙ ΔΕ              ΧΡΩΜΕ[
     C?]ΩΚΡΑΤΗΝ               ΚΑΙ ΤΩΝ[
     ]CIN ΩC ΕΝΙ              ΤΑΥΤΑ ΚΑ[
     ]ΕΙΝ ΤΕ                  ΤΑ ΕΙΠΕ Μ|
     ]Υ ΟΙ ΠΕΡΙ               ΡΙC ΤΟ ΔΕΙ[
 10  Τ]ΕΚΜΑΙΡΟ                ΟΥC ΤΙΜΑ[
     ]Ο ΤΡΕΨΕC                ΤΕ ΘΑΥΜΑΖ[
     Α]ΝΘΡΩΠΟΙC               ΕΓΩΓΕ[.]Φ[
     ]Ν ΚΡΑΤΙC                ΞΟΝ Η ΜΕΙΝ[
     ]ΝΕΝΑΙ ΠΡΟ               ΜΑΤΑ ΑΥΤΩ[
 15  Ε]Π ΑΥΤΗΝ                ΜΕΝΤΟΙ . Χ[
     ]ΛΙCΚΕ ΤΑ                ΠΟ[Ι]ΗCΕΙC Μ[
     ] ΜΟΝΟΝ                  ΕΓΩΓΕ Μ[.]ΛΙ[
     ]ΑΜC ΤΗ                  ΜΑΚΑ ΕΠΙ ΔΕ[
     ]ΤΟΥC ΠΑΝ                ΒΩ ΜΕΛΑΝΙΠ[Π]Η
 20  ] ΕΙΔΕΝΑΙ                ΕΠΙ ΔΕ ΤΡΑΓΩ[ΔΙΑΙ
     ]ΕΝΧΕΝ                   . . . [. . . .] ΔΕΔ[
     . . .                    . . . . . . .
```

Col. 2, 8. ΕΙΠΕ: this word, taken in conjunction with ΕΓΩΓΕ in lines 12 and 17, is suggestive of dialogue.

16. ΠΟ[Ι]ΗCΕΙC: the proximity of ΤΡΑΓΩΔΙΑ (line 20) makes it likely that this is the substantive, and not the future of ποιῶ.

The margin at the top of the papyrus containing the above two columns, as well as the *verso*, is filled with semi-cursive writing of about the same period, which seems to give an account of the embalmment and burial of an Apis bull. Phrases like μύρον Αἰγύπτιον, ἐπλέσθησαν [ο]ἶκτου ... καὶ πένθους ... τοῦ Ἄπεως, ἡ δὲ κεδρία ἐπιχύνε[ται?], λούσαντες τὸν δ ... leave little room for doubt about the theme. Osiris and perhaps Isis are also mentioned. The writing is however too much obliterated to be of much value; and there is nothing to show whether it is a fragment of a literary work or an occasional composition.

II. PAPYRI OF THE PTOLEMAIC PERIOD

XIV. *Third century* B.C. *From the Fayoum.*

THE following four papyri formed part of a papyrus case for the feet of a mummy. The various documents used were stuck together with water, and the outside plastered and painted. In those from the inside layer, (a), (c), and (d), the ink has run owing to the water, and in several places is so faint as to be almost or quite undecipherable. In (b), most of which was plastered and then painted, the ink, after the plaster is removed, is generally fresh, but some parts of it which only received a coating of red paint are very difficult to read. The Greek documents belong to the correspondence of a certain Asclepiades, who seems to have been an important official in the service of the διοικητής at Alexandria, but having relations with the Fayoum. They belong to the reign of Philadelphus or Euergetes I.

(a) 270 or 233 B.C. *Bodl. MS. Gr. class. c.* 30 (P). $11\frac{3}{4} \times 4\frac{1}{2}$ in.

Letter from Apollonius to Asclepiades. The writer, an official, after apologizing for troubling Asclepiades, says that he is forced to ask him to provide a donkey and some wheat. The reasons for his making this request are, owing to the faintness of the ink in lines 7–13 and the consequent uncertainty of several readings, obscure, but the obstacle to Apollonius obtaining what he wanted before seems to have been the agent of Asclepiades, who had declined to give the order without Asclepiades' consent, though Demetrius, the ἀρχιφυλακίτης, had agreed to it. Apollonius accordingly asks Asclepiades to supply him with the donkey and wheat through Arimouthes, a member of the military caste of μάχιμοι.

Ἀπολλώνιος Ἀσκληπιάδει
χαίρειν. τεταγμένος
ἐπ(ὶ) τῶ(ι) . . . ωι, ὃς ἀναγκαῖον ἄγω
ἐν τῶι ἔργωι], ἐὰν ἐνδεχόμενον
ἦι, μηθέν σε ἐνοχλήσειν μηδ' ἀ-
ξιώσειν, ἀναγκάζομαι οὐ βουλό-
μενος ὑπὸ τῶν φανέντων ἅπαν
οἰκείων ὄντων ἐμοὶ ἀξιοῦν σε.
διό, ἐὰν σοὶ δόξηι εὔγνωμον εἶναι,
τὴν ὄνον καὶ τὰς δα . τῶν πι(ρῶν),
ἃ δεῖ, πόρισόν μοι εἰς τὴν τροφὴν
τῶν περὶ ἐμὲ σωμάτων ἐγ βουκόλων
καλῶς συνεισχόμενων δὲ ὑπὸ
Δημητρίου τοῦ ἀρχιφυλακίτου.
ἀξιωθεὶς δὲ ὑπ' ἐμοῦ, δ(ι)ὰ τὸ
διατετηρηκέναι ἐμαυτὸν μη-
δένα τρόπον ἐνοχλεῖν, ἀζμένως
[ἂν συ]νέταξεν τὸ παρ' αὐτῶι ἀποδοῦναι,
ὁ δὲ παρὰ σοῦ οὐκ ἔφη δύνασθαι
ἄνευ τῆς σῆς γνώμης ἀποδοῦναι.
διὸ ἀξιῶ ἐὰν σοὶ δόξηι συντάξεις
ἀποδοῦναι Ἀριμούθηι τῶι μισθωτῶν
μαχίμωι.
   ἔρρωσο. (ἔτους) ιε
    Παῦνι η.

On the *verso*
παρ' Ἀπολλωνίου
Ἑρμίου. (ἔτους) ιε Παῦνι η. Ἀπολλώνιος
    περὶ ὑποζυγίου Ἀσκληπιάδει.

13. l. συνισχ. 17. l. ἀσμένως. 21. l. συντάξαι. 24. ⌐ Pap.; so elsewhere.

3. Perhaps [πυρ]ῶι; cf. line 10.

10. The letter after δα is not unlike the sign for ἀρτάβας, but the α of δα is certain and cannot be ⌐ the sign for ½. Nor will δαπ^α, i.e. δαπάνης, suit.

12. σωμάτων: apparently slaves; the genitives in this and the next line seem to

be absolute rather than dependent on τροφήν, which probably refers to τὴν ὄνον. The donkey was the principal subject of the letter, as is shown by περὶ ὑποζυγίου in line 28.

13. A participle or adjective to be contrasted with συνεσχομένων is wanted at the beginning of the line. The second letter of καλως may be ο, the third μ or π, the fourth η.

15. ἀξιωθείς: sc. Demetrius.

(*b*) 264 or 227 B. C.

Letter from Apenneus to Asclepiades, announcing the preparation of provisions and means of transit for Chrysippus the διοικητής, a visit from whom was expected. Chrysippus seems to have had a predilection for birds.

Ἀ[π]εννεὺς] Ἀσκληπιάδει χαίρειν. [κα]θότι σὺ ἔγραψας, ἑτοιμά-
καμεν
ἐπὶ τὴν παρουσίαν τὴν Χρυσίππου [τοῦ ἀρχισωματοφύλακος καὶ
διοικητοῦ
λευκομετώπους δέκα, χῆνας ἡμέρους π[έν]τε, ὄρνιθας πεντήκοντα·
[ὅ]δια χῆνες πεντήκοντα, ὄρνιθες διακόσια[ι], περ[ι]στριδεῖς ἑκατόν·
συνκεχρή-
5 με[θ]α δὲ ὄνους βαδιστὰς πέντε καὶ τούτων τὰς . [. . . .]ς, ἑτοιμά-
καμεν δὲ
καὶ τοὺς τεσσαράκοντα ὄνους [τοὺς σ]κ[ε]υοφόρους· γινόμ[εθα δὲ
πρὸς τῆι ὁδοποίαι.
ἔρρω[σο. (ἔτους) κβ Χοίαχ δ.
On the *verso*
(ἔτους) κβ Χοίαχ ζ. Ἀπεννεὺς   Ἀσκληπιάδει
ξενίων τῶν ἡτοιμασμένων.

2. The occurrence of the complimentary title ἀρχισωματοφύλαξ, which just fits the lacuna, is remarkable, as in the Petrie papyri these titles were conspicuous by their absence.

3. λευκομέτωποι are most probably birds of some sort. περιστ(ε)ριδεῖς are young pigeons.

5. Probably a word for saddle or harness is lost in the lacuna; ἀστράβας, though attractive, does not suit.

6. ὁδοποίαι: with this repairing of the roads against the arrival of the dioecetes compare the preparations for the visit of Philadelphus to the Fayoum, Petrie Pap. II. p. [43].

(c) *Bodl. MS. Gr. class. c.* 31 (*P*). 3¾ × 13 *in.*

Letter from Asclepiades to Polycrates, requiring the presence of a certain Timoxenus who was wanted to go to Alexandria. The letter was forwarded to Aristodorus, without whose consent Timoxenus was not able to come, by Polycrates, who adds himself a request for the necessary permission. The letter of Asclepiades is written in a remarkably fine bold hand.

Ἀσκληπιάδης Πολυκράτει χαίρειν. χρείαν ἔχομεν
ἀναγκαίαν Τιμοξένου ὥστε ἀποστεῖλαι αὐτὸν
εἰς τὴν πόλιν. Καλῶς οὖν ποιήσεις γράψας αὐτῶι
λεοτουργῆσαι ἡμῖν. ἔρρωσο.

2nd hand.

5 Ἀριστοδώρωι. εἰ ἔρρωσαι, εὖ ἂν ἔχο[ι]. κατὰ σύνβαινον βουλό-
μενοι Τιμόξενον ἀποστεῖλαι εἰς Ἀλεξανδρείαν
πρὸς τινὰ χρείαν ἀναγκαίαν ἠξιώσαμεν αὐτόν. οὐδ᾽ οὐκ ἔφυ δύ-
νασθαι πλεῦσαι ἄνευ σοῦ. καλῶς οὖν ποιήσεις ἐντειλάμενος
αὐτῶι λειτουργῆσαι. χαρίεισαί μοι τοῦτο ποιήσας.

On the *verso*, written by the 1st hand
Πολυκράτει.

4. l. λειτουργῆσαι. 5. βουλομενοι is written over χρειαν εχοντες erased. 6. l. ὁ δ᾽ οὐκ ἔφη. Were the papyrus two or three centuries later the υ of ἔφυ might be read as η, but the occurrence of the μ shaped η in its fully developed form so early as this would be quite without parallel. The letter is still in a transitional form at the end of the second century B.C. 7. χαρίεισαι is apparently due to a confusion of χάρισαι with χαριεῖ.

3. τὴν πόλιν: i.e. Alexandria, as line 5 shows.

(d) *Bodl. MS. Egypt. f.* 3 (*P*). 6 × 4⅛ *in.*

Subscription to a demotic letter.

παρὰ τῶν ἱερέων τοῦ
Σούχου περὶ τοῦ αὐτοῦ
κροκοδιλοταφίου.

2. Suchus, i.e. Sebek, the crocodile god worshipped at Arsinoe and in the Fayoum generally.

XV. 139 B.C. *From the Thebaid. Brit. Mus. Pap.*
DCLXVII. 6 × 35 *in.*

Sale of two twelfth parts of a property consisting of 5 arourae on an island in the lower toparchy of the Latopolite nome, by Tagôs the daughter, and Ammonius the son, of Achilles, to Psenthotes, a member of the association of ibis-buriers at Pathyris. The price of the ⅙th aroura was 2 talents 3000 drachmae of copper.
The papyrus begins with a long list of the eponymous priesthoods (cf. Pap. xx) which is remarkable in several respects. The third column contains the docket of the royal bank, showing that the tax of 5 per cent. on sales had been paid.

Col. 1.

[βασιλευό]ντ͵ων Πτο͵λε͵μαίου θεοῦ εὐεργέτου τοῦ Πτ͵ολ͵εμαίου ͵καὶ
Κ͵λεοπ]άτρας θεῶν ἐπιφανῶν, καὶ βασιλίσσης Κλεοπάτρας τῆ[ς͵
ἀδελφῆς,
[καὶ βασιλί͵σσης ͵Κ͵λεοπ͵άτρας τῆς γυναικός, θεῶν εὐεργετ͵ῶν,
ἔτ͵ους λβ, ἐφ᾽ ἱερέως τοῦ ὄντος ἐν Ἀλεξανδρείαι Ἀλεξάνδρου
[καὶ θεῶν͵ σωτήρων καὶ θεῶν ἀδελφῶν καὶ θεῶν εὐεργετῶν κα͵ὶ
θεῶν φιλ͵οπατόρων καὶ θεῶν ἐπιφανῶν καὶ θεοῦ φιλομήτορος
καὶ θεοῦ
[εὐπάτο͵ρος καὶ θεῶν εὐ͵εργετῶν, ἀθλοφόρο͵υ Βερενίκης εὐεργε͵τίδος,
καν͵ηφόρου Ἀρσινόης φιλαδέλφου, ἱερείας Ἀρσινόης φιλοπά-
τορος
5 [τῶν ὄν͵των ἐν Ἀλεξαν͵δρείαι, ἐν δὲ Πτολ͵εμαίδι τῆς Θηβαΐδ͵ος
ἐφ᾽ ἱερέω͵ν Πτολεμαίου σωτῆρος, καὶ βασιλέως Πτολεμαίου θεοῦ
[εὐεργέτο]υ καὶ σωτῆρος ἐπιφανοῦς εὐχαρ͵ίστου, καὶ τοῦ βήμ͵ατος
Διο ?͵νύσου τοῦ βασιλέως τοῦ μεγάλου θεοῦ εὐεργέτου καὶ σωτῆρος
[ἐπιφανοῦς] εὐχαρίστο[υ, Πτολεμαίου θεοῦ φιλα δέλφου, Πτολεμαίου
εὐ͵εργέτ͵ου, Πτολεμαίου φιλοπάτορος, Πτολεμαίου θεοῦ ἐπι-
φανοῦς
[καὶ εὐχα͵ρίστου, Π͵τολεμαίου θεοῦ φιλο μήτορος δικαιοσύνη͵. Πτο͵λε-
μαίου θεοῦ φιλομήτορος, Πτολεμαίου θεοῦ εὐπάτορος,

ἱερειῶν βασιλίσσης Κλεοπάτρας τῆς ἀδελφῆς, καὶ βασιλίσσης
Κλεοπάτρας τῆς γυναικός, καὶ βασιλίσσης Κλεοπάτρας τῆς
10 θυγατρός, καὶ Κλεοπάτρας τῆς μητρὸς θεᾶς ἐπιφανοῦς, κανηφόρου
Ἀρσινόης φιλαδέλφου τῶν οὐσῶν ἐμ Πτολεμαΐδι, μηνὸς
Θωὺθ κε ἐν Λατωνπόλει τῆς Θηβαΐδος ἐπ' Ἀπολλωνίου ἀγορα-
νόμου.
ἀπέδοτο Ταγὼς Ἀχιλλέως Περσίνη ὡς (ἐτῶν) μ εὐμεγέθης μελί-
χρως μακροπρόσωπος εὐθύριν φακὸς τραχήλωι ἐγ δεξιῶν,
μετὰ κυρίου τοῦ αὐτῆς ἀνδρὸς Ἑρμίου τοῦ Ἕρμωνος Πέρσου τῶν
Πτολεμαίου καὶ τῶν υἱῶν ὡς (ἐτῶν) με μέσου μελιχρόου
ὑποκλαστοῦ οὐλὴ ῥινί, καὶ Ἀμμώνιος Ἀχιλλέως Πέρσης τῶν υἱῶν
ὡς (ἐτῶν) λε μέσος μελίχρως ὑποκλαστὸς μακροπρόσωπος

Col. 2.

ἀναφάλαντος οὐλὴ κροτάφωι δεξιῶι ὡς δεξιὸν τετρημένος,
τὸ ὕπαρχον ἑκάστωι μέρος δωδέκατον γῆς νησιωτίδος ἐν τῆι
κάτω τοπαρχίαι τοῦ Λατοπολίτου ἀπὸ ἀρουρῶν δέκα. ὅρια καὶ
γείτονες τῆς ὅλης γῆς νότου καὶ ἀπηλιώτου νῆσος Ἀφροδίτης
5 τῆς ἐν Παθύρει καὶ νῆσος Λητοῦ, βορρᾶ νῆσος Ἀφροδίτης
τῆς ἐμ Παθύρει, λιβὸς ποταμός. ἐπρίατο Ψενθώτης Κέλητος
τῶν ἐκ Παθύρεως ἰβιοτάφων ὡς (ἐτῶν) ξ εὐμεγέθης μελίχρως
τετανὸς ἀναφάλαντος μακροπρόσωπος οὐλὴ ἐπὶ χείλους τῷ κάτω
ἐγ δεξιῶν, τιμῆς τῆς συγχωρηθείσης χαλκοῦ νομίσματος
10 ταλάντων δύο δραχμῶν τρισχιλίων. προπωληταὶ καὶ βεβαιωταὶ
τῶν κατὰ τὴν ὠνὴν Ταγὼς καὶ Ἀμμώνιος οἱ ἀποδόμενοι οὓς
ἐδέξατο Ψενθώτης ὁ πριάμενος.
Ἀπολλώνιος κεχρημάτικα).

Col. 3. 2nd hand.

Ἔτους λβ Θωὺθ κε. τέτακται ἐπὶ τὴν ἐν Λατῶνος πόλει
τράπεζαν ἐφ' ἧς Χατρεοῦς (εἰκοστῆς) ἐγκι(κλίου) κατὰ
διαγρ(αφὴν)

Ἀγαθίνου τε λώ]νου, ὑφ' ἣν ὑπογράφει Ἀμμώνιος ὁ ἀντιγρ[αφεύς],
Ψενθώτη[ς Κελῆτος ὠνῆς (ἕκτου)
μέρους γῆς [νη]σιωτίδος ἐν τῆι κάτω τοπαρχίαι τοῦ Λατ[οπο(λίτου)]
ἀπὸ (ἀρουρῶν) ι, ὧν αἱ γειτνίαι δεδήλ(ωνται)
διὰ τῆς συ[γγραφ]ῆς, ἧς ἐώνηται παρὰ Ταγῶν[ο]ς τῆς Ἀχιλλέως
κα[ὶ] Ἀμ[μω]νίου [Ἀχιλλέως
5 ἔτους λβ Θ[ωὺθ, κε͞ χαλκοῦ (ταλάντων) [δ]ύο τρι[σχι]λίων, / ✗ β Γ,
τέλ(ος) ἑπτα[κοσίας, πεντή(κοντα), / ψ [ν].

Col. 2. 1. l. οὖς.   Col. 3. 1. κ' εγκ" Pap. probably, cf. Brit. Mus. Pap. III, 38.
2. ς' Pap. probably.   3. 𐅸 Pap.   5. ✗ [δ]υο Pap., so elsewhere in xiv–xxxix.
/ means γίνεται, so throughout this volume.

Col. 1. 4. Eupator is here and in line 7 misplaced in the list of Ptolemies, being confused with Philopator Neos; cf. note on *Gr. Pap.* I. xxv. col. 2. 2.

5. Πτολ. θεοῦ εὐεργ. καὶ σωτ. ἐπιφ. εὐχαρ.: Euergetes II seems to be meant, since Epiphanes occurs in line 7, and even if the second Philometor in line 8 means Euergetes, the duplication of the reigning sovereign is less remarkable than that of Epiphanes.

6. The 'priest of the βῆμα of Dionysus(?)' is without parallel. The divergences in this list of priesthoods from the ordinary Greek formulae may be due to its being translated from demotic.

8. The mention of two Philometors is very perplexing; if δικαιοσύνη[ς be read, i.e. 'the priest of the justice of Philometor,' the omission of τῆς is difficult. Prof. Mahaffy, who wishes to read δικαιοσύνη[ι in the sense of 'justly called,' suggests that 'Ptolemy the god justly called Philometor' means Philometor, while ' Ptolemy the god Philometor' 'means Euergetes II; cf. C. I. G. 5185 βασιλέα Πτολεμαῖον τὸν βασιλέως Πτολ. καὶ βασιλ. Κλεοπάτρας ἀδελφὸν θεὸν φιλομήτορα ἡ πόλις. This inscription has generally been explained on the supposition that the Cyrenaeans set it up in honour of Philometor after his death and the marriage of Cleopatra to Euergetes II. Prof. Mahaffy now suggests that the θεὸν φιλομήτορα is after all Euergetes, as in this papyrus. But even so there is much less difficulty in supposing that Euergetes, while reigning at Cyrene, arrogated to himself his brothers title, than in attributing it to him in Egypt seven years after Philometor's death, and the meaning assigned to δικαιοσύνη[ι on this theory seems very difficult to obtain.

9. Cleopatra 'the daughter' of Philometor is the same person as Cleopatra 'the wife' of Euergetes. Cf. note on *Gr. Pap.* I. x. 4. concerning the priesthoods of Ptolemais. There were in reality priesthoods of three Cleopatras, not four.

13. The phrase Πέρσης τῶν Πτολεμαίου καὶ τῶν υἱῶν is new, and it is not easy to decide its relation to the common phrase Πέρσης τῆς ἐπιγονῆς, which means a descendant of a Persian settler who had married an Egyptian wife (Lumbroso, *L'Egitto dei Greci e dei Romani*, p. 84), without implying either the degree of descent or the reign in which the Persian ancestor became a settler. Πτολεμαίου in this connexion can hardly mean any one but Ptolemy Soter, and therefore οἱ

Πτολεμαίου were probably Persians who settled in Egypt during his reign, while οἱ υἱοί were presumably their descendants, since it is scarcely possible that by this term the line of Ptolemies can be intended. The whole phrase Πέρσης τῶν Πτολ. καὶ τῶν υἱῶν, we suggest, means 'a Persian belonging to the class which consists of those settled by Ptolemy I (οἱ Πτολεμαίου) and their descendants (οἱ υἱοί),' and is thus somewhat more definite than Πέρσης τῆς ἐπιγονῆς, which, as it merely implies descent from a Persian ancestor whether he settled in the reigns of Alexander, Soter, Philadelphus, or his successors, is perhaps identical with the phrase found in line 13, Πέρσης τῶν υἱῶν, 'a Persian belonging to the class of οἱ υἱοί' or descendants from Persian settlers. With Πέρσης τῶν Πτολ. καὶ τῶν υἱῶν is perhaps to be contrasted the obscure phrase Πέρσης τῶν προσγραφθέντων, which occurs in a late second century B.C. papyrus (Brit. Mus. Pap. CCXVIII), and points to an addition or additions made to the privileged class of Πέρσαι τῆς ἐπιγονῆς, though at what period is quite uncertain.

Col. 3. Cf. the similar dockets of the royal banker in xxxii, xxxiv, and xxxv. By Soter II's reign the tax on sales had become a tenth instead of a twentieth.

XVI. 137 B.C. *From the Thebaid. Brit. Mus. Pap.*
DCLIV. 5¾ × 4¾ *in.*

Contract made at Pathyris in the thirty-fourth year of Euergetes II, according to which Patous and his sister Takmeous (or, as the name is spelt elsewhere, Takmoïs or Takmeïs) agree to sell a sycamore tree, their joint property, to Zmenous for 1 talent 4000 drachmae of copper, the 5000 drachmae due to Takmeous being paid to Patous and remaining as a debt due from him to Takmeous after seven months.

Ἔτους λδ Φαῶφι ιᾱ ἐν Παθύρει ἐπὶ Διοσκόρ(ου) ἀγορα(νόμου),
ἑκόντες συνέγρα(ψαν). ὁμολογεῖ Πατοῦς Πατοῦτος
καὶ Τακμηοῦς Πατοῦτος πεπρακέναι
τὴν ὑπάρχουσαν αὐτοῖς συκάμινον
5 Ζμενοῦτι Ψεμμώνθου χαλκοῦ (ταλάντου) α Δ, ἕκαστος
(δραχμῶν) Ε, τὸν δὲ Πατοῦν ὀφειλήσειν
Τακμηοῦ.τι Ε, ἃ πα[ρα]δώσειν
ἐν μηνὶ Παχὼν τοῦ αὐτοῦ (ἔτους). ἐὰν δὲ μὴ
ἀποδῶι, ἀποτεισάτω ἡμιόλιον παραχρῆ(μα).
   On the *verso*
10 Πατοῦτος καὶ Τακμηοῦς.

6. ξ 'Ε. Pap.

XVII. 136 B.C.   *From the Thebaid.   Brit. Mus. Pap.*
DCLXVIII.   6 × 5 *in.*

Contract, made three months after that of the preceding papyrus, according to which the same Patous agrees that he has received on deposit from his sister Takmeous (here spelt Takmoïs) an iron 'cone,' the condition of the deposit being that if Patous failed to return the same on demand, he should pay the value of it, 1 talent 2000 drachmae of copper. What purpose the 'cone' served is not clear. Galen *Lex.* 424 uses the word for the iron pole round which grain was piled in conical shape.

"Ετους λδ Τ[ῦ]βι θ̄.   Πατοῦς Πατοῦτος
Τακμώιτι Πατοῦτος χαίρειν. ὁμολογῶ
ἔχειν παρὰ σοῦ κῶνον σιδηροῦν ἐν ὑπο-
-θήκῃ, ἐφ' ᾧ ἐάν με ἀπαιτῇς καὶ μὴ
5 ἀποδίδω σοι ἀποτίσω σοι χαλκοῦ (τάλαντον) α 'Β,
τιμὴν τοῦ προγεγραμμένου κώνου.
ἔγγυος Θαῆσις πρεσβυτέρα Πόρτιτος
τῶν προκειμένων πάντων. ἔγραψεν
Δρύτων Παμφίλου ὑπὲρ αὐτῶν διὰ τὸ φάσκειν
10 αὐτοὺς μὴ εἰδέναι γράμματα.
(ἔτους) λδ Τῦβι θ̄.

9. Dryton, the son of Pamphilus, is mentioned frequently in *Gr. Pap.* I. x, xii, xvi, &c.

XVIII.   127 B.C.   *From the Thebaid.   Brit. Mus. Pap.*
DCLV.   11¼ × 5 *in.*

Loan of 5600 drachmae of copper for three months without interest from Thoteus to Totoës and his wife Takmoïs (cf. the two preceding papyri). If the loan was not repaid at the stipulated time, the borrower had to pay not only the ἡμιόλιον but interest at the rate of 2 per cent.

a month for the over-time. The formula is the usual one, cf. xxi and xxiv.

Ἔτους μδ Θωὺθ κ̄η̄ ἐν Παθύρει ἐπ' Ἀσκλη-
πιάδου ἀγ[ο]ρανόμου. ἐδάνεισεν Θοτεὺς
Κολλούθου Πέρσης τῆς ἐπιγονῆς
Τοτοῆι Π[. .]αιου Πέρσῃ τῆς ἐπιγονῆς
5 καὶ Τακμήιτι Πατοῦτος Περσίνῃ,
μετὰ κυρίου τοῦ ἑαυτῆς ἀνδρὸς
Τοτοῆτο[ς] τοῦ προγεγραμμένου
καὶ συνδεδανεισμένου, χαλκοῦ
πεντακισχιλίας ἑξακοσίας ἄτοκα
10 εἰς μῆνας τρεῖς. τὸ δὲ δάνειον
τοῦτο ἀποδότωσαν οἱ δεδανεισ-
μένοι Θοτεῦτι ἐν μηνὶ Χοίαχ λ̄
τοῦ μδ (ἔτους). ἐὰν δὲ μὴ ἀποδῶσι
ἐν τῶι ὡρισμένωι χρόνωι, ἀπο-
15 τεισάτωσαν παραχρῆμα ἡμόλιον
καὶ τοῦ ὑπερπεσόντος χρόνου
τόκους διδράχμους τῆς μνᾶς
τὸν μῆνα ἕκαστον. ἔγγυοι
ἀλλήλω[ν] εἰς ἔκτεισιν τῶν διὰ
20 [τοῦ δαν είου γεγραμμένων
[πάντω]ν αὐτοὶ οἱ] δεδανεισ-
μένοι. ἡ δὲ πρᾶξ[ι]ς ἔστω Θοτεῦτι
ἐκ τῶν δεδανεισμένων
καὶ ἐξ ἑνὸς καὶ ἑκάστου αὐτῶν
25 καὶ ἐξ οὗ ἂν αἱρῆται, καὶ ἐκ τῶν
ὑπαρχόν[τ]ων αὐτοῖς πάντων,
καθάπερ [ἐ]γ δίκης.
Ἄρειος κεχρη(μάτικα).

15. l. ἡμιόλιον.

17. The rate of interest is 2 per cent. a month, i.e. 24 per cent. a year. Cf. xxi. 17 and xxvii. 15, where it is the same, and *Gr. Pap.* I. xx. 15, where read

διδράχμο υς. But even 24 per cent. may be more than the normal rate, since in all the cases where it occurs it is the interest for over-time[1]. In the Roman period the legal rate fell to 12 per cent. in Egypt, as in the other provinces; cf. lxxxix. 5 νομίμων ἑκατοστιαίων τόκων.

XIX. 118 B.C. *From the Thebaid. Brit. Mus. Pap.* DCLXIX. 5¼ × 3 *in.*

Certificate of the repayment by l'moïs, Psenthotes and Psenenoupis of 120 bushels of barley, lent eighteen months previously by Petesuchus the son of Pasas. The papyrus is dated in the fifty-second year of Euergetes II.

```
   Ἔτους νβ Παῦνι α ἐν Παθύρει
   ἐφ᾽ Ἡλιοδώρου ἀγορανόμου.
   μ᾽εμέτρηκεν Πμόις καὶ
   Ψ]ενθώτης καὶ Ψενενοῦπις
 5 τῶν Ψενθώτου Πετε-
   [σ]ούχωι Πασᾶτος Πέρσῃ
   [τῆ]ς ἐπιγονῆς κριθῶν
   [ἀρ]τάβας ἑκατὸν εἴκοσι
   [κ]αὶ τοὺς τούτων τόκους,
10 [ἃς] ἐδάνεισεν αὐτοῖς κατὰ
   [συνγρα]φ[ὴ]ν δα]νείου τὴν
   [τ]εθεῖσαν ἐπὶ τοῦ αὐτοῦ
   [ἀ]ρχείου ἐν τῶι ν (ἔτει) Χοίαχ·
   [ὃς] καὶ παρὼν ἐπὶ τοῦ ἀρχείου
```

---

[1] [The comparative lowness of the rate in these cases of over-time where it is definitely known is a strong argument for supposing the stater in the much disputed Pap. O of Leyden to be a gold rather than a silver stater, as I have elsewhere (*Rev. Pap.* App. III. 211-213) maintained, since even if the stater is gold, the rate would still be 30 per cent., and therefore higher than usual. B.P.G.]

On the *verso*

15 καταβολὴ Πμόι-
τος καὶ τῶν ἀδ(ελφῶν) κρι(θῶν) ρκ.

5. τῶν: l. τοί.   6. περ corr. from πυρ.   16. ρκ: sc. ἀρταβῶν.

14. For the rest of the formula cf. xxx and xxxi.

XX. 114 B.C. *From the Thebaid. Brit. Mus. Pap.*
DCLXX. 6 × 14 *in.*

Contract made at Pathyris in the fourth year of Cleopatra III and Ptolemy Soter II for the sale of 1⅛ arourae of land 'in the plain of Crocodilopolis' by Onès the son of Katytis to Ision (?), the price being 3000 drachmae of copper. The first column contains a short abstract of the sale, the second contains the date with a list of the first ten Ptolemies in their correct order. The main body of the contract begins at line 11 of the second column and was continued in a third, of which only a few small fragments are preserved.

Col. 1.

("Ετους) δ Θωὺθ κα.   ἀπέδοτο
'Ονῆς Κατύτιος ἀρού(ραν) α (ὄγδοον)
ἀπ' ἀρού(ρῶν) ι ἐν κροκ(ο)δ(ίλων) πό(λεως) πεδ(ίωι).
ἐπρίατο 'Ισ[ίων Πα]τῆτος χα(λκοῦ) 'Γ.

Col. 2.

βασιλευόντων βασιλίσ[σ]ης καὶ βασιλέως Πτολεμαίου θεῶν φιλομη-
    τόρων σωτήρων
ἔτους δ, ἐφ' ἱερέως βασιλέως Πτολεμαίου θεοῦ φιλομήτορος σωτῆρος
    'Αλ[εξάνδρου
καὶ θεῶν σωτήρων καὶ θεῶν ἀδελφῶν καὶ θεῶν εὐεργετῶν καὶ θεῶν
    φιλοπ[ατόρων
καὶ θεῶν ἐπιφανῶν καὶ θεοῦ εὐπάτορος καὶ θεοῦ φιλομήτορος καὶ
    θεοῦ φιλοπ[άτορος

5 νέου καὶ θεοῦ εὐεργέτου καὶ θεῶν φιλομητόρων σωτήρων, ἱεροῦ
   πώλου "Ισι[δος]
   μεγ[άλη]ς μητρὸς θεῶν, ἀθλοφόρου Βερενίκης εὐεργε[τ]ίδος, κανη-
   φόρου Ἀρσ[ινόης
   φ[ι]λαδέλφο[υ], ἱερείας Ἀρσινόης φιλοπάτορ[ος] τῶν οὐσῶν, ἐν
   Ἀλεξανδρ[είαι,
   ἐν δὲ Πτολ[εμαίδι τῆς Θ[η]βαΐδ[ος] ἐφ' ἱερ[είων 'κ]αὶ ἱερισ[σῶν καὶ
   κανηφόρου
   τῶ[ν ὄντω]ν καὶ οὐσῶν ἐν [Πτολ[εμαίδ[ι] τῆς Θηβ[αΐδο]ς, μηνὸς
   Θωὺθ κ[α
10 ἐν Π[αθύ]ρει ἐφ' Ἡλ[ι]οδώρου ἀγ[ορ]ανόμου.
   ἀπέ[δ]οτο Ὀνῆς Κατύτ[ιος] Πέρσης [τ]ῆς ἐπιγονῆ[ς ὡ]ς (ἐτῶν) μ
   μέσος μελίχρως [
   ὑπο[φ]άλακρος μακροπρό[σω]πος εὐθύ[ρι]ν οὐλὴ μετ[ώπ]ωι τετάρτην
   μερίδ[α

2. ὧ α η' Pap.   8. l. ἱερίων.
4. Philopator Neos: cf. xv, col. 1. 4, where he is omitted, and note.
5. ἱεροῦ πώλου: cf. *Gr. Pap.* I. xxv. col. 2. 5, xxvii. col. 2. 3, and the Casati contract. It is not clear whether this should be regarded as really two words 'the sacred foal of Isis,' or whether ἱεραπόλου is intended and the division into two words is due to mistaken etymology.

XXI.   113 B.C.   *From the Thebaid.   Brit. Mus. Pap.*
       DCLXXI. $9\frac{1}{2} \times 4\frac{1}{4}$ in.

Loan of 2 talents 2300 (?) drachmae of copper from Psenimouthis, a priest of Mont, to Psenenouphis and Panobchounis.

   Ἔτους ε Χοίαχ ιᾱ [ἐν Παθύρει ἐφ' Ἡλιο-
   δώρου ἀγορανόμο[υ.
   ἐδάνεισεν Ψενι[μοῦθις . . . .
   ἱερεὺς Μονούτος [. . . . .
5 Ψενενούφει Πόρ[τιτος καὶ Πανοβ-
   χούνει Πόρτιτο[ς τοῖς δυσὶ Πέρσαις

τῆς ἐπιγονῆς [χαλκοῦ τάλαντα
δύο δισχιλίας τ[ριακοσίας
ἄτοκα. τὸ δὲ δάνειον τοῦτο
10 ἀποδότωσαν οἱ δεδανεισ-
μένοι Ψενιμούθει ἐν μηνὶ
Φ[α]ρμοῦθι τοῦ α[ὐ]τοῦ (ἔτους). ἐὰν δὲ μὴ
ἀποδῶσι ἐν τῶι ὡρισμένωι
χρόνῳ, ἀποτεισάτωσαν
15 παραχρῆμα ἡμιόλιον καὶ τοῦ
ὑπερπ[ε]σόντος χρόνου τόκους
διδράχ[μ]ους τῆ[ς μνᾶς τὸν
μῆνα ἕκαστον. ἡ δὲ πρᾶξις
ἔστω Ψενιμούθ[ει ἐκ τῶν
20 δεδανεισμένων καὶ ἐξ ἑνὸς
καὶ ἑκάστου αὐτῶν δανειστῶν
δύο καὶ ἐξ οὗ ἂν αἱρῆται καὶ
ἐκ τῶν ὑπαρχόν[τω]ν αὐτ[οῖς
πάντων, πράσσο[ο]ντι καθάπερ
25 ἐγ δίκης.

᾿Αμμώ(νιος) ὁ παρ' Ἡ[λιοδώρου κεχρη(μάτικα).

On the *verso*

ἀπόδο(σις) ε (ἔτους). δά(νειον) [
One line of demotic.

1. ῾Ηλιο]δώρου: cf. xx. 10 and *Gr. Pap.* I. xxv. col. 2. 9.
9. For the filling up of the lacunae cf. xviii and xxvii.
17. διδράχμους: cf. note on xviii. 17.

XXII. 110 B.C.   *From the Thebaid.   Brit. Mus. Pap.*
DCLXXII. $6 \times 4\frac{1}{2}$ *in.*

Certificate showing that Psenthotes son of Nechoutes had repaid to Peadias son of Phibis the share due from him to Peadias in accordance with the terms of two contracts, one written in demotic under which

Psenthotes owed Peadias the fourth part of 25 artabae of wheat, the other a loan written in Greek in which Peadias had lent Nechoutes the father of Psenthotes 12¼ artabae of wheat. Of this too a fourth part is repaid by Psenthotes. The document is carelessly worded like those written by Hermias (xxv, xxvi, &c.), and there are several ambiguous points.

Ἔτου[ς] ζ ['Επ]εὶφ κ̄θ̄ ἐν Παθύ(ρει) ἐπὶ Σώσου
  ἀγορανόμ[ου]. μεμέτρηκεν Ψενθώτης
  Νεχούτου Πεαδίαι Φίβιος τὸ ἐπιβάλλον αὐτῷ[ι]
  μέρος τέταρτον συνγρα(φῆς) Αἰγυπτίας πυ(ροῦ) ἀρ[ταβῶν)
5 κε καὶ ἀπ[ὸ] δανείου πυ(ροῦ) ἀρ(ταβῶν) ιβ (ἡμίσους) (τετάρτου) ἃν
    ἔθετο
  Νεχούτης Ψενθώτου ὁ τούτου πατήρ·
  ὃς καὶ παρὼν ἐπὶ τοῦ ἀρχείου ἀνωμο-
  λογήσατο ἀπέχειν καὶ τοὺς τούτω[ν]
  τόκους καὶ μὴ ἐπικαλεῖν αὐτῷ
10 περὶ τοῦ (τετάρτου) μέρους τῶν δύο συναλ-
    λαγμάτων.
  Ἀμμώ(νιος) ὁ παρὰ Σώσου κεχρη(μάτικα).
  On the *verso*
  καταβολὴ Ψενθώτου.
  One line of demotic.

4. ⟨⟩ Pap.   5. ⟨⟩ ιβ ∠ δ′ Pap.   10. δ′ μέρους Pap.

4. It is not clear whether the amounts of wheat are the whole amounts of the loans or only the fourth parts.
5. ἃν may refer to both amounts or only the second.
7. ὅς: i.e. Peadias.

XXIII. 108 B.C. (?)   *From the Thebaid.   Brit. Mus. Pap.*
      DCLVI.   12¼ × 8 *in.*

Copy of official correspondence concerning the payment of corn-transports. There are three letters, the first enclosing the second which itself encloses the third, an inversion common in Ptolemaic papyri. The first letter in point of time (lines 17-22) is from Ptolemaeus the dioecetes to Hermonax the ὑποδιοικητής, ordering him to pay those in charge of the two boats accompanying Pamphilus, who had been appointed by Ptolemaeus to act as overseer of the distribution of wheat, for every month that they were employed, 8 talents 3000 drachmae of copper and 25 artabae of wheat. This letter is dated Choiach 24 in the ninth year of a sovereign who is probably Ptolemy X, Soter II. Two months and a half afterwards Hermonax writes to Hermias, one of his subordinates (lines 9-16), enclosing Ptolemaeus' letter and requesting him to disburse four months pay, amounting to 34 talents and 100 artabae, from the treasury of the Latopolite nome, and to obtain the counter-signature of the royal scribe Phibis to the order for payment. Another six weeks elapsed before Hermias wrote to Demetrius, probably the royal banker of Pathyris, enclosing the letters of Hermonax and Ptolemaeus and requesting that the money-payment should be made from the bank there (lines 1-8). This letter is dated Pachon 16. Demetrius received it the same day, and promptly issued the order for 34 talents (line 23), apparently writing the counter-signature of Phibis (line 24) himself. There is no order for the payment of wheat, which would be made not from the bank but from the local θησαυρός, and Hermias must therefore have written the order for it to the σιτολόγος; cf. xxxvii. 3.

 Ἑρμίας Δημητρίωι χαίρειν. τοῦ παρ' Ἑρμώνακτος τῶν ὁμοτίμων
τοῖς συγγενέσι καὶ ὑποδιοικητοῦ χρηματισμοῦ ἀντίγραφον
ὑπόκειται. κατακολουθήσας οὖν τοῖς διὰ τούτου σημαινομένοις
χρημάτισον ἀπὸ τῆς ἐν Παθύρει τραπέζης, συνυπο-
5 γράφοντος Φίβιος τοῦ βασιλικοῦ γραμματέως, τοῖς ἐπὶ τῶν ἀναγο-
μένων
πλοίων [ἑκ]άστου χα(λκοῦ) (τάλαντα) τριάκοντα τέσσαρα, / τοῦ μ(ηνὸς)
⚹ λδ, καὶ σύμβολον καὶ
ἀντισύμβολον ποίησαι ὡς καθήκει.
    ἔρρωσο. (ἔτους) θ Παχὼν ιϛ.
 Ἑρμῶναξ Ἑρμίᾳ χαίρειν. τοῦ παρὰ Πτολεμαίου τοῦ συγγενοῦς καὶ
10 διοικητοῦ χρηματισ[μ]οῦ ἀντίγραφον ὑπόκειται. κατακολουθήσας οὖν
τοῖς διὰ τ[οὐ]του σημαινομένοις χρημάτισον ἐκ τοῦ Λατοπολίτου
ἀκολούθως τοῖς συντε[ταγ]μένοις, συνυπογράφοντος καὶ Φίβιος τοῦ
βασιλικοῦ

γραμματέ[ως, τοῖς ἐπὶ τῶν Παμφίλου πλοίων β ἑκάστου τοῦ
μη(νὸς) (τάλαντα) η 'Γ
πυροῦ (ἀρτάβας) κε, τὰ αἱροῦντα τοῦ μ[η(νὸς) (τάλαντα) λδ
πι(ροῦ) ἀνη(ριθμημένου) (ἀρτάβας) ρ, / τοῦ μ(ηνὸς) ⋇λδ ½
ἀνη'ριθμημένου) —ρ, καὶ
                    ο
15 σύμβολον καὶ ἀντισύμβολ[ον] ποίησαι ὡς καθήκει.
                                        (ἔτους) θ Φαρμοῦθι ε̄.
Πτολεμαῖος Ἑρμώνακ τι χαίρειν. τοῖς ἐπὶ τῶν συνπλεόντων
Παμφίλωι τῶι παρ' ἡμ[ῶν] προκεχειρισμένωι ἐπὶ τὸν ἐπισπου-
δασμὸν τοῦ πυροῦ πλοίων δύο χρημάτιζε κατὰ μῆνα ἐφ' ὅσον ἂν
20 χρόνον περὶ τὸ προκείμενον ἦι, ἑκάστου τοῦ μη(νὸς) (τάλαντα) η 'Γ
                                        (πυροῦ ἀρτάβας) κε,
/ τοῦ μ(ηνὸς) χα(λκοῦ) ⋇η 'Γ, ½ κε.
                        (ἔτους) θ Χοίαχ κ̄δ̄.
      2nd hand.
χρη(μάτισον) χαλκοῦ (τάλαντα) τριά[κ]οντα τέσσαρα, /⋇λδ. (ἔτους)
     θ Παχὼν ῑς̄.
Φίβις χρη(μάτισον) χαλκοῦ (τάλαντα) τριάκοντα τέσσαρα, /⋇λδ.
25   (ἔτους) θ Παχὼν ῑς̄.
      On the verso
            ΔΗΜΗΤΡΙѠΙ   and a line of demotic.

14. — κε ..... ⋇ λδ ½ αν̄η — Pap.   20. ⋇ η 'Γ ½ κε Pap.
    ο   ο

1. ὁμοτίμων τοῖς συγγενέσι: cf. Louvre Pap. 15. col. 1. 20.

4. From a comparison of this line with line 11 we might conclude that Pathyris was in the Latopolite nome. But as there was a Pathyrite nome at this period, cf. xxiv. 3, we must suppose that Hermias did not carry out the orders of Hermonax to the letter. Pathyris, which has sometimes wrongly been identified with Thebes, is shown by the papyri in this volume and in *Gr. Pap.* I to have been near Crocodilopolis. The site of this latter place, indicated by Strabo p. 817, has, Prof. Steindorff tells us, been fixed precisely by ancient Egyptian evidence at Rizagât between Erment and Gebelên. Gebelên is the reputed provenance of all the papyri from Pathyris and the Thebaid contained in this and the previous volume, but the fact is of little value for determining the exact site of Pathyris in the absence of other evidence.

XXIII a. 107 B.C. *From the Thebaid. Brit. Mus. Pap.*
DCLVII. 6 × 27 *in.*

Sale of two pieces of land with the gap between them, containing 3½ arourae 'in the northern plain of Pathyris,' by three sisters, Taous, Sennesis, and Siephmous, to Petesuchus son of Panobchounis, and his brothers, for 9 talents of copper.

Col. 1.

Ἔτους ια τοῦ καὶ η
Φαῶφι κ̄η.
ἀπέδο(το) Ταοῦς
καὶ Σεννῆ(σις) καὶ
5 [Σ]ιεφμοῦς
Πετεαρσ(εμθεῖ) καὶ
τοῖς ἀδελ(φοῖς) γῆς
(ἀρουρῶν) γ (ἡμίσους) χα(λκοῦ) (ταλάντων) θ.

Col. 2.

βασιλευόντων Κλεοπάτρας καὶ Πτολεμαίου ἐπικαλουμένου Ἀλεξάνδρου τοῦ υἱοῦ θεῶν φιλομητόρων ἔτους ια τοῦ καὶ ὀγδόου, ἐφ' ἱερέων καὶ ἱερειῶν
καὶ κανηφόρου τῶν ὄντων καὶ οὐσῶν, μηνὸς Φαῶφι ὀγδόηι καὶ εἰκάδι ἐν Κροκοδίλων πόλει ἐπὶ Πανίσκου ἀγορανόμου τῆς ἄνω τοπαρχίας τοῦ Παθυρίτου.
ἀπέδοτο Ταοῦς Ἁρπῶτος ὡς ἐτῶν μη μέση μελίχρ(ως) στρογγυλοπρόσω(πος) εὐθύρ(ιν) οὐλὴ μετώπωι, καὶ αἱ ταύτης ἀδελφαὶ Σεννῆσις ἡ καὶ Τατοῦς Ἁρπῶτος ὡς (ἐτῶν) μβ
μέση μελίχρ(ως) στρογγυλοπρόσω(πος) εὐθύριν οὐλὴ μετώπωι, καὶ Σιεφμοῦς Παχνούμιος ὡς ἐτῶν κ μελί(χρως) στρογγυλοπρόσωπος εὐθύριν ἄσημος, αἱ τρεῖς Πέρσιναι, μετὰ κυρίου
5 τοῦ τῆς προγεγραμμένης Ταούτος ἀνδρὸς Ψεννήσιος τοῦ καὶ Κρούριος τοῦ Ὥρου Πέρσου τῆς ἐπιγονῆς τῶν ἐκ Γότνιτ κώμης τῆς κάτω τοπαρχίας τοῦ

Λατοπολίτου ὡς (ἐτῶν) με μέσου ἦ ἐλ(άσσους) μελανχρόου ὑπο-
κλαστοῦ μακροπροσώ(που) εὐθυρίνου οὐλὴ χείληι τῶι κάτω,
τὴν ὑπάρχουσαν αὐταῖς ἐν τῶι ἀπὸ βορρᾶι πεδίωι
Παθύρεως γῆν ἤπειρον σιτοφόρον ἀδιαίρετον ἐν σφραγῖσι δυσὶ
ἀρουρῶν τριῶν ἡμίσους καὶ τοῦ προσόντος χαλάσματος ἀπὸ
(ἀρουρῶν) ζ τῶν ἐν (ἀρούραις) μ· ὧν γείτονες
τῆς μὲν μιᾶς σφραγῖδος νότου γῆ Πατοῦτος τοῦ Ὥρου καὶ τῶν
ἀδελφῶν, βορρᾶ γῆ Χεσθώτου τοῦ Μελιπαίτος, ἀπηλιώτου γῆ
Λεοῦς καὶ τῶν ἀδελ(φῶν), λιβὸς περιχῶμα·
τῆς δ' ἄλλης νότου γῆ Χεσθώτου τοῦ προγεγραμμένου, βορρᾶ γῆ
Χεσθώτου τοῦ Πανεμγέως, ἀπηλιώτου γῆ Θράσωνος καὶ τῶν
ἀδελφῶν, λιβὸς τὸ περιχῶμα, ἣ οἷ
10 ἂν ὦσι γείτονες πάντων πάντοθεν. ἐπρίατο Πετεαρσεμθεὺς Πανεβ-
χούνιος ὡς (ἐτῶν) λϛ μέσος μελί(χρως) ὑποκλαστὸς μακρο-
πρόσω(πος) εὐθύριν καὶ οἱ τούτου ἀδελ(φοὶ)
Πετεσοῦχος καὶ Φαγῶνις καὶ Ψεννῆσις, οἱ δ Πέρσαι τῆς ἐπιγονῆς
τῶν ἐκ Παθύρεως, ἑκάτερος κατὰ τὸ ἴσον μέρος χαλκοῦ
(ταλάντων) ἐννέα. προπωλητρίαι καὶ

Col. 3.

βεβαιωτρίαι τῶν κατὰ τὴν ὠνὴν ταύτην πάντων Ταοῦς καὶ Σεν-
νῆσις ἡ καὶ Τατοῦς καὶ Σιεφμοῦς αἱ ἀποδόμεναι, ἃς ἐδέξαντο
Πετεαρσεμθεὺς καὶ Πετεσοῦχος καὶ Φαγῶνις καὶ Ψεννῆσις οἱ
πριάμενοι.
Πάνισκος κεχρη(μάτικα).

Col. 1. 8. ⚹ γ ∠ Pap. Col. 2. 6. l. χείλει ... Βορρᾶ.

XXIV. 105 B.C. *From the Thebaid. Brit. Mus. Pap.*
DCLVIII. 12 × 4¼ *in.*

Loan of six jars of wine from Petearsemtheus to Psemmenches without interest. The papyrus was written at Crocodilopolis τοῦ Παθυρίτου in the twelfth year (of Cleopatra III), which is also the ninth year (of Ptolemy Alexander I), and follows the usual formula.

Ἔτους ιβ τοῦ καὶ ἐνάτου Τῦβι ι̅ϛ̅
ἐν Κροκοδίλων πόλει ἐπὶ Πανίσκου
ἀγορανόμου τῆς ἄνω τοπ(αρχίας) τοῦ Παθυρίτου.
ἐδάνεισεν Πετεαρσεμθεὺς
5   Πανεβχούνιος τῶν ἐκ Παθύρεως
Ψεμμενχῆι Νεχούθου τοῦ
Πβούκιος Πέρσηι τῆς ἐπιγονῆς
τῶν ἐκ τῆς αὐτῆς Παθύρεως
οἴνου κεράμια ἐξ ἄτοκα. τὸ δὲ
10 δάνειον τοῦτο ἀποδότω Ψεμμεν-
χῆς Πετεαρσεμθεῖ ἐμ μηνὶ
                παραχρῆ(μα)
Μεσορὴ τοῦ προκ(ειμένου) (ἔτους) οἴνου γλεύκους
μέτρωι τετραχόωι, καὶ παρε-
χέσθω μόνιμον καὶ ἀρεστὸν
15 ἕως Ἀθὺρ ᾱ τοῦ ιγ τοῦ καὶ δεκάτου (ἔτους).
ἐὰν δὲ μὴ ἀποδῷ ἢ μὴ ποιῆι
ἐν τῶι ὡρισμένωι χρόνωι καθότι
προγέγραπται, ἀποτεισάτω ἐν τῶι
ἐχομένωι μηνὶ παραχρῆμα
20 ἀντὶ τῶν προκειμένων
τοῦ οἴνου κ(εραμίων) ϛ οἴνου κεράμια
ἔννεα. ἡ δὲ πρᾶξις ἔστω
Πετεαρσεμθεῖ ἐκ τοῦ δεδανεισ-
μένου Ψεμμενχεοῦς καὶ ἐκ τῶν
25 τούτωι ὑπαρχόντων πάντων,
πράσσοντι καθάπερ ἐγ δίκης.

Πάνισκος κεχρη(μάτικα).

21. κ' Pap.

XXV. 103 B.C. *From the Thebaid. Brit. Mus. Pap.*
DCLIX. 11¾ × 6¼ *in.*

Cession of 1¾ arourae ' in the plain near Pathyris ' by Nechthanoupis to Petearsemtheus son of Panobchounis, and his brothers (cf. xxvi, xxvii, &c.).

This is the first of a long series of papyri (xxv–xxxiii, xxxv, cf. *Gr. Pap.* I. xxix, xxxi, xxxiv) written by Hermias, the agent of the agoranomus Paniscus at Pathyris, from 103 to 98 B.C. They all contain grammatical blunders in greater or less profusion, while the constructions are not infrequently so confused that the legal interpretation of the documents written by him, if they were ever used as evidence, must have been sometimes extremely difficult. The climax is reached in xxviii, where even the distinction between the vendor and the buyer is hopelessly obscured.

Ἔτους ιδ τοῦ καὶ ια Μεσορὴ κ̅θ̅ ἐν Παθύρει ἐφ' Ἑρμίου
τοῦ παρὰ Πανίσκου ἀγορανόμου.
ὁμολογία ἣν ἑκόντες συνχωρήσαντες ἔθεντο πρὸς
ἑαυτούς, καθ' ἣν ὁμολογεῖ
5 Νεχθανοῦπις Παπεοῦτος Πέρσης ὡς (ἐτῶν) ν συνκεχω-
ρηκέναι Πετεαρσεμθεῖ Πανοβχούνιος καὶ τοῖς
ἀδελφοῖς Πετεσοῦχος καὶ Φαγῶνις καὶ Ψεννῆσις
ἀπὸ τῆς σφραγῖδος γῆς σιτοφόρου ἐν τῷ περὶ Πάθυ(ριν)
πεδίωι ἐν τῷ ἀπὸ βορρᾶ μέρει, ἧς ἐωνήσατο παρὰ
10 Παοῦτος τοῦ Ὥρου ἐν τῷ ια τοῦ καὶ η (ἔτει), ἄρουραν
μία ἥμισυ τέταρτον κατ' ὠνὴν Αἰγυπτίαν ἣν ἔθε-
το δι' Ἐσπνούθιος Αἰγυπτίου μονογράφου Κροκο-
δίλων πόλεως Τνεφερῶτι τῇ τοῦ Νεχθανοῦπι
γυναικεὶ ἀντὶ τῆς παρακεχωρημένης ἐν τῆι
15 ἄνω σφραγῖδος ἄρουραν μία ἥμισυ τέταρτον ὑφ' ἡ-
μῶν· καὶ μὴ ἐπελεύσασθαι Νεχθανοῦπιν μηδ' ἄλλον
μηδ ἕνα τῶν παρ' αὐτοῦ ἐπὶ τὸν Πετεαρσεμθεία
καὶ τοὺς ἀδελφοὺς μηδ' ἄλλον μηδένα τῶν παρ' αὐ-
τῶν περὶ τῶν ἄνω παρακεχωρημένων. εἰ δὲ μή,

20 ἥ τ' ἔφοδος τῶι ἐπιπορευομένωι ἄκυρος ἔστω, καὶ
προσαποτεισάτω ὁ ἐπελθὼν ἐπίτιμον παραχρῆ-
μα χαλκοῦ τάλαντα δέκα καὶ ἱερὰς βασιλεῦσι ἀργυ-
ρίου ἐπισήμου δραχμὰς διακοσίας, καὶ μηθὲν ἧσσον
ἐπάναγκον αὐτοῖς ἔστω ποιεῖν κατὰ προγεγραμ-
25 μένα.
    Ἑρμίας ὁ παρὰ Πανίσκου κεχρη(μάτικα).

7. l. Πετεσούχῳ, Φαγώνει, Ψεννήσει.   10. l. τῶι καί.   11. l. μίαν.
13. l. Νεχθανούπιος.   15. l. σφραγῖδι ἀρούρας μιᾶς ἡμίσους τετάρτου.   16. l. ἐπε-
λεύσεσθαι.   24. l. κατὰ τά.

10. We take ἄρουραν as the object of συνκεχωρηκέναι, not of ἐωνήσατο, and con-
sider that the relative clause beginning with ἣν ἔθετο in line 11 extends as far as
ὑφ' ἡμῶν in line 15. The sense then seems to be that Nechthanoupis has ceded
the 1¾ arourae in accordance with the terms of a demotic contract between the
buyer Petearsemtheus (who is the subject of ἔθετο) and Tnepherôs, the wife of
Nechthanoupis. This had been written by the local μονογράφος of demotic
contracts, Espnouthis, and had fixed the price which had been agreed to by the
buyers in return for (ἀντί) the land now ceded to them by Nechthanoupis and his
wife (ὑφ' ἡμῶν). It would perhaps be possible, placing no stop after ἔτι in line 10,
to take κατ' ὠνὴν Αἰγυπτίαν as referring to ἐωνήσατο, and Paous as the subject of
ἔθετο. It is true that ἄρουραν would then be left suspended, but the construction
would not be worse than other constructions found in documents written by
Hermias, especially xxviii. A more serious objection is that, though the passage
would be intelligible as far as γυναικεί in line 14, the remaining words down to ὑφ'
ἡμῶν would not yield any satisfactory sense. Possibly the ὠνὴ Αἰγυπτία itself is
among the demotic papyri which were found together with this one and are also in
the British Museum.

XXVI. 103 B.C.   *From the Thebaid.*   *Brit. Mus. Pap.* DCLX.   12 × 6 *in.*

This papyrus offers an example of the extensive borrowing between various members of a family for the purpose of paying debts. The sum of money with which it is concerned seems to have been the subject of three loans. The first was a loan from Chaeremon, Esthladas and Pnephis to Tareësis, lines 12–14. Tareësis, being unable to pay it back, applied to her grandsons Petearsemtheus and his brothers, cf. lines 6 and 10. They however, as they apparently could not provide the money themselves, sought the assistance of their cousin, also a grandson of Tareësis, Horus son of Paous. Horus and his father Paous consented, and paid over the money to the three original lenders on behalf of Tareësis (lines 10–14). The present papyrus is an acknowledgement by Horus that he had received from Petearsemtheus and his brothers this loan which Horus and Paous had advanced. The chief difficulty is to make out the relationship of all the persons concerned. Combining the genealogical details of this papyrus with those of xxvii and xxxi, where some of the parties recur, we have attempted to construct the family tree, which, though the ambiguous constructions of Hermias make several points doubtful, seems to be as follows.

```
                        Horus
                          |
                        Patous
                          |
        Horus   ┬   Tareësis   ┬   Totoës
          |             |              |
        Paous       Panobchounis
          |             |
        Horus       Petearsemtheus
                    and his brothers.
```

Ἔτους ιε τοῦ καὶ ιβ Ἀθὺρ κδ ἐν Παθύρει ἐφ' Ἑρμίου
τοῦ παρὰ Πανίσκου ἀγορανόμου.
ὁμολογεῖ Ὧρος Παοῦτος Πέρσης τῆς ἐπιγονῆς
συνλελύσθαι Πετεαρσεμθεῖ καὶ Πετεσούχωι
5 καὶ Ψεννήσει καὶ Φαγῶνι, τοῖς δ τῶν
Πανοβχούνιος τῶν Ταρεήσιος τῆς Πατοῦ-
τος τῆς Παοῦτος μητρὸς τοῦ προγεγραμμένου
πατρὸς Ὥρου, ἀπέχειν καὶ μὴ ἐπικαλεῖν
περὶ ὀφειλήματος συναλλαγμάτων Αἰγυ-
10 πτίων καὶ Ἑλληνικῶν ἃ ἐξέτεισε Παοῦς
τοῦ Ὥρου πατρὸς καὶ ὁ αὐτὸς Ὧρος εἰς τὸν
Ταρεήσιος λόγον τῆς αὐτοῦ μητρὸς τοῖς
δανεισταῖς Χαιρήμωνι καὶ Ἐσθλαδᾷ καὶ
Πνήφιος γυνὴ καὶ ἀδελφῇ· καὶ μὴ ἐπελεύσασ-
15 θαι Ὧρος μηδ' ἐπ' ἄλλον μηδένα τῶν παρ' αὐτοῦ

ἐπὶ τὸν Πετεαρσεμθεία καὶ τοὺς ἀδελφοὺς
μηδ' ἐπ' ἄλλον μηδένα τῶν παρ' αὐτῶν. εἰ δὲ
μή, ἥ τ' ἔφοδος τῶι ἐπιπορευομένωι ἄκυρος
ἔστω, καὶ προσαποτεισάτωι ὁ πελθὼν
20 ἐπίτιμον παραχρῆμα χα(λκοῦ) (τάλαντα) ε καὶ ἱερὰς
βασιλεῦσι ἀργυρίου ἐπισήμου (δραχμὰς) ρ, καὶ μη-
θὲν ἧσσον ἐπάναγκον αὐτοῖς ἔστω ποιεῖν
κατὰ προγεγραμμένα.
δ συνεπικελευούσης τῆς τούτων μητρὸς Θρῆρις
25 τῆς Παῶτος συνευδοκοῦντες τῶν προγεγρα(μμένων).
Ἑρμίας ὁ παρὰ Πανίσκου κεχρη(μάτικα).

On the verso
ἐπίλυσις   Πετεαρσεμθέως καὶ τοὺς
                ἀδελφούς.

6. l. τοῦ Πανοβχούνιος τοῦ Ταρεήσιος.   9. αι corrected from κα.   11. l. ὁ
Ὥρου πατήρ.   14. l. Πνήφει γυναικί . . . καὶ μὴ ἐπελεύσεσθαι.   15. l. Ὥρον μηδ'
ἄλλον.   19. l. ἐπελθών.   21. ϛ ρ Pap.   23. l. κατὰ τά.   27. l. τῶν
ἀδελφῶν.

7. τῆς Παῶτος μητρός, 'the mother of Paous,' applies to Tareësis, while τοῦ προ-
γεγραμμένου πατρὸς Ὥρου refers to Paous, and means 'the father of the above-
mentioned Horus.' Cf. the genealogical tree.

12. αὐτοῦ (or αὑτοῦ): i.e. Paous.

24. The construction is hopeless; one of the participles συνεπικ. or συνευδ. must
be emended to the indicative, and the cases altered accordingly.   τοῦτό ἐστι τὸ
δάνειον has to be supplied before ὁ; cf. xxvii. 16 and xxx. 27.   τούτων: i.e. Petear-
semtheus and his brothers.

XXVII. 103 B.C.   *From the Thebaid.   Brit. Mus. Pap.*
DCLXI. $12\frac{1}{2} \times 5\frac{1}{4}$ in.

Loan of 5100 drachmae of copper from Petearsemtheus the son of
Nechoutes to Petearsemtheus and Petesuchus the sons of Panobchounis.
The papyrus is dated the same day as xxvi. The repayment of a loan
by Petearsemtheus and his brothers in that papyrus no doubt accounts
for the fresh loan contracted by them here.

Ἔτους ιε τοῦ καὶ ιβ Ἀθὺρ κδ ἐν Παθύρει
ἐφ' Ἑρμίου τοῦ παρὰ Πανίσκου ἀγορανόμου.

E

ἐδάνεισεν Πετεαρσεμθεὺς Νεχούτου
Πέρσης Πετεαρσεμθεῖ καὶ Πετεσοῦχος τῶν
5 Πανοβχούνιος τοῦ Τοτοηοῦς τοῖς δυσὶν
Πέρσαι τῆς ἐπιγονῆς χαλκοῦ νομίσμα-
τος δραχμὰς πεντακισχιλίας ἑκατὸν
ἄτοκα. τὸ δὲ δάνειον τοῦτο ἀποδότωσαν
οἱ δεδανεισμένοι Πετεαρσεμθεῖ ἐν μ(ηνὶ)
10 Φαρμοῦθι τοῦ ιε τοῦ καὶ ιβ (ἔτους). ἐὰν δὲ μὴ
ἀποδῶσιν ἐν τῷ ὡρισμένωι χρόνωι
ἢ μὴ ποιῶσιν καθ' ἃ γέγραπται, ἀποτεισά-
τωσαν ἐν τῷ ἐχομένῳ μ(ηνὶ) παραχρῆ-
μα τὰ τοῦ χα(λκοῦ) Ἐρ ἡμιόλιον καὶ τοῦ
15 ὑπερπεσόντος χρόνου τόκους β (δραχμὰς)
τῆς μνᾶς τὸν μῆνα ἕκαστον. τοῦτο
δ' ἐστὶν τὸ δάνειον ὃ ἐγγυγνήσας Ὥρωι
τοῦ Παοῦτος πρὸς Πακοῖβιν Πετεαρσεμθέ(ως)
ἀπὸ χαλκοῦ) (ταλάντου) α (δραχμῶν) ἘΣ. ἔγγυοι ἀλλήλων εἰς
20 ἔκτισιν τῶν διὰ τοῦ δανείου τούτου πάν-
των αὐτοὶ οἱ δεδανεισμένοι. ἡ δὲ πρᾶξεις ἔσ-
τω Πετεαρσεμθεῖ ἐκ τῶν δεδανεισμένων
καὶ ἐξ ἑνὸς καὶ ὁποτέρου αὐτῶν καὶ ἐξ [οὗ]
ἂν αἱρῆται καὶ ἐκ τῶν ὑπαρχόντων
25 αὐτοῖς πάντων, πράσσον(τι) καθάπερ ἐγ
δίκης.
— Ἑρμίας ὁ παρὰ Πανίσκου κεχρη(μάτικα).
On the *verso*
δά(νειον)   Πετεαρσεμθέως πρὸς
              Πετεαρσεμθεία καὶ
30   Πετεσοῦ χον) τῶν Πανοβχεύ(νιος)
              χα(λκοῦ) (δραχμῶν) Ἐρ.

4. l. Πετεσούχωι τοῖς. 6. l. Πέρσαις. 14. l. τάς: sc. δραχμάς. 15. 𝒹 (Pap.
17. l. ἠγγύησεν Ὧρος. 21. l. πρᾶξις. 30. l. τοὺς or τοῦ.
15. Cf. note on xviii. 17.   17. Ὧρος Παοῦτος, cf. xxvi. 3.

XXVIII. 103 B.C. *From the Thebaid. Brit. Mus. Pap.*
DCLXII. 12¼ × 6½ *in.*

Deed of cession by which Sennesis, acting with Thotoutes her kinsman as κύριος renounces all claim to two pieces of land which she had apparently sold to Petearsemtheus son of Panobchounis two years previously.

Ἔτους ιε τοῦ καὶ ιβ Ἀθὺρ κ̄ε̄ ἐν Παθύρει ἐ`φ`' Ἑρμίου
τοῦ παρὰ Πανίσκου ἀγορανό[μ]ου.
ἀφίσταται Σεννῆσις Ψενθώτ[ου] Περσίνη ὡς ἐτῶν) κε
ἐλάσσω ἢ μέση μελί(χρως) κάκοψις με[τ]ὰ κυρίου ἑαυτῆς
5 οἰκήου Θοτούτης Ἐριενούπιος ὡς (ἐτῶν) μ μέσος ὑποκκινος
ἀπὸ τῆς ἐωνημένης ὑπ' αὐτῆς παρὰ Πετεαρσεμ-
θέως τοῦ Πανοβχού(νιος) (τετάρτην) μερίδα ἀμπελῶ(νος) συνφύτου καὶ
τῶν φυομένων δένδρων καὶ [.] μερίδα γῆς σιτο(φόρου)
ἐν τῷ ἀπὸ βορρᾶ καὶ λι(βὸς) τοῦ ἀμπελ῾ῶ(νος) συνάπτουσαι
10 ἐν τῇ ταινίᾳ Παθ(ύρεως), καὶ τοῖς ἀδελφοῖς ἀδιαιρέτου,
καὶ ὠνὴν τέθειται ἐπὶ τοῦ ἐν Παθ(ύρει) ἀρχείου ἐν τῷ ιγ
τοῦ καὶ ι (ἔτει) Μεσορὴ κ̄γ̄· ὧν γείτονες ν ὁ῾του μπελὰ(ν) Ταχώ-
γιος,
βορρᾶ γῆ Πατοῦτος τοῦ Ὥρου καὶ τῶ(ν) ἀδ[ε(λφῶν), ἀ]πηλι(ώτου) περίβολος
τῶν ἀμπελώ(νων), λι(βός) πρὸς χα(λκοῦ) (τάλαντα) [.] Ἐφ· καὶ μὴ ἐπελεύ-
15 σασθαι Σεννῆσις μηδ᾽ ἄλλον τινὰ τ῾ῶν̓ παρ' αὐτῆς ἐπὶ
τὸν Πετεαρσεμθεία μηδ᾽ ἄλλον μηδένα τῶν παρ' αὐτοῦ
ἐπὶ τῶν ἄνω γεγρα(μμένων) πάντων. εἰ δὲ μή, ἥ τ᾽ ἔφοδος τῶι
ἐπιπορευομένωι ἄκυρος ἔστω, καὶ π]ροσαποτεισάτω
ὁ ἐπελθὼν ἐπίτιμον παραχρῆμα (τάλαντα) ι καὶ ἱερὰς
20 βασιλεῦσι ἀργυρίου ἐπισήμου δρα[χ]μὰς διακοσίας,
καὶ μηθὲν ἧσσον κύρια ἔστω τὰ διομολογημένα.
Ἑρμίας ὁ παρὰ Πανίσκου κεχρη΄μάτικα).

On the verso

ἔτους ιε τοῦ καὶ ιβ ἀφίσταται Πετεαρσεμθεὺς
'Αθὺρ κε. παρὰ Σεννήσιος.

4. l. ἐλάσσων.   5. l. οἰκεῖον Θοτούτου &c.   εριν. corrected from εριν.   ὑποκ-
κινος: ? for ὑποκόκκινος.   6. Transpose ὑπό and παρά.   7. δ' μερίδα Pap. l. (τετάρτης)
μερίδος, and μερίδος in l. 8.   9. l. συναπτουσῶν.   12. l. ἀμπελῶν.   14. l. ἐπε-
λεύσεσθαι.   15. l. Σεννῆσιν.   21. l. διωμολογημένα.   23. l. ἀφίσταται Σεννῆσις
Πετεαρσεμθεῖ.

6. ὑπ' αὐτῆς παρὰ Πετεαρσεμθέως: so Hermias, but in 15-21 Sennesis renounces all claim to the land which now belongs to Petearsemtheus. There is clearly a serious blunder somewhere; and the simplest change is to transpose the prepositions. Another alternative is to suppose that there were two persons called Petearsemtheus, one the original owner of the land bought from him by Sennesis, the other the son of Panobchounis, and the person to whom Sennesis now cedes the land; and that Hermias has confused the two. In that case in lines 6-7 we ought to read Πετεαρσεμθέως ⟨Πετεαρσεμθεῖ⟩ τοῦ Πανοβ.; indeed the dative in line 10 καὶ τοῖς ἀδελφοῖς, if correct, implies an unexpressed Πετεαρσεμθεῖ. But this is far from conclusive, since τοῖς ἀδελφοῖς might be a mistake for τῶν ἀδελφῶν, and the dative to ἀφίσταται would then have to be supplied.

11. Cf. note on xxv. 10.

14. After λιβύς a word, probably ποταμός or ὄρος, has dropped out.

23. Hermias has again confused Sennesis and Petearsemtheus, since it is the former, not, as he states here, the latter, who gives up the land.

XXIX. 102 B.C.   *From the Thebaid.   Brit. Mus. Pap.*
DCLXXIV. $12\frac{3}{4} \times 3\frac{3}{4}$ *in.*

Loan of 10 artabae of wheat and 13 of barley without interest from Paëris son of Pasemis to Petearsemtheus and his brothers.

   "Ετους ιϛ τοῦ καὶ ιγ 'Αθὺρ ιβ
   ἐν Παθύρει ἐφ' Ἑρμίου τοῦ παρὰ
   Πανίσκου ἀγορανόμου.
   ἐδάνεισεν Παῆρις Πασήμιος
5 Πετεαρσεμθεῖ καὶ Πετεσούχῳ
   καὶ Φαγῶνις καὶ Ψεννῆσις,

τοῖς δ τῶν Πανοβχούνιος
τοῦ Τοηοῦς Πέρσου τῆς ἐπιγονῆ[ς],
πυροῦ ἀρτάβας δέκα, κριθῆς
10 ἀρτάβας δέκα τρεῖς ἄτοκα.
τὸ δὲ δάνειον τοῦτο ἀποδότω-
σαν οἱ δεδανεισμένοι Παή[ρι]
ἐν μ(ηνὶ) Παχὼν λ̄ τοῦ αὐτοῦ (ἔτους)
νέον καθαρὸν καὶ ἄδολον
15 ἀπὸ παντός, καὶ ἀποκαθεσ-
ταμένον εἰς οἶκον πρὸς αὐτὸν
ἐν Κροκοδίλων πό(λει) τοῖς ἰδίοις
ἀνηλώμασι μέτρῳ ᾧ καὶ παρ-
ειλήφαν. ἐὰν δὲ μὴ ἀποδῶ-
20 σιν ἐν τῷ ὡρισμένωι χρόνῳ
ἢ μὴ ποιῶσιν καθ᾽ ἃ γέγρα(πται), ἀποτει
σάτωσαν ἐν τῷ ἐχομένωι
μηνὶ παραχρῆμα τὰς τοῦ πυ(ροῦ)
ἀρ(τάβας) ι, κρ(ιθῆς) ἀρ(τάβας) ιγ ἡμιόλιον, ἢ τὴν
25 ἐσομένην ἐν τῇ αὐ(τῇ) ἀγορᾷ τι-
μήν. ἡ δὲ πρᾶξεις ἔστω Παήρι
ἐκ τῶν δεδα(νεισμένων) καὶ ἐξ ἑνὸς καὶ
ὁποτέρου αὐτῶν καὶ οὗ ἂν βού-
[λη]ται καὶ ἐκ τῶν ὑπαρχόν-
30 των αὐτοῖς πάντων, πράσ-
σοντι καθάπερ ἐγ δίκης.
Ἑρμίας ὁ παρὰ Πανίσκου κεχρη(μάτικα).

On the *verso*
δά(νειον)   πρὸς Πετεα(ρσεμθέα) καὶ
Παήρει   τοὺς ἀδελ(φοὺς) πυ(ροῦ) ἀρ(ταβῶν) ι
                κρ(ιθῆς) ἀρ(ταβῶν) ιγ.

6. l. Φαγώνει καὶ Ψεννήσει.   7. l. τοῦ.   8. l. Τοτοηοῦς; cf. xxvii. 5.   17. u Pap.   23. 2 Pap.   24. ⌐ι κρ ⌐ ιγ Pap.   34. l. Πηήριος.

XXX. 102 B.C. *From the Thebaid.* *Brit. Mus. Pap.*
DCLXIII. 10½ × 4¼ *in.*

Certificate of the repayment by Petearsemtheus and Petesuchus sons of Panobchounis, and their brothers (cf. the preceding papyri), of a loan of two copper talents which had been lent to them by Petearsemtheus the son of Almaphcus in the previous year.

Ἔτους ις τοῦ καὶ ιγ Χοίαχ δ̄ ἐν Πα-
θύρει ἐφ' Ἑρμίου τοῦ παρὰ Πανίσκου
ἀγορανόμου.
ἐπελύσατο Πετεαρσεμθεὺς
5 καὶ Πετεσοῦχος τῶν Πανοβχοὐ(νιος)
τοῦ Τοηοῦς καὶ τοὺς τούτων ἀδε(λφοὺς)
δάνειον χαλκοῦ (ταλάντων) β ἃ ἐδάνεισεν
αὐτοῖς Πετεαρσεμθεὺς Ἀλμαφέως
κατὰ συνγραφὴν, δα(νείου) τὴν ἐτεθεῖσαν ἐπὶ
10 τοῦ ἐν Παθύρει ἀρχείου ἐν τῷ
ιε τοῦ καὶ ιβ (ἔτει)· ὃς καὶ παρὼν
ἐπὶ τοῦ ἀρχείου Πετεαρσεμθεὺς
Ἀλμαφέως ἀνομολογήσατο
παρὰ Πετεαρσεμθέως τοῦ
15 Πανοβχοί(νιος) καὶ τοὺς τούτου ἀδε(λφοὺς)
τὰς τοῦ σημαινομένων χα(λκοῦ) (τάλαντα) β,
καὶ μὴ ἐπελεύσασθαι Πετεαρ-
σεμθεία μηδ' ἄλλον τινὰ τῶν
παρ' αὐτοῦ ἐπὶ τὸν Πετεαρσεμθέα
20 καὶ τοὺς ἀδελφοὺς μηδ' ἐπ' ἄλλον
τινὰ τῶν παρ' αὐτῶν. εἰ δὲ μή,
ἥ τ' ἔφοδος ἄκυρος ἔστω, καὶ προσ-
αποτεισάτω ὁ ἐπελθὼν ἐπίτ(ιμον) παρα-
χρῆμα χα(λκοῦ) (τάλαντα) ε καὶ ἱερὰ(ς) βα(σιλεῦσι) ἀργυρίου
25 ἐπισήμου (δραχμὰς) ρ, καὶ μηθὲν ἧσσον
κύριον εἶναι κατὰ προγεγρα(μμένα).

τούτου δ' ἐστὶν τὸ ὀφείλημα
ἃ ὤφειλεν Ἁρπῶς Παβῦτος καὶ τῇ
τούτου γυναικεὶ Ταρεήσιος.
30 Ἑρμίας ὁ παρὰ Πανίσκου κεχρη(μάτικα).

On the verso

ἐπίλυσις   δα(νείου) χα(λκοῦ) (ταλάντων) β ἃ ἐδά-
Πετεαρσεμθέα   (νεισεν) αὐτῶι
καὶ τοὺς ἀδε(λφοὺς)   Πετεαρσεμθε(ὺς) Ἁλμα(φέως).

5. l. τοῦ. 6. l. Τοτοηοϊs (cf. xxvii. 5) καὶ οἱ τούτων ἀδελφοί. 9. l. τεθεῖσαν.
14. Insert ἀπέχειν before παρά. 15. l. τῶν τούτου ἀδελφῶν. 16. l. τὰ τοῦ
σημαινομένου. 17. l. ἐπελεύσεσθαι. 26. l. κατὰ τά. 27. l. τοῦτο. 28–9.
l. ὅ . . . ἡ τούτου γυνὴ Ταρεῆσις. 31. l. ⟨πρὸς⟩ Πετεαρσεμθέα.

XXXI. 104 B.C. *From the Thebaid. Brit. Mus. Pap.*
DCLXXIII. 10¾ × 4 *in.*

Acknowledgement by Chaeremon, serving in the corps of 'mercenary cavalry' stationed at Crocodilopolis, that Paous son of Horus had repaid him the share due of a loan contracted by Patous the father of Tareësis mother of Paous. Cf. intr. to xxvi.

Ἔτους ιγ τοῦ καὶ ι Φαρμοῦθι ε
ἐν Παθύρει ἐφ' Ἑρμίου τοῦ παρὰ
Πανίσκου ἀγορανόμου.
ὁμολογεῖ Χαιρήμων Πανίσκου
5 τῶν ἀπὸ Κροκοδίλων πό(λεως) μισθο-
φόρων ἱππέων ἀπέχειν παρὰ
Παοῦτος τοῦ Ὥρου τὸ ἐπιβάλλον
αὐτῷ μέρος δανείου οὗ ἔθετο
Πατοῦς Ὥρου ὁ τῆς μητρὸς αὐτοῦ
10 Ταρεήσιος πατρὸς ἐπὶ τοῦ ἐν
Κροκοδί(λων) πό(λει) ἀρχείου χα(λκοῦ) (δραχμὰς) Ε καὶ τοὺς
τούτων τόκους· ὃς καὶ παρὼν
ἐπὶ τοῦ ἀρχείου ὁ Χαιρήμων

ἀνομολογήσατο ἀπέχειν καὶ
15 μὴ ἐπικαλεῖν περὶ τοῦ μέρους
δανείου τρόπωι μηδενί, τὴν
δὲ ἡμιολίαν ἀφικέναι.
Ἑρμίας ὁ παρὰ Πανίσκου κεχρη(μάτικα).

On the *verso*
ἐπίλυ(σις) Παοῦς Ὥρου
20 παρὰ Χαιρήμω(νος).

1. l. καὶ ιγ.   10. l. πατήρ.   17. l. ἀφεικέναι.   19. l. Παούτος or πρὸς
Παοῦν.

9. αὐτοῦ: i.e. Paous. Cf. the genealogical tree in introd. to xxvi.

XXXII. 101 B.C. *From the Thebaid.* Brit. Mus. Pap. DCLXXV. 6 × 15 *in.*

Contract recording the sale by Petearsemtheus and his brothers of 1 aroura of corn land situated on the promontory or sand-bank of Pathyris, to Etpesuchus son of Nechthanoupis, and his brothers for 2 talents of copper. At the end is the docket of Paniscus the banker at Crocodilopolis, showing that the tax of 10 per cent. on sales had been paid.

βασιλευόντων Κλεοπάτρας καὶ βασιλέως Πτολεμαίου τοῦ ἐπικαλου-
μένου τοῦ υἱοῦ θεῶν φιλομητόρων ἔτους ιϛ
τοῦ καὶ ιγ, ἐφ᾽ ἱερείων καὶ ἱερειῶν καὶ κανηφόρου τῶν ὄντων καὶ
οὐσῶν, μηνὸς μηνὸς Φαρμοῦθι ιζ ἐν Παθύρει
ἐφ᾽ Ἑρμίου τοῦ παρὰ Πανίσκου ἀγορανόμου.
ἀπέδοτο Πετεαρσεμθεὺς Πανοβχούνιος τοῦ Τοτοηοῦς Πέρσης τῆς
ἐπιγονῆς ὡς (ἐτῶν) με μέσος μελίχρω(ς) ὑποκλαστὸς
5 ἀναφάλανθος μακροπρόσω(πος) εὐθύριν οὐλὴ ὀδόντι ἀπὸ τῆς ὑπαρ-
χούσης αὐτῷ καὶ τοῖς ἀδελφοῖς γῆς ἠπείρου σιτο-
φόρου ἀδιαιρέτου ἐν τῇ ταινίᾳ Παθύρεως ἀπὸ τοῦ ἐπιβάλλοντος
αὐτῷ μέρους ἐν τῇ ἀπὸ νότου ταινίᾳ σφραγῖδος

ἄρουραν μίαν, ἧς γείτονες νότου γῆ Καλίβιος πρεσβυτέρα, βορρᾶ
γῆ Χεσθώτου τοῦ Μελιπαῖτος, ἀπηλιώ(του) γῆ Ἀρσιήσιος
τοῦ Ζμίνος, λιβὸς περίχωμα, ἢ οἳ ἂν ὦσι γείτονες πάντοθεν.
ἐπρίατο Ἐτπεσοῦχος Νεχθανούπιος καὶ οἱ τούτου ἀδελφοὶ
χαλκοῦ τάλαντα δύο. προπωλητὴς καὶ βεβαιωτὴς τῶν κατὰ τὴν
ὠνὴν ταύτην πάντων Πετεαρσεμθεὺς ὁ ἀ-
10 ποδόμενος οὓς ἐδέξαντο Ἐτπεσοῦχος καὶ οἱ σὺν αὐτῷ ὠνουμένου οἱ
πριάμενοι.
Ἑρμίας ὁ παρὰ Πανίσκου κεχρη(μάτικα).

2nd hand.

Ἔτους ιϛ τοῦ καὶ ιγ Μεσορὴ λ. τέ(τακται) ἐπὶ τὴν ἐν Κρο(κο-
δίλων πόλει) τρά(πεζαν) ἐφ' ἧς Πάνισκος (δεκάτης) ἐγκυ-
(κλίου) κατὰ τὴν παρ' Ἀπολλω(νίου) τοῦ πρὸς τῆι ὠνῆι δια-
γρα(φήν),
ὑφ' ἣν ὑπογρά(φει) Πάνισκος ὁ ἀντιγρα(φεύς), ὠνὴ Ἐτπεσοῦχος
Νεθαν(ούπιος) γῆς ἠπ(είρου) σιτο(φόρου) ἀροί(ρας) α, ὧν αἱ
γειτνίαι δεδη(λῶνται) διὰ τῆς προκει(μένης) συνγρα(φῆς),
ὃν ἠγόρα(σεν) παρὰ Πετεαρσεμθέως τοῦ Πανεβχούνιος πρὸς χα(λ-
κοῦ) (τάλαντα) β, τέλ(ος) Ἀ Σ, / χα(λκοῦ) (δραχμὰς) Ἀ Σ.
15   Πάνισκος τρα(πεζίτης).

1. l. ἐπικαλουμένου (Ἀλεξάνδρου).   2. l. ἱερέων καὶ ἱερειῶν, and omit the second
μηνός.   7. l. πρεσβυτέρας.   9. l. ταλάντων.   10. l. ὃν and ὠνούμενοι.
12. ϊ̔ επι Pap. ί εγκ^υ Pap.   13. l. ὠνῆς. ἢ σιτ^ο ⳨ Pap.   14. ⳨ β . . .
χ^L (Ἀ Σ Pap.   Perhaps πρὸς χα(λκὸν) (ταλάντων).

5. οὐλὴ ὀδόντι is a curious phrase, meaning presumably that he had a front tooth
broken.
12. Cf. the dockets of the royal bank in xv, xxxiv, xxxv. In all these
instances τέτακται is middle; cf. the use of τετέλεσται in l.

XXXIII. 100 B.C. *From the Thebaid. Brit. Mus. Pap.*
DCLXXVII. 5½ × 10½ *in.*

Deed of cession by which Psenenoupis son of Portis, a member of
a company of land contractors, cedes to Harsiësis son of Schotus, priest
of Suchus and Aphrodite at Pathyris, a piece of ἱερὰ γῆ which Psene-

noupis had leased from the priests for a period of ten years. Apparently Psenenoupis had farmed the land himself for five years and then let it to Harsiêsis for one year. By the terms of the present document he makes it over to Harsiêsis for the remaining four years at the price agreed upon, 2 talents 3300 drachmae of copper. But the construction is more than usually involved, even for Hermias.

Ἔτους ιε Φαῶφι ιθ. ὁμολ(ογ)ε῀ι Ψενενοῦπις Πόρτιτος Πέρσης ὡς (ἐτῶν) νε μέσος

μελίχρω(ς) τετανὸς μακροπρ(όσω(πος)) εὐθύρ(ιν) ὦτα ἐφεστηκότα Ἁρσιήσει Σχώτου

ἱερεὺς Σούχου καὶ Ἀφροδίτης, παρακεχωρηκέναι αὐτῶι Ἁρσιήσιος τὸ ἐπι-

βάλλον αὐτῷ μέρος ἧς ἐμισθώσατο σὺν Πακοίβι Σχώτου καὶ τοῖς μετόχοις

5 γῆς σιτοφόρου λεγομένης Νεχθαραῦτι θεοῦ μεγάλου παρὰ τῶν ἱερείων ἐτῶν δέκα εἰς τὰ ἐνλιπόντα αὐτῷ ἑτέρων τεσσάρων

εἰς συμπλήρωσιν ἐτ[ῶν πεν τε, ὥστε γεωργῆσαι ἧς ἔθεντο μίσθωσιν ἀπὸ τοῦ προκειμένου (ἔτους) οὗ καὶ συνπεπίσθαι αὐτῷ τῆς συγχωρηθείσης

τιμῆς χαλκοῦ τάλαν(τα) δύο δρ(αχμὰς τρισχιλίας τριακοσίας· καὶ μὴ

10 ἐπελεύσασθαι μήτ᾿ [αὐτ]ὸν Ψενενοῦπις ἐπὶ τὸν Ἁρσιήσιος μή[τ᾿] ἄλλον

μηδένα ὑπὲρ αὐτοῦ περὶ τοῦ διασαφουμένου μέρους γῆς τρόπῳ μηδενί. εἰ δὲ μή, ἀποτεισάτω Ἁρσιήσει ἐπίτιμον παραχρῆμα χαλκοῦ (τάλαντα) ε

καὶ ἱερὰς βασιλεῦσι ἀργυρ[ί]ου ἐπισήμου δραχμὰς ρ, καὶ μηθὲν ἧσσον

κύριον εἶναι τὰ διομολ(ογη)μένα.

15   Ἑρμίας ὁ παρὰ Πανίσκου κεχρη(μάτικα).

2. l. ἀφεστηκότα.   3. l. ἱερεῖ . . Ἁρσιήσει.   6. l. ἱερέων. The last two letters of ετερων have been corrected.   7. l. συμπεπεῖσθαι.   9. l. ταλάντων δύο δραχμῶν τρισχιλίων τριακοσίων.   10. l. ἐπελεύσεσθαι . . . Ψενενοῦπιν . . . Ἁρσιήσιν.
14. l. κύρια . . . διωμολογημένα.

XXXIV. 99 B.C. *From the Thebaid. Brit. Mus. Pap.*
10504 (*Egyptian Dept.*). 6¾ × 22½ *in.*

Greek docket to a demotic contract, showing that the tax of 10 per cent. had been paid by Pakoibis son of Patous on the sum of 1 talent, being the price of a παστοφόριον or priest's lodging (cf. the following papyrus which records the sale of ¼ of a παστοφόριον by the same Pakoibis) in the temple of Pathyris, which he had bought from Thortaeus the son of Nechthminis.

The papyrus is dated in the sixteenth year of Ptolemy Alexander I.

Ἔτους ις Χοίαχ. τέ(τακται) εἰς τὴν (δεκάτην) τοῦ ἐγκυ(κλίου) δι'
Ἀπολλω(νίου) τελώ(νου) καὶ τῶν μετό(χων)
Πακοῖβις Πατοῦ(τος) τέλος παστοφο(ρίου) ἐντὸς τοῦ ἐν Παθύ(ρει)
ἱεροῦ ὃ ἠγόρασεν
παρὰ Θορταίου τοῦ Νείχ'θμίνιος καὶ συντετι(μημένου) (ταλάντου)
ἑνὸς τέλ(ος) χα(λκοῦ) (δραχμὰς) ἑξακο(σίας), / χ.

1. Ἰ εἰς τὴν ἰ, Pap.; cf. line 13 of the next pap. where the sign for τέτακται is different.   3. χ^L (Pap.

XXXV. 98 B.C. *From the Thebaid. Brit. Mus. Pap.*
DCLXXIX. 6 × 16¾ *in.*

Sale of the fourth part of a παστοφόριον within the enclosure of the temple of Suchus and Aphrodite at Pathyris, the vendors being the priests Nechoutes and Petearoëris, the buyer Pakoibis, and the price 3000 copper drachmae. At the bottom is appended the docket of Pancrates the royal banker showing that the tax of 10 per cent. on sales had been paid by the buyer through Apollonius the tax-farmer to the royal bank at Crocodilopolis.

βασιλευόντων Πτολεμαίου τ[ο]ῦ ἐπικαλουμένου Ἀλεξάνδρου καὶ Βε-
ρενίκης τῆς ἀδελφῆς θεῶν φιλομητόρων
ἔτους ις, ἐφ' ἱερέων καὶ ἱερειῶν κ[α]ὶ κανηφόρου τῶν ὄντων καὶ
οὐσῶν, μηνὸς Τῦβι ιη ἐν Π[α]θύρει ἐφ' Ἑρμίου τοῦ
παρὰ Παν[ί]σκου ἀγορανόμο[υ].

ἀπέδοτο Νεχούτης Σχώτου το[ῦ] Φιμήνιος ἱερεὺς Σούχου καὶ Ἀφρο-
δίτης ὡς (ἐτῶν) νε μέσος ἢ ἐλάσσω μελίχρω(ς) μακροπρόσ-
ω(πος)
5 εὐθύριν ὑπόσκνιφος, καὶ Π[ετ]εα΄ρ᾽οῆρις Σχώτου τῶν αὐτῶν ἱερέων
ὡς (ἐτῶν) ν μέσος ἢ ἐλάσσω μελίχρω(ς) μακροπρόσω(πος) εὐθύριν
ὑπόσκνιφος, ἀπὸ τῆς ὑπαρ[χο΄ύ῀σ]ης αὐτοῖς καὶ τοῖς ἀδελφοῖς παστο-
φόριον ᾠκοδομημένον καὶ δεδοκωμένην καὶ
τεθυρωμένην ἐν τῷ ἀπὸ ν[ότ]ου μέρει τοῦ ἐν Παθύρει ἱεροῦ ἐντὸς
τοῦ περιβόλου τὸ ἐπιβάλλον αὐτοῖς μέρος τέταρτον,
ἧς γείτονες νότου περίβολος [το]ῦ ἱεροῦ, βορρᾶ παστοφόριον Παπε-
οῦτος τοῦ Φίβιος καὶ εἴσοδ[ο]ς, ἀπηλιώ[του] δρόμος, λιβὸς
παστοφόριον Πετεαρσεμθέω[ς . .]χμινος, ᾗ οἱ ἂν ὦσι γείτονες πάν-
τοθεν. ἐπρίατο Πακοῖβις Πατοῦτος ὡς (ἐτῶν) λ χαλκοῦ
10 δραχμὰς τρισχιλίας. προπ[ω]ληταὶ καὶ βεβαιωταὶ τῶν κατὰ τὴν
ὠνὴν ταύτην πάντων Νεχούτης καὶ ὁ σὺν
αὐτῷ οἱ ἀποδόμενοι, ὃν ἐδ[έ]ξατο Πακοῖβις ὁ πριάμενος.
Ἑρμίας ὁ παρὰ Πανίσκου κεχρη(μάτικα).
2nd hand.
Ἔτους ις Τῦβι λ. τέ(τακται) ἐπὶ τὴν ἐν Κρ(οκοδίλων) π(όλει) τρά-
(πεζαν) ἐφ᾽ ἧς Παγκρά(της) (δεκάτης) ἐνκυ(κλίου)
δι᾽ Ἀπολλω(νίου) τελώ(νου) Πακοῖβις Πατοῦτος παστοφόριον ἐντὸς
τοῦ
15 περιβόλου τὸ ἐπιβάλλον αὐτῶι μέρος (τέταρτον), ὧν αἱ γειτνίαι
δεδη(λῶνται),
ὃν ἠγόρασεν παρὰ Νεχούτου τοῦ Σχώτου ἱερεὺς Σούχου καὶ Ἀφρο-
δείτης χα(λκοῦ) 'Γ, τέ(λος) τ.
Παγκρά(της).

4 and 5. l. ἐλάσσων.   6. l. τοῦ ὑπάρχοντος . . . παστοφορίου ᾠκοδομημένον, &c.
8. l. οὗ γείτονες.   10. l. δραχμῶν τρισχιλίων.   13. ϟ επι . . . ί ενκ". Pap.   14.
l. παστοφορίου.   15. l. τοῦ ἐπιβάλλοντος . . . μέρους (τετάρτου); μερος δ'. Pap.   16.
l. ἱερέως.

5. μέσος ἢ ἐλάσσω(ν): cf. xxviii. 4 where the phrase is ἐλάσσω(ν) ἢ μέσος.
6. δεδοκωμένην is a new verb meaning 'furnished with beams,' probably for the roof.
9. Perhaps [Τα]χμῖνος.

XXXVI. 95 B.C. *From the Thebaid. Brit. Mus. Pap.*
DCLXXX. $8\frac{1}{4} \times 4\frac{3}{4}$ in.

Letter from Petesuchus the son of Panobchounis (cf. xxvii, xxix, &c.) to his brothers Petearsemtheus and Phagonis (here spelt Paganis), and others. Like the letters which Mahmoud writes to his brother Hussein now, it consists for the most part of greetings and farewells. But lines 9–18 contain some rather amusing, if mysterious, details.

    Πετοσοῦχος Πανεβχούνιος Πετεαρσεμθεῖ
    καὶ Παγάνει Πανεβχούνιος καὶ
    Παθήμει παρὰ καὶ Πετεαρσεμθεῖ
    Ἀρσενούφ[ι]ος καὶ Πετεαρσεμθεῖ
5   Ψεννήσι[ο]ς καὶ Ὥρωι Πατῆτος χαίρειν
    καὶ ἐρρῶσθαι. ἔρρωμαι δὲ καὶ αὐτὸς
    καὶ Ἐσθλύτις καὶ Πατοῦς καὶ Ἀλμένης
    καὶ Φίβις καὶ Ψενοσῖρις καὶ Φάφις
    καὶ οἱ παρ' ἡμῶν πάντες. μὴ λυ-
10 πεῖσθε ἐπὶ τοῖς χωρισθεῖσι. ὑπε-
    λαμβάνοσαν φονευθήσεσθαι. οὐθὲν
    ἡμῖν κακὸν ἐποίησεν ἀλλ' ἐκ τῶν
    ἐναντίων ἐπιμεμέληται,
    περὶ ὧν, ἐὰν αἱρῆτε, γράψατέ
15 μοι. ἠκούσαμεν τὸν μῦν κατα-
    βεβρωκέναι τὸν σπόρον. καλῶς
    ἡμῖν ὧδε, ἢ ἐν Διοσπόλει ἐὰν
    αἱρῆσθε, πυρὸν ἀγοράσαι ἥκατε.
    τὰ δ' ἄλλα χαρίζοισθ' ἑαυτῶν ἐπι-
20 μελόμενοι ἵν' ὑγιαίνητε.
    ἔρρωται Ὧρος καὶ Πετοσῖρις.
        ἔρρωσθε. (ἔτους) ιθ Παχὼν η.
  On the *verso*
    παρὰ   Πετεαρσεμθεῖ Νεβχούνιος
    Πετεσούχου
25   τοῦ Νεβχούνιος

1. l. Πετεσούχος.   3. παρά seems to mean παρ' αὐτοῖς.   9. l. ἡμῖν.   11.
l. ὑπελάμβανον.   18. l. ἥκετε.

9–18. 'Do not grieve over the departed. They expected to be killed. He has not done us any harm but has used our difficulties to assist us (?). On this subject write to me, if you like. We hear that mice have eaten up the crop. Please come here to us or, if you prefer, to Diospolis to buy wheat.'

23. Νεβχούνιος: a variant for Πανεβχούνιος: cf. l. 25.

XXXVII. *Late second or early first century* B.C. *From the Thebaid. Brit. Mus. Pap.* DCLXVI.   5¼ × 9½ in.

Letter addressed by Hermias to the government officials of Pathyris announcing the appointment of a new οἰκονόμος or administrator of the royal revenues. Only the beginning is preserved, but it is interesting on account of its list of officials, which is remarkable for the high place occupied in the hierarchy by the chief of the police and his subordinate the φυλακίτης, and for the mention of the πρεσβύτεροι τῶν γεωργῶν, who play a more important part in the Roman period.

Ἑρμίας τῶι ἐπιστάτει Παθύρεως καὶ ἀρχιφυλακίτ̣ηι
καὶ φυλακίτηι καὶ βασιλικῶι γραμματεῖ καὶ τοπογραμμα̣τ̣εῖ
καὶ κωμογραμματεῖ καὶ σιτολόγωι καὶ τραπεζίτηι καὶ τοῖς
πρεσβυτέροις τῶν γεωργῶν καὶ τοῖς ἄλλοις τοῖς τὰ βασιλικὰ
5 πραγματευομένοις χαίρειν.
πρὸς τῆι οἰκονομίαι τῆς κώμης καθέσταται
Πατσεοῦς Πατῆτος ὁ τ̣ὴ̣ν ἐντολὴν ἐπιδεικνύσ̣ας καὶ
[χ]ειρογραφή̣σ̣ας ὡς εἴθιστ̣αι καὶ διαστολὴν λ̣αβὼν προ̣...

. . . .

XXXVIII. *Plate IV.* 81 B.C. *From the Fayoum. Brit. Mus. Pap.* DCXCVII.   9½ × 4 in.

Letter from Pasion to his father Nicon, containing directions for buying papyrus, pens, ink, and other writing material, the payment for them, and the purchase of barley. The ink is rather faint, and the difficulties of reading it are increased by the bad grammar of the writer and by the occurrence of several new words. The letter is dated 'in the second which is also the first year,' and is written in a hand which, though still retaining many Ptolemaic characteristics, is approaching to the Roman type, and may be assigned with confidence to the earlier half of the first century B.C. As no dated Greek papyri between Ptolemy Alexander I's reign and that of Augustus have yet been published, it is impossible to say at once to which reign this is to be assigned. But the formula of the date suits the short period when Berenice III, after reigning alone for six months, was associated with Ptolemy Alexander II. According to Appian (*Bell. Civ.* i. 102) the joint reign only lasted nineteen days, and in order to account for Berenice having entered on a second year, we must suppose she came to the throne before Thoth 1 81 B.C., the beginning of the civil year. Neither the latter supposition nor the shortness of the reign presents much difficulty, and the only alternative at all probable would be to place the papyrus in the joint reign of Seleucus or Archelaus with Berenice IV, in 56 B.C. But to that there are two objections: first, that the character of the writing is more Ptolemaic than Roman; and the papyri which we found in the temple of Bacchias last winter show that towards the end of Auletes' reign the ordinary hand was much more like that of the early Roman period than this is. Secondly, among these Bacchias papyri of the late Ptolemaic period occurs another double date, 'the first which is also the third year,' which apparently refers to the joint reign of Archelaus and Berenice. This, however, will be discussed when we publish those papyri. The possibility that the 'second which is also the first year' is to be referred to the joint reign of Auletes and Cleopatra Tryphoena is excluded by the fact that in demotic documents the years of the king are not distinguished from those of the queen; and the view that the year in question refers to the joint rule of Cleopatra Tryphoena and Berenice IV during the absence of Auletes has not only the difficulty concerning the handwriting to contend with, but contradicts the statement of Eusebius (Lepsius, *Denkschr. d. Berl. Akad.* 1852, p. 478) that the two queens began their joint reign at the same time.

*Πασίων Νίκ[ωνι τ]ῶι πατρὶ πολλὰ
χαίρειν καὶ [. . . . .] . . μένων
διευτυχεῖ[ν. καλῶς οὖ]ν ποιήσις*

μὴ ἀμελήσ[α]ς α... ἀγο]ράσαι .. υ
5   ρα ἃ γράφω· [χαρ]τία δωμιῦ χάρτου
δέκα, καὶ [...]ρα δωμ'ο]ῦ χάρτου
πέντε, καὶ [κα]λάμων γραφικῶν
δεκάπεντε, καὶ μ[έ]λαν στατη-
ροῦ ὀκτώ, καὶ θην στατηροῦ
10 πέντε, καὶ ερ...[ιτος α, κ[αὶ .].α.. α
ἑπτά, καὶ χιλωθηρου α, καὶ μάρ-
ς ι'πον μεγάλου α, καὶ τῶν νεωτέ-
ρων δύω, καὶ κηροῦ στατηροῦ
πέντε. καὶ γράφωμαί σε περὶ τῆς
15 λογέας ἢ λογεύσω ἢ [.. .]ε γράψον μο.
περὶ τοῦ μὴ λογεύιν ἕως καταβῇς,
ἢ λογεύσι καὶ ἀνανκάσι με Ὀνησίμωι
ἀγοράσ[α]ι κριθῆς τοῖς πορέοις αὐτῶι
καμεοσμερ.[. .] ἀρταβῶ ν) ιγ (ἥμισυ),
20 —o (ιγ) S.
ἔρρωσο. ἔτους β τοῦ καὶ α (ἔτους)
Φαρ μο ῦ(θι) ιγ.

On the verso

παρὰ Πασίωνι
Νί κων[ο]ς χρη(ματιστοῦ ?)   Νίκωνι.

8. l. μέλανος.   14. l. γραφήσομαί σοι.   15. l. λογείας : cf. πορε(ί)οις in line 18.
23. l. Πασίωνος. παρά(δος) Πασίωνι is unsuitable, since the letter is written by Pasion.

6. δωμοῦ seems to be a mistake for τομοῦ; the division of it into δ ὠμοῦ is precluded by the numbers which follow both in this line and the next.
8. Here and in lines 9 and 13 στατηροῦ seems to be a mistake for στατῆρας or στατήρων. θην and χιλωθηρου are new words.
11. μάρσιπον μεγάλου 'a bag of the large sort'; or l. μέγαν.
17. Unless Ὀνησίμωι is a mistake for Ὀνήσιμος, the subject to λογεύσ(ε)ι and ἀνανκάσ(ε)ι is some one not named.
19. The third letter of the line may be θ, and it is possible that an ι has been obliterated between ο and σ, the word then being an adjective agreeing with πορέοις; εου may also be read. There are some traces of ink at the end of the

line; but the whole of this line seems to have been written over another which has been obliterated, so that they may belong to the original writing.

20. This sign for artabae occurs in xxiii. 14, but the vestiges here are very faint and may belong to the effaced writing.

22. The flourish which we have taken as representing ν may be a stroke of abbreviation, but Φαρμοῦθι is in either case more likely than Φαῶφι or Φαμενώθ.

The *verso* also contains some accounts in a very minute hand, but the writing is almost entirely obliterated.

XXXIX. *Plate IV. Early first century B.C. From the Fayoum.* Brit. Mus. Pap. DCXCVIII. 9 × 17 in.

A series of twelve receipts in the same hand, one for each month of the second year of an unnamed Ptolemy, showing that Pasion and Sentheus, 'makers of beer,' had paid to Psammetichus, probably the farmer of the ζυτηρά or beer-tax, the tax for the current month amounting in each case where it is preserved to 5 talents of copper. The handwriting, like that of the preceding papyrus, is late Ptolemaic approaching to the Roman style, and the second year not improbably refers to Ptolemy Auletes, in which case the date is 80/79 B.C.

The papyrus is written in three columns and much mutilated. The piece facsimiled is the beginning of the document, which contains the date of the first receipt, and the second. As the formula is practically the same throughout, we give a transcription of the part facsimiled and a collation with the rest.

    . . . .
    (ἔτους) β Θωὺθ ι .
    Ψαμμήτιχος Πασίων
    καὶ Σενθέως ζυτοποιοῖς
    χαίρειν. ἀπ[έ]χω τὸν
5   [φ]όρον τοῦ Φαῶ]φι χ]αλκοῦ
    τάλα]ν[τα πέντε, /𝄪 ε.
    [ἔτους β Φαῶφι] ιζ.

2. l. Πασίωνι καὶ Σενθεῖ.

The third receipt is nearly all lost: one line ends ἀπέ[χ]ω παρ' ἡμ[ῶν, i.e. ὑμῶν. The fourth is dated Choiach 15; the fifth has ζυτοποιός (for ζυτοποιοῖς) and ἀπέχω παρ' ἡμ[ῶν, the date being lost. The sixth reads παρ' ὑ]μῶν, and is dated

Mecheir 16; the seventh is dated Phamenoth 7. The eighth has Σενθεῖ and παρ᾽ ἡμῶν, and is dated Pharmouthi 12. The ninth has καὶ Σενθεῖ[, and is dated Pachon 2. The tenth reads Σενθεῖ [ζυτοποιο]ῖς, ἀπέχω παρ᾽ ὑμῶν, and is dated Payni 2. The eleventh has Σενθεῖ ζυτοποιοῖς . . παρ᾽ ὑμῶν, and is dated Epeiph 15. The twelfth has καὶ Σενθεῖ . . παρ᾽ ὑ[μῶν, and is dated Mesore 22.

III. PAPYRI OF THE ROMAN PERIOD

XL.   9 A.D.   *From the Fayoum.*   *Brit. Mus. Pap.*
DCXCIX.   4½ × 5 *in.*

DESCRIPTION of two inhabitants of Socnopaei Nesus. The papyrus, which has been cancelled, appears to be complete, and was probably one of a series of such documents forming a list of inhabitants for purposes of taxation. The chief point of interest in it is the date, 'the thirty-ninth year of the dominion of Caesar.' This method of dating, which is found in two other papyri, has been shown by Wilcken (*Hermes*, xxx. 151) to be an attempt on the part of Augustus to institute a fixed era beginning with the capture of Alexandria.

Πανεφρέμμις Σχώτο(υ) ὡς (ἐτῶν) με οὐλ(ὴ) πήχ(ει) δεξιῶι,
καὶ . . στο( ) Στοτοή.τεως) . . [. . . . . . . σενούφιος (ἐτῶν) με οὐλ(ὴ)
ἀντικ.νημίωι) ἀρ.ιστερῶι).
ἔτους ἐνάτου καὶ τριακοστοῦ τῆς Καίσαρος
κρατήσεως θε.ῦ υἱοῦ μηνὸς Περιτίου
5 ι Χοίαχ ιη ἐν τῇ Σοκνοπαίου Νήσου τῆς
Ἡρακλείδου μερίδος τοῦ Ἀρσινοίτου νόμου.

The *verso* contains two lines which are almost entirely effaced.

2. Neither Τεσενούφιος nor Ὀρσενούφιος suits the vestiges.

XLI. 46 A.D. *From the Fayoum. In the Library of Trinity College, Dublin*[1].

The following papyrus is apparently an agreement in the form of a letter with reference to the farming of a tax. The lessee Tesenouphis agrees to pay 288 drachmae and two jars of wine for the right of collecting the tax, this sum to be paid in monthly instalments and written reports to be sent in every four months. What the tax in question was does not appear from the body of the document, but in the signature at the end (line 26) a tax on ἑταῖραι is perhaps meant. It is not clear whether the document refers to the sub-letting of the ὠνή or to the original contracting from the government. The first few lines are almost obliterated, and the extraordinarily corrupt character of the Greek renders the details very obscure.

```
     . . . . . [. . . . . . .] . . ρομενου τω κρα-
     . . . . [. . . . . .] ου Σοκνοπαίου νήσου
     . . . . . . . . . . . . . .
     παρὰ [Τεσε]νούφιος τοῦ Τεσενούφιος ἐπὶ χορη
5    . . . . . . . ουτω κρ . . . . νι . προείχαν κώμης
     [Σοκ]νοπαίου νήσου τῆς Ἡρακλείτου μερίδος
     εἰς τὸ ἐνεστὸς ἑβδόμου ἔτους Τιβερίου
     Κλαυδίου Καίσαρος Σεβαστοῦ Γερμανικοῦ
     Αὐτωκράτορος. ἐφίσταμαι τελεσιφόρου
10   τοῦ παντὸς ω[. .] καθήκοσι καὶ προσδια-
     γραφομένους καὶ συμβολικὺς ἀργυρίου
     δραχμὰς διακουσίας ὀκτωήκοντα
     ὀκτώι καὶ σπο[.]της Φαμενὼθ οἴνου κεράμια
     δύωι τῶν τε προσδιαγράψο κατὰ μῆνα
15   ἐμ μῆνα τοῦ αὑδοῦ (ἔτους) ἀεὶ τῇ πέμπτῃ καὶ εἰ-
     κάτῃ καὶ καταχορίζω σου διὰ τετράμη-
     να παντὸς του δἰ ἐμοῦ οἰκονομηθησο-
     μένους χρηματισμοὺς ἐντόμου συνκολ-
```

[1] [Prof. Mahaffy transcribed this papyrus and submitted his copy to Prof. Wilcken, who made several suggestions. I have verified these and added a few more. B. P. G.]

λοσιμεν καὶ ειρομενι ἐνὶ καὶ ἀναγρα-
20 φῇ μιᾷ καὶ δόσο σου καταχορισμὸν
βυβλίων δραχμὰς ὀκτὼι καὶ δόσο σου
εἰκανὸν ἀξιώχρον ἐὰν φέναι ἐπὶ χόρης
ἐπὶ τος προκειμένος πᾶσι. εὐτύχει.

2nd hand.

ἔξωι ἃς ἐπικεχώ(ρηκας) ἐπὶ ταῖς προκ(ειμέναις. ἀργυ(ρίου)
25 διακοσίαις ὀγδοήκοντα ὀκτώι, κὰ τῶν
ἄλλων ἔξο καὶ ἃ τοῦ ϛ (ἔτους) οἱ ἐταρίσματα μισθ(ούμενοι
κιμιτ . . γ( ) παντὶ χρόνωι. (ἔτους) ζ Τιβερίου
Κλαυδίου Καίσαρος Σεβαστοῦ Γερμανικοῦ
Αὐτοκράτορο'ς μη)νὶ Σεβαστῷ ιδ.

4. ἐπὶ χορηγίᾳ or ἐπὶ χώ‚α(ς)? cf. l. 22. 6. l. Ἡρακλείδον. 7. l. ἔβδομον
ἔτος. 10. l. ὧν τε καθήκει (?) καὶ προσδιαγραφομένων καὶ συμβολικῶν. 12. l. δια-
κοσίας ὀγδοήκοντα. 14. l. ἃ for τῶν, and προσδιαγράψω. 15. l. ἐμ μηνὶ τοῦ
αὐτοῦ . . . εἰκάδι. 16. l. καταχωρίσω σοι διὰ τετραμήνου πάντας τούς. 18. l. ἐντό-
μους συγκολλησιμούς. 20. l. δώσω σοι καταχωρισμόν, so in 21. 22. l. ἱκανὼν
ἀξιόχρεων ἐὰν φαίνῃ ἐπὶ χώρας ἐπὶ τοῖς προκειμένοις. 24. l. ἔξω ἅ. 25. l. καὶ τὰ
ἄλλα.

2. κρα[τίστῳ, being the epithet applied to the prefect of Egypt, is not applicable
to the person mentioned here, who was evidently a local official of Socnopaei
Nesus.

10. καθήκοσι apparently means the ordinary payments of taxes. For προσδιαγρα-
φόμενα, cf. lxv. 1, &c., lii. 9, xlviii. 2, and B. U. 99. 8, τὰ προσδιαγραφόμενα συμβολικά,
the payments to the tax collector for writing the receipt (σύμβολον). Here the προσ-
διαγραφόμενα are distinguished from the συμβολικά, and are a perfectly general term
for 'extra payments' of any sort.

26. ἐταρίσματα: this may refer to a tax on ἐταῖραι; cf. line 16 of the Koptos
tariff inscription and D. G. Hogarth's discussion of it *ap.* Flinders Petrie, *Koptos*,
p. 31.

XLII. 86 A.D. *From the Fayoum. Brit. Mus. Pap.*
DCC. 5½ × 6½ *in.*

Letter from Pyrrhus, the principal official in charge of the distribution
of land to κάτοικοι, addressed to the συντακτικός, a subordinate official in
the same department, and apparently giving orders for the assignment of
land to certain individuals. The papyrus, which is very imperfect, about

twenty letters or more being lost at the end of each line is to be compared with B. U. 328, a similar letter, though in an even worse state of preservation. The κάτοικοι were a privileged class of settlers exempt from the poll-tax (Wilcken, *Hermes*, xxviii. 249).

The writing is on the vertical fibres of the *recto*; cf. LXVI and App.

Πύρρος ὁ πρὸς καταλοχ(ισμοῖς τῶν κατοίκ(ων) τῆς α . . . . .
συντακ(τικῶι) χ(αίρειν). Νείλα(ς) τοῦ Διδύμου . . . κ . . . jκ( )
. . [. .
Πτολεμαῖο(ς) Πτολεμαίο(υ) τῆς β τῶν (ἑκατονταρούρων) π(.)ρ . . .
ἄρουραν . .
δωδέκατο(ν) εἰκοστ(οτέταρτον) τεσσαρακοσ(τὸν) ὄγδοο(ν), περὶ δὲ Ψεν-
α ρψενῆσιν (?) ἄρουραν . .
5 εἰκοστ(οτέταρτον). (ἔτους) ϛ Αὐτοκράτορος Καίσα[ρος Δομιτιανοῦ
Σεβαστοῦ
Γερμανικοῦ μη(νὸς) Νέου Σεβαστοῦ ιζ . . . .
παραχώρη(σις) . υ . βίωνο(ς) α ἥμισυ σ[. . . . .
(ἔτους) ἕκτου Αὐτοκράτορος Καίσαρος Δομιτιαν[οῦ Σεβαστοῦ Γερ-
μανικοῦ.

3. ρ ʋ Pap.

1. Perhaps τῶι τῆς Ἡρακλείδου (?) μερίδος] | συντακτικῷ, cf. B. U. 328 [1] 3.

3. The ἑκατοντάρουροι or veterans who received 100 arourae in the Fayoum are frequently mentioned in the Petrie papyri; probably the title had the same connotation at this date.

XLIII. 92 A.D. *From the Fayoum. Brit. Mus. Pap.*
DCCI. 9½ × 3½ *in.*

Copy of a document recording the payment by Tesenouphis, ἀρχέφοδος of Socnopaei Nesus, of 80 drachmae to Hatres, a watchman at Arsinoe. The payment was made through the bank of Sarapion in the quarter of Arsinoe called Ταμείων.

Ἀντίγρα(φον) διαγρα(φῆς) διὰ
Σαραπίω[νο]ς τραπέζης
Ταμείων. (ἔτους) ἑνδεκάτου

Αὐτοκράτορος Καίσαρος
5 Δομιτιανοῦ Σεβαστοῦ Γερμανικοῦ
μηνὸς Σωτηρίου ιε.
Τεσσενοῦφις ἀρχέφο,δο ς
κώμης Σοκνοπαίου
νήσου καὶ ἡγούμενος
10 γερδίων τῆς αὐτῆς
κώμης Ἀτρήτι Ἰσᾶτος
φύλακι μητροπόλεω΄ς
ὀψόνιον μηνῶν [δύ ο
Παχὼν καὶ Παῦνι τοῦ
15 ἐνεστῶτος ια (ἔτους) ἀργ.ρίου
δραχμὰς ὀγδοήκοντα,
γίνεται ἀργ(υρίου) ϛ π.

8. ἡγούμενος γερδίων: a kind of ‘sheikh’ of the weavers; cf. the associations of ἰδιωτάφοι, νεκροτάφοι and other trades.
11. διέγραψε has to be supplied.

XLIV. 101 A.D. From the Fayoum. Bodl. MS. Gr. class. d. 46 (P). 9¼ × 4½ in.

Receipt addressed by Eudaemon and other σιτολόγοι of certain villages in the division of Heracleides to the σιτολόγοι of Philadelphia, stating that they had received and placed to the account of the nomarchs of their respective villages, Julius Ovidius and Antonius Geminus, two bushels of lentils for which the nomarchs had received an order upon the granary of Philadelphia as payment for the transport of goods from Philadelphia to Bacchias.

Εὐδαίμων καὶ οἱ μέτοχοι φρον-
τισταὶ σιτολ(όγοι) τινῶν κωμῶ΄ν τῆς Ἡρακλ(είδου
μερίδος ὑπὸ Ἰούλιον Ο,υ΄ίδι ον κ α`ὶ Ἀντώ-
νιον Γέμεινον γενομ(ένους νομ άρχας, τοῖς
5 δημοσίοις σιτολ(όγοις) Φιλαδ(ελφίας) χαίρε,ιν. ἀπ΄(έχομεν)

παρ' ὑμῶν ἀπὸ γενη μάτων) τοῦ διεληλυθότος) γ (ἔτους) Τραιανοῦ
Καίσαρος τοῦ κυρίου εἰς τὸν τῶν προγεγρα(μμένων
νομαρχ(ῶν) λόγον τὰς ἐπιταγείσας αὐτοῖς)
ὑπὸ Κλαυδίου Ἀρείου γενομ(ένου) στρ(ατηγοῦ) καὶ Κλαυδί ου
10 Ἰουλιανοῦ βασιλ(ικοῦ γρ αμματέως), ὡς εἰς φόρετρα
ὧν κατῆξαν γένων ἐπὶ κώμη(ς) Βακχι-
άδος, φακοῦ μέτρωι δημο(σίωι) ξεστῶι
ἀρτάβ(ας) δύο, / φακο(ῦ) μέ(τρῳ) δη(μοσίῳ) — β.
(ἔτους) τετάρτου Αὐτοκρ]άτορος Καίσαρος
15 Ν(έρ)ουα Τραιανοῦ Σεβασ(τοῦ) Γερμανι(κοῦ,
Ἐπεὶπ κ.

11. As the site of Bacchias is now known to be Kum el Qatl (*Arch. Rep. of the Egypt Expl. Fund*, 1896, pp. 14–19, 'Karanis and Bacchias,' by D. G. Hogarth and B. P. Grenfell), if that of Philadelphia is as we conjecture near Rubayyât (see Introd. to 1), the goods were probably 'brought down' the canal which in ancient times ran past Philadelphia to Bacchias and the lake.

XLV. 136 A.D. *From the Fayoum. Bodl. MS. Gr. class. c. 64 (P). 6¾ × 3¼ in.*

Registration of three camels by Tesenouphis, a minor, addressed to the governor and royal scribe of the division of Heracleides, with the certificates of these officials that the camels had been registered, and that of a certain Didymus who had counted them and found the number correctly given. Cf. xlv (a) and B.U. 352,—a similar document addressed to the governor and royal scribe by the same Tesenouphis who is mentioned here, but dated a year later.

Ἀρχία] στρα(τηγῷ καὶ [.] . [. . . .] βασ[ιλι-
κῷ γρ(αμματεῖ) Ἀ]ρσι(νοίτου) [Ἡρ]ακ[λ]είδου [μερίδος
παρὰ Τεσενούφεως ἀφήλικος)
Τεσενούφε[ω]ς τοῦ Κιώβιος
5 ἀπὸ Σοκνοπ(αίου) νήσου διὰ φροντι]στοῦ
Πανούφεως τοῦ Τεσενούφε(ως).
οὓς ἀπεγρ(αψάμην) τῷ διεληλυθότι) ιθ (ἔτει,

ἐπὶ τῆς κώμης καμήλ,ους
τρεῖς ἀπογράφομαι καὶ εἰς τὸ
10 ἐνεστὸς εἰκοστὸν (ἔτος) Ἀδριανοῦ
Καίσαρος τοῦ κυρίου ἐπὶ τῆς αὐτῆς.

2nd hand (?)

Ἀρχίας στρ,ατηγὸς) ἀπ[έγραψα [ἐπὶ
κώμ(ης) Σοκ,νοπαίου) Νήσου, καμήλ(ους, τρὶς, γ.
(ἔτι υς; κ Ἀδριανοῦ Καίσαρος
15 τοῦ κυρίου Μεχ(εὶρ, γ.
κατεχωρίσθησαν) βασιλ(ικῷ) γρ(αμματεῖ) κάμηλ,οι, τρεῖς. (ἔτους) κ
Ἀδριανοῦ Καίσαρος τοῦ κυρίου Μεχ(εὶρ) γ̄.

3rd hand.

Δίδυμ'ος . . . .'. . . . ἐξηρ,ιθμηκὼς) συμφω,νῶ).
(ἔτους) κ Ἀδριανοῦ Καίσαρος τοῦ, κυρί[ου
20 [Μεχ(εὶρ) γ.

1. Ἀρχίας: cf. B. U. 73. 5; 250. 1.
6. Πανοῦφις τοῦ Τεσενούφεως: cf. B. U. 352. 10.

XLV (a).   137 A.D.   From the Fayoum.   Bodl. MS. Gr.
class. c. 60 (P).

Registration of six camels addressed to the governor and royal scribe of the division of Heracleides by Taouëtis, the daughter of Stotoëtis, with the certificates of the governor and royal scribe, and the signature of Ptolemaeus who had counted the camels.

Σοκνοπ(αίου) νή σου) κάμηλ,οι, ς.
Οὐεγέτωι τῷ καὶ Σαραπίων στρ(ατηγῷ·
καὶ Ἑρμείνωι βασιλ(ικῷ) γρ,αμματεῖ) Ἀρσι(νοίτου) Ἡρ(ακλείδου)
     μερίδο(ς)
παρὰ Ταουήτιος τῆς
5 Στοτοήτιος ἀπὸ κώμης Σο-
κνοπ,αίου) νήσου μετὰ κυ,ρίου) τοῦ συν-

γενοῦς Στοτοήτιος τοῦ Στοτοήτ(ιος),
ἃς τῷ κ (ἔτει) ἀπεγραψάμην περὶ τὴν
κώμην ν καμήλ(ους) ἐξ καὶ νῦν
10 ἀπογράφ(ομαι) εἰς τ]ὸ ἐνεστὸ s̄ κα (ἔτος)
Ἀδριανοῦ Καίσαρο ς) τοῦ κυρίου
ἐπὶ τῆς Σοκνοπ(αίου) νήσου.
2nd hand.
κατειχω(ρίσθησαν) στρ(ατηγῷ) κάμηλ(οι) ϛ. (ἔτους) κα
Ἀδριανοῦ τοῦ κυρίου Μεχ(εὶρ) δ.
3rd hand.
15 κατεχωρίσθησαν (βασιλ(ικῷ) γραμματεῖ) κάμηλ(οι) ϛ. (ἔτους) κα
Ἀδριανοῦ
τοῦ κυρίου Μεχ(εὶρ) δ.
4th hand.
Πτολεμαῖος ἐξ(ηριθμηκὼς) ϛ
. . . . κ λ
2. l. Σαραπίωνι.   13. l. κατεχωρίσθησαν.

XLVI. 137 A.D. *From the Fayoum.* Bodl. MS. Gr. class. f. 49 (P). 6¼ × 2½ in.

Sale of a she-ass by Pnepherôs son of Heracleus to Panephremmis son of Apunchis, at the village of Kerkesoucha in the division of Heracleides. The contract is signed at the bottom by the seller, and by Arcius Sabinus on behalf of the buyer.

Ἔτους πρώτου καὶ εἰκοστοῦ
Αὐτοκράτορος Καίσαρος
Τίτου Αἰλίου Ἀδριανοῦ Σεβαστοῦ
Καισαρείου δ ἐν Κερκεσού-
5   χῃ τῆς Ἡρακλείδου μερίδος
τοῦ Ἀρσινοείτου νόμου.
ὁμολογεῖ Πνεφερὼς
Ἡρακλήου ὡς (ἐτῶν) με οὐλὴ

ἀρ(ιστερᾶς)
δακ(τύλῳ) μικ(ρῷ) χιρ(ὸς) ἀπὸ Κερκεσούχων

10 Πανεφρέμεις Ἀπύγχε-
ως ὡς (ἐτῶν) λ οὐλὴ μετώπ(ῳ) ἐγ δεξ(ιῶν),
πεπρακέναι αὐτῷ ὄνο(ν)
θήλ(ειαν) τελ(είαν) λευκὸν μυόχ(ρουν)
ἀναπόρριφον. ἀπέχει

15 τιμὴν ἀ[ρ]γ(υρίου) (δραχμὰς) ἑκατὸν
ἕξ· καὶ βεβαιοῖ
ὑπογρ(αφὴ) τοῦ ἠγορακότος
γρ(αφεῖσα) ὑπὸ Ἀρείου Σαβείνου, τοῦ
δὲ ἄλλου ἰδότος γρ(άμματα).

20 Πνεφερὼς Ἡρακλ(ήο)υ πέπρα-
κα κ(αθ)ὼς πρόκ(ειται). 2nd hand. Πανεφρέμμ(ις)
Ἀπ(ύγχε)ως ἠγόρακα παρ' αὐτοῦ καθὼς
[πρόκειται. ἔγρ(α)ψα ὑπὲρ αὐτοῦ
[Ἀρει'ος Σαβίνου μὴ ἰδότος

25 [γράμ]ματα.

9. l. χειρ(ός). 10. l. Πανεφρέμμει. 13. l. λευκὴν or λευκομυόχρουν (cf. B. U. 228. 4), and ἀναπώριφον. 19, 24. l. εἰδότος.

4. Κερκεσοῦχα is here declined as if it was a feminine singular: the more usual declension of it as a neuter plural is found in line 9.
19. ἄλλου: sc. Pnepheros the seller.

XLVI (a). 139 A.D. *From the Fayoum. Bodl. MS. Gr. class. c.* 65 (P). 9 × 4 *in.*

Letter from Lusius Sparsus to Claudius Cerealis, the governor of the Heraclid division, announcing the official inspection of a freight that had arrived from his district.

Λούσιος Σπάρσος Κερεάλι
στρατηγῷ Ἀρσινοείτου
Ἡρακλείδου μερίδος χαίρειν.
γόμου κατακομισθέντος

PAPYRI OF THE ROMAN PERIOD

5 ἐκ τῆς ὑπὸ σοὶ μερίδος διὰ
Βησαρίωνος Ἥρωνος οἱ
ἐπίτιμοι παρέτυχον τῇ γε-
νομένῃ παραδόσει καὶ ζυ-
γοστασίαι χωρίζοντες
10 ἀπελευθέρους ἄλλων. ἅ-
παν ἐστὶν Σαταβοῦτος.
    ἐρρῶσ-
    θαί σε
    εὔχομαι.
 2nd hand.
15 (ἔτους) β Αὐτοκράτορος Καίσαρος Τίτου Αἰλίου Ἀδριανοῦ
Ἀντωνείνου Σεβαστοῦ Εὐσεβοῦς
    Μεχεὶρ κ̄.
On the *verso*
Κλαυδίωι Κερεάλι στρα(τηγῷ) Ἀρσινοίτου Ἡρακλείδου μερίδος.

7. ἐπίτιμοι: ἐπίπλοοι is also a possible reading, but neither seems very suitable; the context requires some word like 'inspectors.'
8. ζυγοστασία: cf. B. U. 337. 20.

XLVII. 140 A.D. *From the Fayoum. Bodl. MS. Gr. class. e. 66 (P).* 8½ × 3½ *in.*

Certificate issued by Dioscorus and his associates, overseers of the public granaries at the village of Bubastus, stating that they had measured on behalf of Pakusis son of Pakusis various amounts of wheat and barley, in all 203⅜ bushels.

Ἔτους τρίτου Αὐτοκράτορος Καίσαρος
Τίτου Αἰλίου Ἀδριανοῦ Ἀντωνείν[ο]υ
Σεβαστοῦ Εὐσ(εβοῦ)ς Ἐπ(εὶφ) ς̄.
Διόσκορο(ς) καὶ οἱ μέτοχ(οι) σιτολ(όγοι) Βουβ(άστου) μεμε-
5 τρήμ(εθα) ἀπὸ τῶν γενη(μάτων) τοῦ αὐτοῦ (ἔτους)
πυροῦ μέτρῳ δη(μοσίῳ) ξέστῳ ἐν θη(σ)αυρῷ
διὰ τῶν ἀπὸ Σοκ(νοπαίου) Νήσ(ου) Πακύσει

Πακύσεως ἀρτάβ(ας) ἑκατὸν τριά-
κοντα ἑπτά, καὶ Μεσορὴ ᾱ
10 κ(ριθ)ῆ. ἀρτάβ(ας) τεσσαράκοντα
ἐννέα τέταρτον, καὶ τῇ ιη
τοῦ αὐτοῦ Μεσορὴ μηνὸς ἄλλας
ἀρτάβ(ας) δέκα ἑπτὰ ἥμισυ (δωδέκατον),
/ τοῦ συμμ(εμετρημένου) (ἀρταβαι) Σγ (ἥμισυ) τρίτον.

2nd hand.

15 Διόσκορο(ς) συνμεμέτρημ(αι) τὰς προκ(ειμένας) ἀρτάβας) Σγ (ἥμισυ
τρίτον).

14. ₰ Σγδ, Pap. 15. ₰ Σγδ, Pap.; cf. for the sign for $\frac{3}{4}$. B. U. 178. 7 and 274. 3.

6. ἐν θη(σαυρῷ): cf. B. U. 67. 6.

XLVIII. 141 A.D. *From the Fayoum. Bodl. MS. Gr. class. f.* 50 (*P*). 6 × 4⅞ *in.*

Two receipts for payments of the camel-tax on various dates in Payni, Epeiph, and Mesore of the fourth year of Antoninus Pius.

. . . .
[καμή(λων) τοῦ αὐ]τοῦ (ἔτους) [Σ]οκνοπαίου Νήσου ἀργ(υρίου)
(δραχμὰς) εἴκοσι,
/ S κ], καὶ τὰ προσδ(ιαγραφόμενα), Ἐπεὶφ ια (δραχμὰς) τριά-
κοντα,
/ S λ, καὶ τὰ προσδ(ιαγραφόμενα), Μεσο(ρὴ) ς (δραχμὰς) εἴκοσι,
/ S κ, καὶ τὰ προσδ(ιαγραφόμενα).
5 Ἔτους τετάρτου Αὐτοκράτορος Καίσαρος Τίτου
Αἰλίου Ἁδριανοῦ Ἀντωνίνου Σεβαστοῦ Εὐσεβοῦς
Παῦνι κ. διέγρ(αψαν) διὰ Στοτοήτεως καὶ μετόχων
Τεσενοῦφις Παβ(οῦτος)] καὶ Τεσενοῦφις Πεκίμφου ὑπὲρ
τέλους καμήλ(ων) τοῦ αὐτοῦ (ἔτους) Σοκνοπ(αίου) Νήσου (δραχμὰς)
εἴκοσι,

10 / Ϛ κ, καὶ τὰ προσδ(ιαγραφόμενα), Ἐπεὶφ ϛ̄ δραχμὰς εἴκοσι, Ϛ κ,
καὶ τὰ προσδ(ιαγραφόμενα), Μεσο(ρὴ) α (δραχμὰς) τεσσαράκοντα,
/ Ϛ μ, καὶ τὰ προσδ(ιαγραφόμενα).

2. προσδιαγραφόμενα: cf. note on xli. 10.

XLIX. 141 A.D. *From the Fayoum. Brit. Mus. Pap.* DCIII. 7 × 5¼ *in.*

Return made by Didymus son of Heron and his wife Isis, announcing that their son Anoubas had reached his fourteenth year, and therefore was of age to undergo the customary examination required of those who were liable for military service, and at the same time giving a list of the census returns, made every fourteen years, in which they and Anoubas had been entered. The return is countersigned at the end by Apollonius, 'formerly exegetes and gymnasiarch,' to whom the return was addressed. Cf. B. U. 109 and *Pap. de Genève* 18.

[παρὰ Διδύμου] τοῦ [Ἥρωνος τοῦ Διοδώρου μ(η)τρὸς . . . .]ανιου
[καὶ τῆς γυναι[κὸ]ς Ἴσειτος τῆ[ς] Διοδώρου τοῦ Διοδώρου μητρὸ(ς)
.[. . . .]νιου μετὰ κυρίου ἐμοῦ Διδύμου, ἀμφοτέρων τῶν ἀπὸ
τῆς μητροπόλεως ἀναγρ(αφομένων) ἐπ' ἀμφόδου Ἀράβων. τοῦ ἐξ
    ἀλλήλ(ων)
5 υἱοῦ Ἀνουβᾶ προσβ(άντος) εἰς ιδ̄ (ἔτος) τῷ ἐνεστῶτι ε (ἔτει)
    Ἀντωνίνου
Καίσαρος τοῦ κυρίου καὶ ὀφείλοντος ἐπικριθῆναι, ὑπετάξαμεν τὰ
    δίκαια.
ἐγὼ μὲν ὁ Δίδυμος ἀπεγρ(αψάμην) τῇ μὲν τοῦ ζ (ἔτους) θεοῦ
    Τραιανοῦ καὶ β (ἔτους)
καὶ ιϛ (ἔτους) θεοῦ Ἀδριανοῦ ἐπὶ τοῦ προκειμένου ἀμφόδου
Ἀράβω ἀπογρ(αφῇ), καὶ τὴν γυναῖκά μου Ἴσειν ἐν τῇ τοῦ
10 β (ἔτους) καὶ ιϛ (ἔτους) ἀπογρ(αφῇ), τὸν δὲ ἐπικρινόμενον ἐξ
    ἀλλήλ(ων) υἱὸν

Ἀ]νουβᾶν τῇ τοῦ ιϛ (ἔτους) θεοῦ Ἁδριανοῦ ἀπογρ(αφῇ)· κἀγὼ δὲ ἡ
Ἶσεις ἀπεγρ(αψάμην) τῇ τοῦ ζ (ἔτους) θεοῦ Τραιανοῦ κατ᾽ οἰκ(ίαν)
   ἀπογρ(αφῇ) ἐπὶ
Ταμείων, τῆς μητρός μου ἀπογρ(αψαμένης) ἐπ᾽ ἀμφόδου Βουσικοῦ,
διὸ ἐπιδ(ίδομεν). 2nd hand. Ἀπολλώνιος ἐξηγητεύσας καὶ γυμνα-
15 σιαρχήσας δι(ὰ) Διδᾶ γραμματ(έως) . . . . . Ἀνουβᾶν
Διδύμου τοῦ Ἥρωνος μη(τρὸς) Ἴσειτος (ἔτους) ϛ Ἀντωνείνου
Καίσαρος τοῦ κυρίου μηνὸς Ἁδριανοῦ κδ σεση(μείωμαι).

1. Several more letters may be lost before]ωνον, since μητρός may have been abbreviated. The papyrus probably began Ἀπολλωνίῳ ἐξηγητεύσαντι καὶ γυμνασιαρ-χήσαντι πρὸς τῇ ἐπικρίσει: cf. line 14 and *Pap. de Genève* 18. 1. For the meaning of ἐπίκρισις and for these periodical census lists, cf. Wilcken, *Hermes*, xxviii. p. 250.

5. ιδ (ἔτος): cf. B. U. 109. 7 and *Pap. de Genève* 18. 10. where ιγ (ἔτος) is found. In the latter papyrus read προσσ[άντος εἰς].

13. In B. U. 109 the ἄμφοδον is given in which the parents of both the father and mother of the boy who was to be examined returned themselves ; in *Pap. de Genève* 18 nothing is said about the grandparents of the boy.

15. The dots represent an abbreviation in the papyrus resembling that used for σεσημείωμαι, only with a couple of additional curves in the middle. The first letter is almost certainly σ. so ἐπικρίνας is precluded.

I. Second and third century A.D.   From the Fayoum.

The fourteen papyri here grouped together are receipts for various taxes paid by persons transporting goods on baggage animals from the Fayoum to Memphis, and vice versa across the desert road. They were all sealed originally, but only occasional fragments of the seals are preserved.

The taxes were levied at the πύλη or custom-house of either Socnopaei Nesus (Dimeh) or Philadelphia, villages at the edge of the Fayoum. In the course of our excavations with Mr. D. G. Hogarth last winter at Bacchias (Kum el Qatl) over forty similar receipts were found (*Arch. Rep. of the Egypt Expl. Fund.* 1896, pp. 14–19), which show that much of the traffic to and from Memphis passed through that place. In fact the traffic passing through Bacchias was probably greater than that going to and from Socnopaei Nesus or Philadelphia, since Bacchias lay on the direct route from Arsinoe to Memphis. After all the changes which the north-east corner of the Fayoum has undergone owing to the receding of the boundary of cultivation and the shrinking of the lake, the much-frequented desert road still passes close to Kum el Qatl. The Bacchias papyri however must be discussed on another occasion; we confine ourselves at present to the πύλαι of Socnopaei Nesus and Philadelphia. With regard to the site of the latter place, the papyri published here show that it must be looked for near the ancient boundary of the Fayoum on the side towards Memphis (about six miles outside the present limit of cultivation), while the large number of the extant papyri written at Philadelphia makes it probable that Philadelphia itself was their *provenance* rather than Kum el Fares (Arsinoe), Dimeh (Socnopaei Nesus), or Kum Ushim (Karanis, see *Arch. Rep. l. c.*), the three most prolific sources of papyri in the Fayoum. A perfectly satisfactory hypothesis is to place the site of Philadelphia at the Kum east of Rubayyât, about eight miles south-east of Kum el Qatl. Papyri are known to have been found there, and the situation of it on the canal which in Roman times formed the boundary of this part of the Fayoum, and on which Bacchias too was situated (cf. *Arch. Rep. l. c.*), suits the supposition that it had a custom-house for the Memphis traffic.

The formula in these fourteen papyri is with some variations as follows. It begins with the abbreviation τετελ (which is in one case, f 2, written out in full, τετέλεσται) διὰ πύλης, followed by the name of the village; then comes (1) the name of the tax of which there are three varieties, (2) the name of the person paying it, with (3) the statement whether he is entering or leaving the Fayoum (εἰσάγων or ἐξάγων, the last being by far the commoner), then (4) ἐπί followed by a statement of the species and number of the animals employed for transport, and (5) an amount in the accusative either of wheat, barley, olives, or whatever the particular import or export might be; lastly comes the date. Apart from the question of the names of the taxes, the chief difficulty is to decide on what ἐπί and the accusatives depend. At first sight it seems natural to suppose that they depend on τετέλεσται rather than on ἐξάγων, i.e. '*X* has paid upon *y* camels 2 artabae of wheat'; but a consideration of the freights shows that the accusatives at any rate must be taken with ἐξάγων. An instance will make this clear. In (*b*) the animals in question are two camels, the amount of the produce 20 artabae of wheat. The average load of a camel is from 500–1,000 lb., and an artaba of wheat, being somewhat less than an English bushel, weighs about 55 lb., so that, if the 20 artabae are the tax paid by the owner of the camels, the tax amounts at least to more than half of an ordinary load, which is obviously absurd, to say nothing of the fact that if our explanation of the tax ρ′ καὶ ν′ mentioned in (*b*) is correct, it was only 3 per cent. of the load. The same argument applies to all the cases, and it is unnecessary to go through them, but an example from the Bacchias papyri is worth quoting in which the owner of five donkeys would, if the accusatives depended on τετέλεσται, pay on entering the Fayoum twenty jars of wine for the tax ρ′ καὶ ν′, and twenty jars more for the tax λιμένος Μέμφεως.

It is clear therefore that the accusatives must depend on the participle, not τετέλεσται, and that they mean the produce carried, not the tax paid on the produce; and in that case it is very difficult to separate ἐπί with the dative from the participle, i.e. the preposition is used in a literal not in a metaphorical sense. Another reason for not connecting ἐπὶ καμήλοις or ὄνοις with τετέλεσται, will appear on examination of the different taxes mentioned in these papyri.

Taking the Bacchias papyri together with those published here, the commonest taxes are those called ρ′ καὶ ν′ and λιμένος Μέμφεως: less frequently mentioned is the ἐρημοφυλακία, generally called in the Bacchias papyri ἴχνους ἐρημοφυλακία. In (b) the tax is called ρ′ καὶ ν′ νομ(αρχίας?) Ἀρσι(νοίτου), while in (a) it is called νομαρ(χίας) Ἀρσι(νοίτου) simply. There is little doubt that the tax ρ′ καὶ ν′, both ρ and ν being followed by irregular flourishes, means a tax of $\frac{1}{100} + \frac{1}{50} = 3$ per cent. on the produce transported; cf. ι′ and κ′ in Ptolemaic papyri for the tax of $\frac{1}{10}$ and $\frac{1}{20}$ on sales, and ξ′ καὶ ρ′ for the tax of $\frac{1}{60} + \frac{1}{100}$ in the Zois papyri. Whether it was paid in money or in kind there is nothing to show, τετέλεσται meaning simply 'has paid the tax'; but judging by the miscellaneous and perishable character of the produce, it was probably paid in money. The ἐρημοφυλακία is either a tax for an escort of ἐρημοφύλακες across the desert, in which case it is possible that the greater rarity of the receipts for this tax compared with those for the ρ′ καὶ ν′ and λιμένος Μέμφεως may be due to the escort being optional, or what seems more probable, it is a compulsory tax for the maintenance of the ἐρημοφύλακες. The addition of νομαρ(χίας) Ἀρσι(νοίτου) to ρ′ καὶ ν′ in (b) probably means, not that there were here two taxes, but that the tax of 3 per cent. was levied on behalf of the Arsinoite nomarchy. The occurrence of νομαρ(χία) Ἀρσι(νοίτου) alone in (a) is more difficult to explain; here the questions arise—were these taxes levied on the animals or on the produce, and what difference was made when the animals were not loaded? Provisionally we think that in (a) the tax was on an unloaded camel, and therefore on the camel as such, like the 3 obols paid for the πιττάκιον καμήλων and the sealing of it mentioned in lines 21–22 of the Koptos tariff (ed. Hogarth ap. Flinders Petrie, *Koptos*), and the payment ὑπὲρ συμβόλων καμήλων in lviii. 3. In (i) also the tax for ἐρημοφυλακία may have been upon an unloaded camel. But in the case of the other papyri published here, in which the animals are stated to be loaded, the tax ρ′ καὶ ν′ necessarily, and the taxes ἐρημοφυλακίας and λιμένος Μέμφεως probably, were levied not on the animals but on the produce. If this last supposition, that the tax ρ′ καὶ ν′ applied only to the goods carried, be correct, ἐπὶ καμήλοις or ὄνοις cannot possibly be here connected with τετέλεσται; and it is therefore reasonable to suppose that in the other cases where the tax in question was ἐρημοφυλακίας or λιμένος Μέμφεως, ἐπί with the dative depends on the participle and means 'upon' literally. To decide between several possible meanings of the remaining tax 'for the harbour of Memphis' requires a consideration of the Bacchias papyri. These show that it was a tax additional to the tax of 3 per cent., levied at the same time and upon the same loads, and—what is very remarkable—that it was paid by persons entering the Fayoum as well as by those leaving it. But we have not yet arrived at an entirely satisfactory explanation of the term.

The average measurement of these papyri is about two square inches.

(a) 142 A.D.   *Bodl. MS. Gr. class. g.* 21 (*P*).

τετέλ(εσται) διὰ πύλ(ης) Σοκνοπ αί(ου)
νομαρχ(ίας) Ἀ[ρ]σι(νοίτου) Πανοῦφις Πανού-
φιος εἰσάγ(ων) κ] ά μ η λ(ον) θήλειαν
λευκὴν δευτεροβόλο(ν) κεχαρα-
5   γμένη(ν) Ἀραβικοῖς χαράγμασι.

(ἔτους) ε Ἀντωνίνου Καίσαρος
τοῦ κυρίου Φαρμοῦθι ἑκκαι-
δεκάτῃ, ῑϛ.

4. δευτεροβόλο(ν), cf. B. U. 100. 3, and Petrie *Pap.* II [115], (ἵππον) πρωτοβόλον θή(λειαν).

(*b*) 145 A.D. *Bodl. MS. Gr. class. g.* 22 (*P*).

τετέλ(εσται) δι(ὰ) πύλης [Σ]οκ(νοπαίου) ρ′ καὶ ν′
νομ(αρχίας) Ἀρσινο(ίτου) Ἀρπαγάθης ἐξάγ(ων)
εἰς αὔασιν ἐπὶ καμ(ήλοις) δυσὶ πυροῦ
ἀρτάβας εἴκοσι. (ἔτους) θ Ἀντωνείνο(υ)
5 Καίσαρος τοῦ κυρίου Φαῶφι
πέμπτῃ.

3. αὔασιν: probably the oasis of Ammon (Siwa), which is reached from the Fayoum in about sixteen days. The oasis of Bahriyeh is rather nearer, but it is unlikely that a person travelling thither would leave the Fayoum at Socnopaei Nesus.

(*c*) 147 A.D. *Bodl. MS. Gr. class. g.* 23 (*P*).

τετέλ(εσται) διὰ πύλ(ης) Φιλαδελ(φίας) ἐρημοφυλ(ακίας) Διωγέν(ης)
ἐξ(άγων) φοινίκ(ων) χλωρ(ῶν) ὄνο(ν) ἕνα
καὶ (πυροῦ) ὄνο(ν) ἕνα. (ἔτους) ἑνδεκάτου
Ἀντωνείνου Καίσαρος τοῦ κυρίου
5 Θὼθ ὀκτωκαιδεκάτῃ, / ιη.

(*d*) 176–180 A.D. *Bodl. MS. Gr. class. g.* 24 (*P*).

τετέλ(εσται) διὰ πύλ(ης) Σοκνοπαίου Νήσου
λιμένος Μέμφεως Βεσιμᾶς
ἐξάγων ἐπὶ καμήλῳ ἑνὶ πώλῳ
ἑνὶ πυροῦ ἀρτάβας δέκα.
5 (ἔτους) ι . Αὐρηλίων Ἀντωνίνου
καὶ Κομμόδου τῶν κυρίων
Σεβαστῶν Θὼθ ἑβδόμῃ
καὶ εἰκάδι, κ̄ζ̄.

(e) 179 A.D.   *Bodl. MS. Gr. class.   g.* 25 (*P*).

τετέλ(εσται) δι(ὰ) πύλ(ης) Σοκνοπαίο⟨υ⟩   ἐλαίου μετρητὴν ἕνα.
Νήσου λιμένος Μέμφεως   (ἔτους) κ Αὐρηλίου Ἀντωνίνου
Ζωίλος ἐξ(άγων) ἐπὶ ὄνοις   καὶ Κομμόδου τῶν κυρίων
δυσὶ ἐλέου με,τρητὰς) δύο,   10 Σεβαστῶν μηνὸς
5 καὶ ἐπὶ ὄνῳ ἑνὶ πυροῦ   Ἁδριανοῦ ἐνάτῃ
ἀρτάβην μίαν καὶ   καὶ εἰκάδι, κ̄θ̄.

4. l. ἐλαίου.
1. The first two lines are almost completely obliterated.

(*f*) *Bodl. MSS. Gr. class.   g.* 26 (*P*), 27 (*P*).

(1) τετέλ(εσται) διὰ πύλης]   (2) τετέλεσται διὰ πύλης
    Σο,κνο,παίου ρ̅ καὶ ν̅   Σοκνοπαίου ρ̅ καὶ ν̅
    Πανοῦφ[ις] ἐξ(άγων) πυρὸν   Σοτουῆτις εἰσάγων
    ἐπὶ καμήλο ις τρεισεὶ   οἴνου κεράμια ἕξ.
5 πῶλοι δύο. (ἔτους) ιθ″   5 (ἔτους) ιθ Παῦνι πέμπτῃ
    Παῦνι τρίτῃ, γ.   καὶ εἰκάδι.

(1) 4. l. τμισὶ πώλοις δυσί.   (2) 3. l. Στοτοῆτις.

Both these papyri are written by the same hand. The seals are partly preserved and contain portraits of two emperors, probably M. Aurelius and Commodus, enclosed by a legend, of which the words ΛΙΟ Ν, i.e. βασιλικόν, and ΠΥΛΗ are discernible.

(*g*) 184 *or* 216 A.D.   *Bodl. MS. Gr. class.   c.* 62 (*P*).

        τετέλ(εσται) δι(ὰ) πύλ(ης) Σοκνοπ(αίου)
        Νήσου ρ̅ καὶ ν̅ | Ἕξις ἐξ(άγων)
        ἐπὶ καμήλ(ῳ) ἑνὶ ἐλέου με[τ(ρητὰς)
        τέσσαρας ἥμισυ. (ἔτους) κδ
    5   Μεχὶρ πέμπτῃ, ε.

3. l. ἐλαίου.

(h) 190 A.D. *Bodl. MS. Gr. class. c. 62 (P).*

τετέλ(εσται) δι(ὰ) πύλ(ης) Σοκνοπ(αίου)
Νήσου ρ´ καὶ ν´
Σώτας ἐξ(άγων) ἐπ' ὄνο(ις)
δυσὶ ὀσπρέων
5 (ἀρτάβας) ἕξ. (ἔτους) λ Ἐπεὶφ
ἕκτῃ καὶ εἰκάδι,
κϛ.

(i) 192 A.D. *Bodl. MS. Gr. class. c. 62 (P).*

τετέλ(εσται) διὰ πύλ(ης)
Σοκνοπ(αίου) Νήσου
ἐρημοφυλ(ακίας)
Σώτας ἐξ(άγων)
5 ἐπὶ καμήλ(οις)
δ. (ἔτους) λγ
Θὼθ ιβ.

4. We should expect either καμήλους or ἐπὶ καμήλοις followed by an accusative. It is possible that these camels were not loaded, and that therefore the omission of their burden is intentional. But many more instances are required before the variations from the usual formula can be explained with any approach to certainty.

(k) *Second or third century* A.D. *In the Library of Trinity College, Dublin.*

τετέλ(εσται) διὰ πύλ(ης) Σοκν(οπαίου) Νήσου
λι(μένος) Μέμφεως Ἀμμώνις ἐξάγ(ων)
ἐπὶ καμήλ(ῳ) ἑνὶ πώλ(ῳ) ἑνὶ ὀρόβιυ ἀρ-
τάβας δέκα, ῑ. (ἔτους) β// Φαρμοῦ(θι) ἐκ-
5 καιδεκάτῃ.

2. l. Ἀμμώνιος.

(*l*) *Second or third century* A.D.   *Bodl. MS. Gr.*
     class. g. 28 (*P*).

τετέλεσται) διὰ πύλ(ης) Φιλαδε(λφίας) λιμένος
Μέμφεως Αὐρή(λιος) Τεσενοῦ-
φις ἐξάγων ἐπὶ ὄνῳ ἑνεὶ, ᾱ.
ὀσπρέων (ἀρτάβας) τέσσαρας, δ̄.   (ἔτους, ε//
5   Φαρμοῦθι ἐνάτῃ καὶ εἰκάδι,
κθ/.

3. l. ἑνί.

(*m*) *Second or third century* A.D.   *Bodl. MS. Gr.*
     class. g. 29 (*P*).

|τετέλεσται| φοινίκ(ων) καμή-
[δι]ὰ [π]ύλ[η]ς   λους πέντε.
[Σοκνο]παίου ἔρη-   (ἔτους) κ // Φαμεν-
μοφυλακίας   10   ωθ ὀγδόῃ,
5   Πανοῦφις καὶ   καὶ ὄν- ῆ -ον
Λεωνίδης ἐξ(άγοντες)   σκευοφόρο(ν).

11. The addition of καὶ ὄνον σκευοφόρον was an afterthought when ῆ had been already written.

LI.   143 A.D.   *From the Fayoum.*   *Bodl. MS. Gr.*
     class. c. 67 (*P*). $8\frac{1}{4} \times 4\frac{1}{2}$ *in.*

Receipt stating that Paouetis, Satabous, and Stotoëtis, elders of Socnopaei Nesus, had received from Antonius Sabinus, a cavalry soldier, the price of four goat-skins which he had purchased. As the three elders were illiterate, the usual formula which places the vendor first as subject of the verb (cf. e.g. xlvi. 7 ff.) is here inverted, Antonius, the buyer, who apparently himself writes the receipt on their behalf, occupying the foremost place.

"Ετους εβδόμου Αυτοκράτορος [Καίσαρο]ς
Τίτου Αιλίου Αδριανοῦ Αντωνίνου Σεβαστοῦ
Εὐσεβοῦς Φαῶφι ιδ, διὰ τῆς Ἑρμᾶ τραπέζης
Ταμείων, τὸ ἴσον Ἀντώνιος Σαβείν]ος
5   διπλοκάρις ἐξ ἄλης [ο]υατραν[ῶ]ν τ]ης Γα'λ-
λικῆς τούρμης ἀντί(......]... Πα-
ουήτι Παουήτεως ὡς (ἐτῶν) κ φακὸς
τραχήλῳ ἐξ ἀρισ[τερ]ῶν, καὶ Σαταβοῦ-
τι Σαταβοῦτος ὡς (ἐτῶν) λε λεύκωμα ὀ-
10 φθαλμῷ ἀριστερῷ, καὶ Στοτοήτι Στο-
τοήτεως ὡς (ἐτῶν) ν οὐλ(ὴ) ἀντικνημίῳ δε-
ξιῷ, πρεσβυτέροις κώμης Σο[κν]οπαί-
ου Νήσου Ἡρακλείδου μερίδος, ὥς
φησιν ἀγραμμάτοις, ἀ[πέ]χειν αὐ-
15 τοὺς τιμὴν δερμάτων αἰγικῶν
τεσσάρων ἃ καὶ παρείληφεν ὁ Ἀν-
τώνιος ἀργυρίου δραχμὰς δε]κά-
εξ ὀβολοὺς δεκάεξ.

5. l. δουπλικιάριος.. [ο]υετρανῶν (?); there is a space between υ and α.   14.
l. φασίν.

3. τραπέζης Ταμείων: cf. xliii. 3, xlix. 13.

4. τὸ ἴσον is frequently used (e.g. B. U. 45. 16, 139. 22) in the sense of a copy or abstract. But the construction of the passage is obscured by the mutilation of the verb in l. 6.

5. διπλοκάρις = duplicarius, a soldier receiving double pay. The orthography is more correct in a little inscription on marble from a Roman site opposite Koptos,—perhaps the Keramike mentioned in the trilingual inscription recently found by Captain Lyons at Philae,—now in the Ashmolean Museum. The text runs:—

Διὶ Ἡλίωι θεῶι μεγίστωι
Ἀντώνιος Ἡρακλιανὸς δου-
πλικιαίριος ἴλης Οὐοκοντίων
ἐποίησεν εὐσεβείας χάριν ἐπ' ἀγαθῷ.
(ἔτους) ε Ἀντωνείνου καὶ Οὐήρου Καισάρων τῶν
κυρίων Ἐπείφ κη.

Γαλλικῆς τούρμης: cf. B. U. 614. 12.

18. The drachmae are paid in silver, the obols in copper; see Professor Wilcken's forthcoming *Griechische Ostraka*.

LII. 145 A. D. *From the Fayoum. Bodl. MS. Gr. class. c. 68 (P).* 8½ × 3 *in.*

Receipt for the payment of the camel-tax for the ninth year of Antoninus Pius by Tanephremmis daughter of Stotoëtis to Psenesis and his associates who farmed the money taxes of Karanis. The tax amounted to 2 drachmae for each camel.

    "Ἔτους ἐνάτου Αὐτοκράτορος
    Καίσαρος Τίτου Αἰλίου Ἁδριανοῦ
    Ἀντωνείνου Σεβαστοῦ Εὐσεβοῦς
    Ἀθὺρ ϛ. διέγρ(αψε) Ψενῆσι καὶ μετόχ(οις)
5   πράκ(τορσιν) ἀργ(υρικῶν) κώμης Καρα[νίδος]
    Τανεφρέμμις Στοτοήτεως
    τοῦ Σαταβοῦτος τελέσματος ἱ
    καμήλ(ων) ὀγδόου (ἔτους) (δραχμὰς) εἴκοσι, / ϛ κ,
    καὶ τὰ προσδ(ιαγραφόμενα).

LIII. *Second century* A. D. *From the Fayoum.*

The watching and repairing of the dykes has always been one of the chief occupations of the fellaheen during the period of the inundation, and until recently a *corvée* was levied every summer for the purpose. The following seven papyri are certificates issued in various reigns during the second century to inhabitants of villages in the Fayoum, showing that they had performed this forced labour for five days during one of the summer months Payni, Epeiph. or Mesore. One example has already been given in B. U. No. 264, the text of which may in the light of these new papyri be improved (cf. A. S. Hunt's revision in the *Classical Review*, Oct. 1896); and numerous others will shortly be published by Mr. F. G. Kenyon in his forthcoming volume of the British Museum Catalogue. The general formula is in all cases the same, but, as these certificates are usually written in a very cursive hand with frequent abbreviations, there is often doubt as to the reading of proper names.

The average measurement is about 2 square inches.

(a) 148 A.D. *Bodl. MS. Gr. class. g. 30 (P).*

Ἔτους ἐνδεκάτου Αὐτοκράτορος
Καίσαρος Τίτου Αἰλίου Ἁδριανοῦ
Ἀντωνίνου Σεβαστοῦ Εὐσεβοῦς.
εἴργ(ασται) ὑπ(ὲρ) χωμ(ατικῶν) ἔργ(ων) τοῦ αὐτοῦ ια (ἔτους)
5 Μεσορὴ η ιβ ἐν ε . [.] η( ) Πτολεμ(αίου?) ποτ(αμ ?)
Σοκνοπ(αίου) Νή(σου) Ὀρσενο(ῦφις) Ἐρι|έως
Παμειτο[. . . .]ς Τεσενούφ(εως)
2nd hand. Δ[. . . .]η( ) Α . . . | . . . . . . σε]σημ(είωμαι).

5. η ιβ: i.e. η ἕως ιβ; so in (f) 3.

(b) 162 A.D. *Bodl. MS. Gr. class. g. 31 (P).*

Ἔτους β Αὐτοκράτορος Καίσαρος
Μάρκου Αὐρηλίου Ἀντωνείνου
Σεβαστοῦ καὶ Αὐτοκράτορος Καίσαρος
Λουκίου Αὐρηλίου Οὐήρου Σεβαστοῦ.
5 εἴργ(ασται) ὑπ(ὲρ) χωμ(ατικῶν) τοῦ αὐτοῦ β̄ (ἔτους) (2nd hand) Παῦνι ιᾱ
ἕως ιε ἐν τ( ) Ἐπαγαθ( ) Σοκνοπαίου
Στοτοῆ(τις) Στοτοήτ(ιος) Ἐριέως
Στοτοήτ(ιος).

6. τ( ) probably stands for the article. There is nothing to show either the case or number of Ἐπαγαθ( ) which also occurs in (c) 6 and in the Brit. Mus. papyri. Possibly it is Ἐπαγαθ(οῦ) sc. ὀρύγματι; cf. (d) 5.

(c) 162 A.D. *Bodl. MS. Gr. class. g. 32 (P).*

The papyrus is written by the same scribes as (b).

Ἔτους β Αὐτοκράτορος Καίσαρος
Μάρκου Αὐρηλίου Ἀντωνείνου
Σεβαστοῦ καὶ Αὐτοκράτορος Καίσαρος
Λουκίου Αὐρηλίου Οὐήρου Σεβαστοῦ.
5 εἴργ(ασται) ὑπ(ὲρ) χωμ(ατικῶν) τοῦ αὐτοῦ β̄ (ἔτους) (2nd hand) Παῦνι ιᾱ
ἕως ιε ἐν τ( ) Ἐπαγαθ( ) Σοκνοπαίου
Πάκυσις Πακ(ύσεως) Ὀρσενού(φεως) Τασῆτος.

(d) 167 A.D.   Bodl. MS. Gr. class. g. 33 (P).

"Ε[του]ς ζ Ἀντωνείνου καὶ Οὐήρου
[τ]ῶν κυρίων Σεβαστῶν Ἀρμενιακ(ῶν)
με]γίστων Παρθικῶν μεγίστων.
(ε ἰργ(ασται) ὑπ(ὲρ) χω(ματικῶν) τοῦ) α(ὑτοῦ) (ἔτους) Ἐπεὶφ κ̄ᾱ
5 [ἕ]ως κ̄ε ἐν ὀρ(ύγματι ?) Πτολ(εμαίου) πλ( ) Βακχ(ιάδος)
Ὀρσενο(ῦφις) Ὀρσενο(ύφεως) Καρύτ(ιος)
Τασούχ(ου).
2nd hand. Λεωνίδης B . τ . ς Ὥρου
σεση(μείωμαι).

5. Πτολ(εμαίου): cf. (a) 5.
πλ( ): possibly πλ(ησίον), but the reading is very doubtful; the second letter, which is written above the line, is more like λ than μ, though the latter is not precluded; π might pehaps be τι.

(e) 178 A.D.   In the Library of Trinity College, Dublin.

"Ετους ιη' Αὐρηλίου Ἀντωνείνου
Καίσαρος τοῦ κυρίου Σεβαστοῦ.
εἴργ(ασται) ὑπ(ὲρ) χω(ματικῶν) ιη (ἔτους) Ἐπεὶφ κγ ἕως κζ
ἐπ(ὶ) . . ( ) Σοκνοπ(αίου) Νήσ(ου) Σαταβοῦς
5   Στοτοή(τιος) Στοτοή(τιος).

4. The abbreviation after ἐπ(ὶ) is possibly ὀρ(ύγματι): cf. (d) 5.

(f) 178 A.D.   In the Library of Trinity College, Dublin.

The papyrus is written by the same scribe as (e).

"Ετους ιη Αὐρηλίου Ἀντωνείνου
Καίσαρος τοῦ κυρίου Σεβαστοῦ.
εἴργ(ασται) ὑπ(ὲρ) χω(ματικῶν) ιη (ἔτους) Ἐπεὶφ κ̄γ κ̄ζ
ἐπ( ) Σοκνοπ(αίου) Πέκυσ(ις) Ἀπύγχε(ως)
5   τ(οῦ) Στοτοή(τιος) Πεκύσ(εως).

3. κγ κζ: for the omission of ἕως cf. (a) 5.
4. ? ἐπ' (ὀρύγματι).

(g) 190 A.D.   Bodl. MS. Gr. class.   g. 34 (P).

Ἔτους λ Μάρκου Αὐρηλίου Κομμόδου
Ἀντωνίνου Σεβ(αστοῦ). εἴργ(ασται) ὑπ(ὲρ) χω(ματικῶν) λ (ἔτους)
Μεσο(ρὴ) ι ἕως ιδ ἐν χώμ(ατι)
ψε( ) Φιλαδελ(φίας) ε . . (   )
5 2nd hand. Ἀκουσίλαος Ἀτρῆτ(ος).

4. ψε( ): the letter read as ε may be α; it is joined by a curved sloping stroke which is carried below the line. The word is probably a personal name, cf. (d) 5.
ε . . ( ). The abbreviation is the same as that which occurs in the similar passage B. U. 264. 5. The first letter is possibly σ.

LIV. 150 A.D.   *From the Fayoum.*   *Bodl. MS. Gr.*
class.   g. 35 (P).   3 × 3⅞ in.

Receipt given to Pabous son of Melas for the payment of a tax raised on behalf of the government of the μερίς. Cf. the tax for the νομαρχ(ία) Ἀρσινοίτου in l. (a) 2.

(Ἔτους) ιγ Ἀντωνίνου Καίσαρος
τοῦ κυρίου Μεσο(ρὴ) ιε. διέγρ(αψε)
Παβοῦς Μέλα ὑπὲρ μερ[ιδ]αρχ(ικῆς)
προ(σό)δ(ου) τ[ο]ῦ αὐτοῦ (ἔτους) δραχμὰς εἴκοσι, ϛ κ.

3. An official called μερίδαρχος is mentioned in one of the unpublished Petrie papyri of the third century B.C., but the principal official of the μερίς is elsewhere the στρατηγός.
4. For this abbreviation of πρόσοδος, cf. B. U. 216. 5.

LV. 161 A.D.   *From the Fayoum.*   *Bodl. MS. Gr.*
class.   c. 69 (P).   8⅜ × 3¼ in.

Census-return addressed to Timagenes, royal scribe of the division of Heraclides, by Hatres of Socnopaei Nesus. Three other returns for the same year by this individual are extant, B. U. 90, 224, 225—410 is a duplicate of 224—sent respectively to the λαογράφοι and κωμογραμματεύς of Hatres' own village, and to the governor of the Heraclid division. The following copy in which the βασιλικὸς γραμματεύς is addressed completes the series.

  Τειμαγένῃ βασιλικῷ
  γραμματεῖ Ἀρσινοείτου
  Ἡρακλείδου μερίδος
  παρὰ Ἀτρῆτος Σα˙τα[β˳οῦτος τοῦ
5 Πανεφρέμ μεως, μητρὸ˙ς˙] Σεγάθ(ιος,
  ἀπὸ κώμης [Σ]οκνο]παί˙ο˙υ
  Νήσου. ἀπογρ(άφομαι) ἐμ˙αυ˙τόν τε καὶ τ[ο˙ὺς
  ἐμοὺς εἰς τὴν τοῦ διε[λη λυθ(ότος) κγ (ἔτους)
  θεοῦ Αἰλίου Ἀντωνίνου κατ᾽ οἰκίαν
10 ἀπογρ(αφήν), ἐν ᾗ καταγείνομαι δὲ
  ἐν οἰκ(ίᾳ) μητρικῇ ἐν τῇ κώμῃ˙
  εἰμεὶ δὲ ὁ πρ˳ο˳]γ[εγρ(αμμένος)] Ἀ˙τρ˙ῆ˙ς (ἐτῶν)˙ κ˙ε
  ἄσημος, καὶ τ˙ὴν γυναῖκά μου
  Ἰσ[άρ]ιον ἀπά[τωρα μητρὸς Τα-
15 ˳ν]εφρέμμεω˙ς τῆς Πανομιέως
  (ἐτῶν) ιγ ἄσημ(ον)˙ ὑπά˙ρχει δὲ αὐτῇ ἐν τῇ
  [κ]ώμῃ οἰκία[ι δύο καὶ τέταρτον
  [μέρος μαμ˙μικόν˙ καὶ Ταπεπ-
  [ί]ρις Στοτοήτ[ιος τοῦ Πανεφρέμμεως
20 μητρὸς Τα[πεπίρεως (ἐτῶν) ιβ ἄσημος˙
  ὑπάρχι δὲ τ˙ῇ Ταπεπί˳ρι ˳οἰκίαι
  δύο καὶ αὐλῆς καὶ τ[έταρτ]ον μέρο˙ς
  παππικὸν καὶ τ[έτ˙αρτον μέρος
  μαμμικόν˙ διὼ ἐπ[ι]δίδωμει.
25 (ἔτους) α Αὐτοκράτο˳ρος Κ˙αί˳σαρ]ος
  Μά[ρ]κου Αὐρη[λίου Ἀ˳ντω]νί˙νου
  Σεβαστοῦ καὶ Αὐτοκράτ˳ορος] Καίσαρος
  Λουκίου Αὐρηλίου Οὐ[ήρο˙υ
  Σεβα[σ˙τοῦ Μεσορὴ δ̄.

10. om. δέ. 12. l. εἰμί, so 24 ἐπιδίδωμι. 14. ἀπά[τωρα. so in B. U. ll. c.
l. ἀπάτορα. 23. After μέρος the papyrus has a horizontal line. 24. l. διό.

10. Two phrases have been combined; the alternative lies between ἐν ᾗ καταγείνομαι and καταγείνομαι δέ.

22, 23. Either the two fourth parts refer to the preceding οἰκία and αὐλή, in which case the nom. οἰκίαι is wrong, or οἰκιῶν δύο has dropped out after μέρος in l. 22 (cf. B. U. 225. 22), when αὐλή must be read. There is a similar ambiguity in ll. 17 and 18.

LVI. 162–3 A.D. *From the Fayoum. Bodl. MS. Gr. class. c. 70 (P).* 8⅝ × 4¾ in.

This papyrus contains two documents which apparently have no connexion with each other. First in point of time (lines 15–18) is an anonymous receipt for 7 drachmae paid to 'the local public bank' in the second year of Marcus Aurelius and Verus. The other document, written in a different hand and dated at the bottom in the following year, is an ἀπογραφή addressed to Zoilus, royal scribe of the Heraclid division, by a certain Artemidora, declaring that 21 arourae of vine-land near Bacchias belonging to Theon son of Theon had not been irrigated in the current year, the implication being that exemption from taxation was desired for it. At the sides of this papyrus are fragments of two similar returns which were gummed to it, probably in the official bureau; the *verso* has been used for some accounts.

Ζωΐλῳ βασιλ(ικῷ) γρ(αμματεῖ) Ἀρσι(νοίτου) Ἡρακ(λείδου)
μερίδος
παρὰ Ἀρτεμιδώρας ἀπάτορος.
ἀπογρά(φομαι) κατὰ τὰ κελευσθέν-
5 τα ὑπὸ [τ]οῦ κρατίστου ἡγε-
μόνος Ἀννίου Συριακοῦ
ἀπογρά(φομαι) γῆς ἀμπελίτιδος
(ἀρούρας) κ̅α̅ Θέωνος Θέωνος
περὶ κώμην [Β]ακχιάδα
10 ἡβροχηκέναι [τ]ῷ ἐνεστῶ-
τι γ (ἔτει) Ἀντωνείνου καὶ Οὐήρου
τῶν κυρίων Σεβαστῶν·
διὸ ἐπ[ι]δίδωμι.

2nd hand.

Ἡρακλείδης ἐπέδωκα.

3rd hand.

15 (ἔτους) β Ἀντωνείνου καὶ Οὐήρου τῶν κυρίων
Σεβαστῶν Φαρμοῦθι λ. διέγραψεν
ἐπὶ τὴν ἐπὶ τόπων δημοσίαν τράπεζ(αν)
ἀργ(υρίου) (δραχμὰς) ζ.

1st hand.

(ἔτους) γ Αὐτοκράτορος
20 Καίσαρος Μάρκου Αὐρηλίου
Ἀντωνίνου Σεβαστοῦ καὶ Αὐτοκράτορος
Καίσαρος Λουκίου [Αὐρ]ηλίου
Οὐήρου Σεβασ[τοῦ . . . . . , κγ.

8. ὑ κη Pap.   18. Ϛζ Pap.

3. It is remarkable that Artemidora writes here independently, without φροντιστής or κύριος; but the Heracleides who appends his signature in line 14 was probably her φροντιστής.

8. κα: the first letter is more like β, but the second does not suit any fraction of the aroura.

10. ἠβροχηκέναι: cf. B. U. 139. 15, a document very similar to the present one.

LVII.   168 A.D.   *From the Fayoum.   In the museum of Winchester College.*   9½ × 3 *in.*

Lease of a piece of land, probably near Philadelphia, by Theon, also called Turbo, a land contractor, to Servilis, at the rent of 45 bushels of barley for one crop.

Θέωνι τῷ καὶ Τούρβωι
οὐσιακ(ῷ) μισθωντῇ
παρὰ Σερεουίλιος Ἀπολλω-
νίου τοῦ Ὥρου ἀπὸ κώμης

5 Φιλαδελφείας Ἡρακλείδου
μερίδος. βούλομαι μισθώ-
σασθαι παρὰ σοῦ ἀφ' ὧν καὶ
σὺ τυγχάνεις ἔχειν ἐν μισ-
θώσι τὴν ἐπικει(μέν)ην
10 σπορὰν τοῦ ἐνεστῶτος η (ἔτους)
κτήματος Σιμιαίου λεγο-
μένου, ἐκφορίου τοῦ παν-
τὸς κριθῆς ἀρταβῶν τεσ-
σαράκοντα πέντε, ὧν καὶ
15 τὴν ἀπόδοσιν ποιήσομαι
τῷ Φαρμοῦθι μηνὶ τοῦ) ἐ-
νεστῶτος ἔτους μέτρῳ
ὀγδόῳ θησαυροῦ τῆς
κώμης. Θέων ὁ καὶ Τούβων
20 μεμίσθωμε.
(ἔτους) η̄ Ἀντωνείνου καὶ Οὐήρου
τῶν κυρίων Σεβαστῶν
Ἀρμενι(ακῶν Μ)ηδικ(ῶν Παρθικῶν Γερ
μανικῶν Μεχεὶρ ιζ̄.

1. l. Τούρβωνι: cf. 19, where l. Τούρβων.   2. l. μισθωτῇ.   8. l. ἔχων.
20. l. μεμίσθωμαι.

17. Cf. *Corp. Pap. Raineri*, xxxviii. 19, μέτρῳ ἔκτῳ θησ(αυροῦ) τῆς κώμης, where the editor reads θεοῦ for θησ(αυροῦ).

LVIII. 175 A.D. *From the Fayoum. Bodl. MS. Gr. class. f.* 51 (P).   2 × 4¾ *in.*

Receipt for 24 drachmae paid by Panoupis son of Tesenouphis to the tax-farmer of the ἐρημοφυλακία for the Prosopite nome and to another person for camel-tickets. Probably the owner of the camels was about to journey from the Prosopite nome to the Fayoum by way of Nitriotis; cf. Introduction to l. and lines 21-2 of the Koptos tariff (*l. c.*), where a charge of 1 obol is made for a camel-ticket and 2 obols for sealing it.

.... πραγ]ματευτὴς ἐρημοφυλακίας Προσωπίτου καὶ
..........]α 'Ιουλιανοῦ Πανούπι Τεσενούφειος ἀπὸ
.... ἔσ]χον παρὰ σοῦ ὑπὲρ συνβόλων καμήλων
.... δραχμὰς ἴκοσι τέσαρα‚ς. (ἔτους) ιε Μάρκου
5 Αὐρηλίου Ἀντ῀ωνίνου Καίσαρος τ[οῦ] κυρίου Φαμενὼθ ιθ.

1. πραγ]ματευτής: cf. B. U. 383. 4.

LIX. 189 A.D. *From the Fayoum.*

Contract for the hire of a slave skilled in weaving for a period of twenty months from Tybi 10 in the twenty-ninth year of Commodus. The contracting parties are Taseus daughter of Soteris, with her κύριος Satabous son of Stotoëtis, and on the other side Paouetis son of Paouetis.

Ἐξέδοτο Τασεὺς Σωτήρις
ἐτῶν τριάκοντα μετὰ κυρίου
Σαταβοῦς Στοτοήτις ἐτῶν
τριάκωντα ἀπὸ κώμης
5 Σοκνοπ(αίου) Νήσου Παουήτι
Παουήτις ἐτῶν ὀγδοή-
κωντα τὸν ἑαυτὴν παῖδαν
ὀνομαστὸν .. ις ἐπικα-
μενος Μύρωνα ἀθλητὴν
10 γερδιακὴν τέχνην ἐπὶ

μῆνες εἴκοσι ἀπὸ Τῦβι
δεκάτῃ Αἰγυπτίων μη-
νὸς τοῦ ἐνεστῶτος κθ (ἔτους)
Αὐρηλίου Κωμωδίου Ἀντανίνου
15 Καίσαρος τοῦ κυρίου· καὶ μὴ
ἐξεῖναι τὴν Τασεὺν ἐντὸς
τοῦ χρόνου ἀποσπάσασθαι
τὸν παῖδαν· ἐὰν δὲ ἀποσ-
πάσῃ δόσι ἰς λόγον [...

1. l. Σωτήριος.   2. l. τριάκοντα: so 4 and 7, ὀγδοήκοντα.   3. l. Σαταβοῦτος Στοτοήτιος.   6. l. Παουῆτιος.   7. l. ἑαυτῆς παῖδα.   8. l. ἐπικαλούμενον.   11. l. μῆνας.   12. l. δεκάτης.   14. l. Κομμόδου.   18. l. παῖδα.   19. l. δώσει εἰς.

9. It is tempting to connect ἀθλητὴν closely with Μύρωνα 'Myron the athlete,' but this makes the construction of γερδιακὴν τέχνην very difficult.

12. Αἰγυπτίων: perhaps a reference to the *annus vagus*; cf. lxvii. 10.

LX. 193-4 A.D. *From the Fayoum.* *Brit. Mus. Pap.* DCCIV. 2 × 3¼ *in.*

Part of a certificate stating that Polion son of Paoulis, a weaver at Socnopaei Nesus, had paid out of his receipts for the previous month from shearing and from the pursuit of his trade the sum of 20 drachmae in part payment of the annual tax.

Ἔτους β´ Γαίου Πεσκεννίου Νίγερος
Ἰούστου Σεβαστοῦ Χοίαχ θ. διέγραψεν
Θώμι καὶ Δημητρίῳ ἐγ λη(μμάτων) μη(νὸς) προ(τέρου)
κοπῆς τριχὸς καὶ χειρω(ναξίας) Πωλίων Παούλιος
5   γέρδις κώμης Σοκνοπαίου Νήσου ὑπὲρ
τοῦ τελέσματος τοῦ αὐτοῦ ἔτους ἐπὶ λό(γου)
δραχμὰς εἴκοσι / ϛ κ̄. καὶ Φαμεν(ώθ)

5. l. γέρδιος.

1. Ἔτους β. B.U. 454 is another papyrus dated during Niger's short usurpation, but in his first year.

4. κοπῆς τριχὸς κ.τ.λ.: cf. B. U. 617.

7. Φαμεν(ώθ): the occurrence of this month (on the Alexandrian calendar Feb. 25–March 26) is at first sight surprising, as Septimius Severus was already recognized in Egypt by Feb. 21, 194 A.D. (B. U. 326, col. 2. 12). Perhaps the original receipt ended with the numeral κ in line 7, and when the addition beginning καὶ Φαμενώθ was made, the emperor's name was left unaltered; cf. lxii. (*a*), where Geta's name has been erased in the body of the document, but not in the date. But it is very likely that the months here are those of the *annus vagus*, cf. lxvii. 10, note, and P. v. Rohden in Pauly's *Real-encyclopädie*, I. p. 2622. This supposition would remove the difficulty, since Phamenoth of the *annus vagus* in 194 began on Jan. 2.

LXI. 194-198 A.D. *From the Fayoum.* *Bodl. MS. Gr. class. e.* 71 (*P*). 7½ × 3¼ *in.*

Petition addressed to Hierax, strategus of the Heraclid division, through the agency of Anubion, ex-agoranomus, ex-gymnasiarch and acting-strategus, by Tapiamis, an inhabitant of Psenuris, who writes without a κύριος, complaining that a certain Stotoëtis, having received 800 drachmae from her in order to pay for some jars of wine which

Stotoëtis had obtained from Chaeremon, a wine-merchant at the village of Aphroditopolis, had disappeared with the money. The petition is, as usual, signed by the writer, who gives a description of herself.

[Ἱ]έρακι τῷ καὶ Νεμεσίωνι
[σ]τρ(ατηγῷ) Ἀρσι(νοίτου) Ἡρακλ(είδου) μερίδος
δι᾽ Ἀνυβίωνος ἀγορανομή(σαντος)
γυμνασιαρχήσαντος δια-
5   δεχο[μέν]ου τὴν [σ]τρα(τηγίαν),
[π]αρὰ Ταπιάμεως Ἀγχώ-
[φ]εως καταγινομένης ἐν
[κ]ώμῃ Ψενύρι. Στοτοῆτις,
[ε]ἰσκομισάμενος παρ᾽ ἐμοῦ
10 ἀργυρίου δραχμὰς ὀκτακο-
σίας ἐπὶ τῷ ἀποκαταστῆ-
σ[αι] ἐν κώμῃ Ἀφροδειτη-
πόλει Χαιρήμονι οἰνεμ-
πόρῳ ὑπὲρ τι[μ]ῆς ὧν ἔσ-
15 χ[εν] παρ᾽ αὐτοῦ οἴν[ου κε-
ραμίων, ἀφ[αν]ὴς ἐγ[έν]ετο.
ὅθεν ἐπιδί[δω]μι κ[αὶ] ἀξιῶ
ἐν καταχωρισμῷ γενέσθαι
τοῦτο βιβλίδιον, πρὸς τὸ
20 φανέντος τοῦ Στοτοήτεως
μένειν μο[ι] τὸν λόγον.
Ταπιᾶμις ὡς (ἐτῶν) ν
οὐλ(ὴ) γόνατι δεξιῷ.
[(ἔτους).] Λουκίου Σεπτιμίου
25 Σε[ο]υήρου Εὐσεβοῦς Περτίνακος
[Σε]βαστοῦ Μεχεὶρ ϛ.

8. Ψενυρι is most probably Sennoures, now the second town in the Fayoum, about seven miles from Arsinoe and six from Karanis (Kum Ushîm). The name also occurs in papyri of the Byzantine period.

24. A piece of the letter before Λουκίου is preserved, which is consistent with γ, ε or ς. Since Caracalla is not mentioned, it is not likely that an ε is lost before it.

LXII. 211 A.D. *From the Fayoum. Brit. Mus. Pap.*
DCCV. 9 × 4½ in.

Declaration under oath made to Crenoleius Quintillianus, centurion, by Demetrius son of Satyrus, stating that he consents to act as surety for the 'non-removal and appearance' of Pasis son of Apollonius; cf. lxxix. The name of Geta, where it occurred in the βασιλικὸς ὅρκος, has been subsequently erased, but it has been allowed to stand in the date. The papyrus is written in an extremely clear and careful cursive hand. The verso contains a document of some kind, incomplete and much obliterated.

Κρηνοληΐῳ Κουιντιλλιανῷ (ἑκατοντάρ)χ(ῳ)
Δημήτριος Σατύρου Ἄνθου Σύρου μητρὸς
Διοδώρας ἀπὸ ἀμφόδου Βιθυνῶν ἄλλων
τόπων, ὀμνύω τὴν Λουκίου Σεπτιμίου
5 Σεουήρου Περτίνακος καὶ Μάρκου Αὐρηλίου
Ἀντωνίνου καὶ Πουβλίου Σεπτιμίου
Γέτα Βρεντανικῶν Μεγίστων Εὐσεβῶν
Σεβαστῶν τύχην ἑκουσίως καὶ αὐθαιρέ-
τως ἐγγυᾶσθαι Πάσιν Ἀπολλωνίου μη-
10 τρὸς Ἴσιτος μονῆς καὶ ἐμφανίας, ὃν
καὶ παραστήσω ὁπόταν ἐπιζητῆται.
ἐὰν δὲ μὴ παριστῶ, ἐγὼ ὁ αὐτὸς ἐγβιβά-
σω τὰ πρὸς αὐτὸν ἐπιζητούμενα, ἢ ἔ-
νοχος ἴην τῷ [ὅρκ]ῳ. ἐγράφη ἐπακο-
15 λουθοῦντος Ἡρακλίδου μαχαιροφό-
ρου.
Δημήτριος ὡς (ἐτῶν) κη οὐλὴ μετώπῳ.

2nd hand.

(ἔτους) ιθ Λουκίου Σεπτιμίου Σεουήρου Περτίνακος καὶ
Μάρκου Αὐρηλίου Ἀντωνίνου καὶ Πουβλίου

20   Σεπτιμίου Γέτα Βρεντανικῶν Μεγίστων Εὐσεβῶν
     Σεβαστῶν Φαρμοῦθι.

1. Pap. ξ.   4. l. ὀμνύω.   6. και πουβλιου σεπτιμιου γετα erased.   7 and
20. l. Βριταννικῶν.   8. l. αὐθαιρέτως ἐγγυᾶσθαι.   13. For ἰ read ῇ: cf. B. U.
92. 17.   21. Perhaps Φαρμοῦθ(ι) ι; cf. lix. 3.

3. ἀμφόδον Βιθυνῶν ἄλλων τόπων: in Arsinoe, cf. B. U. 115, l. 4. *Corp. Pap. Rain.*
xxiv. 23, &c.

LXII (a).   *Second century* A.D.   *From the Fayoum. Bodl.*
           MS. Gr. class. f. 52 (P).   3 × 3¼ *in.*

Official report sent by Apunchis and his associates who farmed the money taxes of Socnopaei Nesus to Hierax, strategus of the Heraclid division, stating that no taxes had been paid to them during part of the month of Mesore in the fifteenth year of an emperor whose name is lost.

   Ἰέρακι στρ(ατηγῷ) Ἀρσι(νοίτου) Ἡ ρ ακ(λείδου) μερίδος
   παρὰ Ἀπύγχ(εως) καὶ μετό'χωι·) πρακ(τόρων)
   ἀργυρικῶν Σοκ νοπ(αίου)̣ Νήσο(υ).   δηλοῦ-
   μεν μηδὲν διαγε γρ(άφθαι) ἡμῖν
5 ἀπὸ ια ἕως [.]ζ τοῦ Μεσορὴ
   μηνὸς [τ]οῦ [ἐνεστ]ῶτος ιε (ἔτους)
   . . . .

1. Several strategi of the Heraclid division named Hierax are known, but none of them in the fifteenth year of an emperor. The Hierax who approaches nearest is the strategus in the twenty-first year of Caracalla (B. U. 145).

LXIII.   *Third century* A.D.   *From the Fayoum. Bodl.*
         MS. Gr. class. f. 53 (P).   5 × 3½ *in.*

A series of receipts for various sums paid to Anubion, βουλευτής and member of the board of σιτολόγοι, by a freedman named Germanus.

   Ἀνουβίων βουλ(ευτὴς) σιτολόγ'ων
   Γερμανῷ ἀπελευθέρῳ χαίρειν.

ἔσχον παρὰ σοῦ εἰς λόγον
ὀψωνίου ἐπὶ λόγου ὑπ(ὲρ) [. . .
5   δραχμὰς εἴκοσι τέσσαρες,
γ(ίνεται) ϛ κ̄δ̄.
Φαῶφι κ̄ε̄ ὁμ(οίως) ἐπὶ λόγ(ου) ἄλλας (δραχμὰς) τέσσα-
ρες, / ϛ δ.

Ἀνουβίων βουλ(ευτὴς) σιτολόγων
10 Γερμανῷ ἀπελε[υθέρῳ] χ(αίρειν.
ἔσχον παρὰ σοῦ εἰς λ᾽ὅγον
ὀ]ψ[ω]νίου τοῦ [
. .

1. βουλευτής: sc. of Arsinoe; the occurrence of the title shows that the date of the papyrus is not prior to the beginning of the third century, when Arsinoe first received the *civitas*. For the combination of the functions of βουλευτής and σιτολόγος cf. B. U. 533, col. 2. 11 ff. with 554. 16.
4. ὀψωνίου: possibly 'interest'; cf. B. U. 69. 8.

LXIV. *Second or third century* A.D. *From the Fayoum.*
Bodl. MS. Gr. class. g. 36 (P). 1¼ × 2¼ *in.*

Certificate issued by Socnoöneus, 'a sealer of sacred calves,' stating that he had examined and found without blemish a calf to be sacrificed in the temple of Socnopaei Nesus. Cf. on this subject B. U. 250.

Σοκνοωνέως ἱαιρομεσχο-
σφραγιστὴς ἐπεθεώρησα
μ[ό]σχ[ο]ν θυόμενον ἐν τῇ
Σο'κνοπ]αίου Νῆσον ὑπὸ
5   [. . . . .]τιν κ[. . . .
.   . .

1. l. Σοκνωνεὺς ἱερο . . .   4. l. Νῆσον: cf. xl. 5.

LXV. *Second or third century* A.D. *From the Fayoum.*

Fragment of an account dealing with taxes and containing numerous abbreviations.

$$\chi(\alpha\lambda\kappa o\hat{\imath})\ \beta,\ \bar{\epsilon}\ (\dot{\eta}\mu\iota\dot{\omega}\beta o\lambda o\nu),\ \pi\rho o(\sigma\delta\iota\alpha\gamma\rho\alpha\phi\acute{o}\mu\epsilon\nu\alpha)\ (\dot{o}\beta o\lambda\acute{o}s),\ \dot{\epsilon}\nu\alpha\text{-}$$
$$\rho o\upsilon\rho\acute{\iota}o\upsilon\ (\dot{o}\beta o\lambda o\grave{\iota}\ \delta\acute{\upsilon}o)\ (\dot{\eta}\mu\iota\dot{\omega}\beta o\lambda o\nu),\ \pi\rho o(\sigma\delta\iota\alpha\gamma\rho\alpha\phi\acute{o}\text{-}$$
$$\mu\epsilon\nu\alpha)\ \chi(\alpha\lambda\kappa o\hat{\imath})\ \beta,\ \kappa o\lambda(\lambda\acute{\upsilon}\beta o\upsilon)\ \chi(\alpha\lambda\kappa o\hat{\imath})\ \beta,$$
$$\rangle\rho\epsilon\omega s\ \dot{o}\mu o\acute{\iota}\omega s\ \dot{\alpha}\pi o(\ )\ (\delta\acute{\upsilon}o\ \dot{o}\beta o\lambda o\acute{\iota}),\ \nu\alpha\upsilon\beta(\acute{\iota}\omega\nu)\ \chi(\alpha\lambda\kappa o\hat{\imath})\ \beta,$$
$$\pi\rho o(\sigma\delta\iota\alpha\gamma\rho\alpha\phi\acute{o}\mu\epsilon\nu\alpha)\ (\dot{\eta}\mu\iota\dot{\omega}\beta o\lambda o\nu)$$
$$\chi(\alpha\lambda\kappa o\hat{\imath})\ \beta,\ \kappa o\lambda\lambda\acute{\upsilon}\beta o\upsilon\ \chi(\alpha\lambda\kappa o\hat{\imath})\ \beta\ (\ddot{\eta}\mu\iota\sigma\upsilon\ ?).$$

1. $\chi]^o\ \bar{\epsilon}\ \dot{o}\ \pi\rho^o— \ldots\ldots = \dot{o}\ \pi\rho^o\ \chi^o\ \kappa o\lambda\ \chi^o$ Pap.   2. $\alpha\pi\bar{o} = \nu\alpha\upsilon^\beta\ \chi^o\ \pi\rho^o\ \dot{o}$ Pap.
3. χ^o. Pap.

1. $\bar{\epsilon}$: it is not clear whether this is an abbreviation or refers to the day of the month. The sign for ½ obol is the ordinary one at this period. κο^λ, as line 3 shows, stands for κολ(λυβος). Cf. B. U. 9, col. 4. 2–3, where the abbreviation is probably to be resolved in the same way, not, as the editor suggests, into κολ(λημα). It also occurs frequently in the Bacchias papyri, always after the προσδιαγραφομενα, and as a trifling charge, made probably when the tax-payer did not offer the exact amount of his tax, but required change. With the ratio between silver and copper it has nothing to do.

2. ναυβίων: cf *Corp. Pap. Rain.* p. 8; but no very satisfactory explanation has yet been found for this word.

3. The sign after χ° is apparently the same as that which occurs in B. U. 219. 12. The most natural explanation of its position after χ° is to suppose that it is a fraction of the chalcus, probably a half; and this seems confirmed by the instance in B. U. 219. There καὶ τὰ προσδ(ιαγραφόμενα) -- in line 13 is clearly parallel to line 8, καὶ τὰ προσδ(ιαγραφόμενα) ημι . . , as the editor reads it, where we should suggest ἥμισυ, i. e. ½ chalcus.

LXVI. *Third century. From the Fayoum. Brit. Mus. Pap.* DCCVI. $2\frac{1}{2} \times 8\frac{1}{2}$ *in.*

Official notice addressed to the chief inspector of Philadelphia requesting the presence of two tax-collectors who had been accused of some offence. Cf. B. U. 374, 375, 376, &c.

Ἀρχεφόδῳ κώμης Φιλαδελ(φίας). ἀνάπεμψον Σάτυρον Ἥρωνος ἐπι-
καλ(ούμενον)
Ἅρπαλον καὶ Ἀφροδείσιον Ἀμμωνίου ἐπικαλούμ(ενον) Σίσοιν, τοὺς β
πράκτορας
σιτικῶν, ἐνκαλουμένους ὑπὸ [Ἀπ]ολλωνίου κατασπορέως.

LXVII. 237 A.D. *From the Fayoum. Brit. Mus. Pap.*
DCCVII. 8½ × 3½ *in.*

Contract by which Aurelius Asclepiades, president of the village council of Bacchias, agrees to hire from Aurelius Theon, the keeper of a training-school probably at Arsinoe, the services of two dancing-girls —of whom one is specified by name, the choice of the other being apparently left to the trainer—for a short time, perhaps fifteen days. Their pay was to be 36 drachmae a day, three bushels of wheat for the whole period, and fifteen couples of ψωμία, while three donkeys were to be provided in order to bring them to Bacchias and take them back. Asclepiades had already advanced to Theon a sum of money as a pledge, which was supplementary to the sums payable by him according to the terms of the contract.

[Αὐρ]ηλ(ίῳ) Θέωνι πρωνοη(τῇ) γυμ(νασίου ?)
[πα]ρὰ Αὐρηλίου Ἀσκλ(ηπιάδου) Φιλαδέλ-
[φου] ἡγουμένου συνόδου κώ-
[μη]ς Βακχιάδος. βούλομαι
5   [ἐ]κλαβεῖν παρὰ σοῦ Τ[.]σαϊν
[ὀρ]χηστρίαν σὺν ἑτέρᾳ μιᾷ δι'
[ὄρχ]ησιν ἡμῖν ἐν τῇ προειρ-
[ημέ]νῃ κώμῃ ἐπὶ ἡμέρας
[. . ἀ]πὸ τῆς ιγ Φαῶφι μηνὸς
10 [κατ]ὰ ἀρχαίους, λαβμανόντων
[ὑμ]ῶν ὑπὲρ μισθοῦ ἡμέρη[ς
[μι]ᾶς (δραχμὰς) λϛ, καὶ ὑπὲρ τιμήμα-

[τος πασῶν τῶν ἡμερῶν
[πυρο]ῦ ἀρτάβας γ̄ καὶ ψωμίων
15   ζε[ύ]γη ιε̄, ὑπὲρ καταβάσεως
καὶ ἀναβάσεως ὄνους γ̄· ἐντεῦ-
θε[ν] δὲ ἔσχες ὑπὲρ ἀραβῶνος
[τοῦ] μὴ ἐλλογουμένο̣υ σ[ο]ι
(δραχμὰς) [.]β.
20   (ἔτους) γ// Αὐτοκράτορος (Καί)σαρος Γαίου Ἰουλίου
Οὐήρου Μαξιμίνου Εὐσεβοῦς Εὐτυχοῦς
Σεβαστοῦ Γερμανικοῦ Μεγίστου Δακικοῦ
Μεγίστου [Σα]ρματικοῦ Μεγίστου (καὶ) Γαίου
Ἰουλίου Οὐήρου Μαξίμου Γερμανικοῦ
25   Μεγίστου] Δακικοῦ Μεγίστου Σαρματικ[οῦ
[Μεγίστου το]ῦ γενναιοτάτου (Καί)σαρος,
κυρίων [αἰωνίω]ν Σε[β]αστῶν Ἐπὶφ . .

1. l. πρωνοη(τῇ). 10. l. λαμβανόντων. 17. l. ἀρραβῶνος. 20. ϛσαρος, Pap.
So in 26 and (καί) 23.

1. πρωνοη(τῇ): cf. lxix. 8, B. U. 310. 4, &c.
9. If the ψωμία mentioned in line 14 were supplied at the rate of one ζεῦγος a day, the number in the lacuna will be ιε.
10. [κατ]ὰ ἀρχαίους: cf. Brit. Mus. Pap. CX. 3 and CXXX. 45; the reference is to the ancient Egyptian *annus vagus*. This is the first clear mention of the old calendar on a Greek papyrus of the Roman period other than a horoscope; and it raises the important question, how far the assumption generally made by recent editors is justified, that all dates on Greek papyri of the Roman period, where no calendar is specified, are on the Alexandrian calendar. The problem is too large to be adequately treated here, and we confine ourselves to mentioning some points which throw considerable doubt upon the validity of the assumption.

In the first place it is *a priori* probable that the ancient Egyptian calendar continued to be extensively used after the reform of Augustus. If neither Pharaoh nor Ptolemy could in spite of repeated attempts bring the common people to accept the fixed year, is it likely that even the Romans were immediately more successful, especially in remote country districts? Our ancient authorities at any rate did not think so, for they imply that the introduction of the Alexandrian calendar was a slow and gradual process, and that it was not generally accepted before the fourth century (Ideler, *Handb. der Chronol.* I. pp. 149-151). The ancient Egyptian monuments of the Roman period, in which it is made a point of national honour to ignore the Alexandrian calendar, tell the same tale.

It will be objected that the case is altogether different when Greek, still more when official documents are concerned, and that the Romans could not have tolerated a double calendar for purposes of taxation, at any rate without requiring that the Egyptian calendar, when used, should be specified. To this it seems to be a sufficient answer that the use of the *annus vagus* has been recently with much probability suspected in two official documents (Wessely, *Mitth. aus der Samml. Pap. Erz. Rain.* II. 23, cf. P. v. Rohden in Pauly's *Real-encyclopädie*, I. p. 2622), and one non-official petition (B. U. 46, see v. Rohden *l. c.*), and there is some reason to think that it is employed in an official tax receipt in this volume (lx). That the allusions to the *annus vagus* are not clearer and more frequent may well be due to the fact that in 139 A.D. the fixed and the wandering year coincided, so that the difference between the two calendars during the second century, to which most Roman papyri belong, would not be very marked. The absence of the phrase κατὰ ἀρχαίους in dates of the first and second centuries and its occurrence in the third can be explained not only by supposing that all the dates are on the fixed calendar, but by the opposite hypothesis that the use of the *annus vagus* was so common that it was not worth specifying, at any rate in private documents. Nor does a general consideration of the modes of dating employed in Greek papyri from the first to the seventh century favour the idea that even in official documents the Romans attempted to assimilate Egyptian methods to those of the rest of the Empire, still less that they succeeded in doing so. The fixed era introduced by Augustus died a speedy death (cf. xl, and Wilcken, *Hermes*, xxx. 151). Until dating by the years of the reigning sovereign gave way to dating by the consuls, the Egyptians retained their traditional custom of reckoning the Emperor's years from Thoth 1, instead of following the rest of the Empire in reckoning them from the date of his accession. And even from the fourth century onwards when Egypt had become Christian and difficulties connected with the calendar might be expected to cease, Egyptian indictions not only fail to coincide with the indictions elsewhere in use, but had no fixed annual starting-point. The confusion to which this arrangement gave rise is shown by the frequent inconsistencies in the dates (see lxxxvi. 5, note). Nothing can be more significant than the statement of Justinian himself (Novella, 47; cf. Wessely, *Prolegomena*, p. 49). After giving directions for the ordinary method of dating documents, he proceeds :—*si qua vero apud orientis habitatores aut alios homines observatio custodiatur in civitatum temporibus, neque huic invidemus.*

In the interests of chronology we could wish that the Alexandrian may after all prove to have been the universal calendar, at any rate in official documents, of the Roman period. But enough has been said to show that even in the case of official documents there are grave difficulties, while with regard to private ones, especially those written by the inhabitants of more remote districts, it may well be doubted whether the presumption is not against the Alexandrian calendar being generally used before the fourth century.

11. ὑμῶν is rather awkward, since the 2nd person singular is employed elsewhere in the papyrus. If αὐτῶν be read, λαμβανόντων is a mistake for λαμβανουσῶν.

19. The reading here and at the end of 18 is very doubtful. All that remains in line 19 is half a stroke that might be S, the sign for δραχμαί, and the bottom of a letter which is either β or δ.

LXVIII.   247 A.D.   *From the Great Oasis.   Brit. Mus. Pap.*
           DCCVIII.   8 × 6¾ in.

This and the following ten papyri were discovered a few years ago in the Great Oasis (el Khargeh) which, though it has given us the great inscription of Tiberius Alexander, has not previously been a source of Greek papyri. From the frequent mention of the village of Kusis (cf. *C. I. G.* 4948) and its δημόσιον, their *provenance* was probably the archives of that place. The Oasis itself is (lxxiv. 5) called the νομός Ἰβίτης (Egyptian Hib), or even Ἰβιτῶν πόλις (lxxii. 2), the capital being Ἴβις; cf. *Notitia Dignitatum*, ed. Böcking, I. p. 75, *ala prima Abasgorum Hibeos Oaseos maioris*.

The find of papyri was a considerable one, but was soon scattered; some fragments were obtained at Luxor by Prof. Sayce in the winter of 1893, and published by him in the *Revue des études grecques*, 1894; they were however too incomplete to show either their origin or contents. Those published here, which are complete or nearly so, were acquired at different places during the last two years, together with a large number of fragments of varying sizes, which we withhold until we have had an opportunity of seeing those in the possession of Prof. Sayce.

Most of these papyri were probably entire when found, and only owe their present condition to the vicissitudes which they have gone through at the hands of natives. It is therefore likely that fragments belonging to them have passed into other collections. The present editors would be very grateful if the owners, if there be such, of incomplete documents belonging to this find will communicate with them.

The Kusis papyri fall within the seventy years from the reign of the Philippi to the period of confusion following the abdication of Diocletian. They are chiefly concerned with the doings of a society of νεκροτάφοι, who in some cases (e. g. lxxiii) were Christians.

The following document is an ἀπόκτησις (lxx, *verso*) or deed of gift executed by Aurelius Petosiris in favour of Aurelius Petechon, according to which Petosiris makes over to Petechon the fourth part of his business as a νεκροτάφος. Cf. lxx, which is a copy of the present document made twenty-two years afterwards, and lxxi, another deed of gift.

Αὐρήλιος Πετοσῖρις Πετοσιρίο͗ς νεκροτάφος ἀπὸ
Ἰβειτῶν πόλεως Αὐρηλίῳ Πετεχῶντι υἱῷ Τμάρσιος
ἀπὸ κώμης Κύσεως χαίρειν. ὁμολογῶ χαρίζεσθ[αι] σοὶ
χάριτι ἀναφαιρέτῳ καὶ ἀμετανοήτῳ, εὐνοίας ἔν[εκ]εν
5 καὶ ἀμετανοήτῳ] ἣν ἔδειξας εἰς ἐμέ, ἀπὸ τῆς ὑπαρ-
χούσης μοι κηδείας νεκροταφικῆς ἐν Κύσει με[τὰ] καὶ
τῶν κωμῶν [τ]ῆς Κύσεως μέρος τέταρτον ἀπὸ
τοῦ νῦν μεχρ[ὶ] παντός· καὶ οὐκ ἐξέσται μοι οὔτε ἄλλῳ
τινὶ τῶν ἐμῶ[ν] μετελθεῖν σε περὶ τῆσδε τῆ[ς] δό-
10 σεως, διὰ τὸ οὕτως μοι δεδόχθαι. ἡ δὲ χάρις αὕτη
ἁπλῆ [γρ]αφεῖσα [κυ]ρία ἔστω καὶ βεβαία ὡς ἐν δημοσίῳ
κατακειμέν]η, κ]αὶ ἐπερωτηθε[ὶς] ὡμολόγησα.
(ἔτους) ε Αὐτοκρατόρων Καισάρων Μάρκων Ἰουλίων
Φιλίππων Εὐσεβῶν Εὐτυχῶν Σεβαστῶν
15   Χοίακ κε.
Αὐρήλιος Κλαύδιος Ψεναμούνιος παρανέγνων.
Αὐρήλιος Πετόσιρις ὁ προκείμενος ἐχαρισάμην ὡ[ς
πρόκειται, καὶ ἐπε[ρ]ωτηθεὶς ὡμολ[όγ]ησα. ἔγραψα
ὑπὲρ αὐτοῦ Αὐρή[λι]ος Φιλεῖνος ὁ καὶ Θεόγνωστος
20 ἐρωτηθείς.
Αὐρήλιος Φιλοσάραπις Ἀπολλωνίου μαρτ[υρ]ῶ.
Αὐρήλιος Ἀμμώνιος Ψάιτος μαρτυρῶ.

2. ϊβειτων Pap.   5. om. καὶ ἀμετανοή[τῳ]; cf. lxx. 8.

7. τῶν κωμῶν τῆς Κύσεως: it is remarkable that Κῦσις, though itself only a κώμη and not a πόλις, is nevertheless spoken of as a centre for other villages. There was also a τοπαρχία Κύσεως (lxxvi. 1 and lxxviii. 2), but the mention of τῆς αὐτῆς Κύσεως in the parallel passage in lxx. 10 shows that the κώμη, not the τοπαρχία, must be meant in line 7 here.

μέρος τέταρτον: here and in several instances among the unpublished Kusis papyri only the fourth part of a business is made over; but in lxxi a νεκροτάφος transfers his whole business to his sons.

21. Two witnesses are the usual number; cf. lxix. 43, 44, lxxi. col. 2. 24.

LXIX.   265 A.D.   *From the Great Oasis.*   *Brit. Mus. Pap.*
DCCIX.   8½ × 4½ *in.*

Receipt for 1000 drachmae and interest, paid to the freedman Petechon son of Polydeuces by Aurelia Senosiris of Kusis, and her κύριος Aurelius Psais. The sum in question had been borrowed from Polydeuces, who had since died, by Apollonius the husband of Aurelia, on certain conditions which the extreme terseness of the language in lines 17 to 20 renders somewhat ambiguous. Apparently the security for the debt was a ὑδρευμα, of which the lender, in the event of non-payment of the monthly interest, was to enjoy the use for a period of five days, in conjunction with a second ὑδρευμα, which was the property of two other persons and which had in some way been connected with that of Apollonius two years after the original loan. These ὑδρεύματα were probably wells worked by the κοχλίας or *sakiyeh* (cf. Diod. i. 34, *Revenue Papyrus* col. 24. 8), and the water from both wheels flowed, or could be made to flow, into the same channel. In the present document Petechon acknowledged the repayment of the loan, and renounced all further claim upon the wells.

Ἀντί[γρ(αφον).
ιγ (ἔτους) Οὐαλεριανοῦ καὶ Γαλλιηνοῦ Σεβαστῶν
Φαῶφ ῑ ἐκ τῶν δημοσίων. ὁμολογεῖ
Πετεχὼν Πολυδεύκους . . . κεκ . . . .].
5   μερ[ιδ]ος ἀπελεύθερος Πετεχῶντος τοῦ Πε-
τοσίρ[ι]ος νεκροτάφου ἀπὸ Κύσεως Κυσιτίδι
Αὐρηλίᾳ Σενοσεί ρι θυγατρὶ Ἰσιδώρας μετὰ
κυρί[ο]υ Αὐρηλίου Ψάϊτος Σαραπίωνος προνοη-
τοῦ [ἀ]πειληφέ[ν]αι παρ' αὐτῆς σήμερον διὰ
10   χειρὸς ἐξ οἴκου [τ]ὰς ὀφειλομένας τῷ ἀπογε-
γονότι πατρὶ αὐτ]οῦ Πολυδεύκει ὑπὸ Ἀπολ-
λωνίου Ἡρωνίωνος Βασιλείδου ἀνδρὸς
αὐτῆς ἀργυρίου δραχμῶν χειλίων σὺν τοῖς
συναχθεῖσι τόκοις καθ' ὑποθήκης γράμ-
15   μα δισσὸν χειρόγραφον ἐπὶ τοῦ διελη-
λυθότος ε΄ (ἔτους) Μάρκων Ἰουλίων μηνὶ

Ἀθὺρ ἡμερῶν πέντε ὑδρεύματος Τμ[άρ]σιος
Παονήτιος καὶ Ψ[ε]νπνούθου Πετεχ[ῶ]ν[τ]ος
συνεπιρέοντος ἀκολούθως τῷ γ[εγραμμ]έ-
20 ν[ῳ] συστατικῷ δημοσίῳ χρηματισμῷ
τῷ ἑξῆς δευτέρῳ ἔτει τῆς πεπαυμένης
τριετηρίδος μηνὶ Φαμενώθ, καὶ μηδένα
λόγον ἔχειν αὐτὸν πρὸς αὐτὴν ἢ ἄλλον
τινὰ τῶν αὐτῆς ἀπὸ τοῦ νῦν περί τε τῶν
25 προκειμένων (δραχμῶν) Α ἢ τόκων ἢ π[ε]ρὶ τῶ[ν]
δηλουμένων ἡμερῶν πέντε [ἢ τῶν] προ-
κειμένων ὑδρευμάτων ἢ περὶ ἄλλ[ου τινὸ]ς
ἁπλῶς ἐνγράφ[ο]υ ἀγράφου παντὸς πρά-
γματος τὸ σύνολον, διὰ τὸ πλήρη[ς] αὐτὸν
30 ἀπε[σ]χηκέναι ὡ[ς] πρόκειτα[ι]. προσ[ομολογ]οῦσι
οἱ προκείμενο[ι] εὐδοκεῖν, καὶ ἐπ[ε]ρωτη-
θέντες ὡμολόγ[η]σαν. Αὐρήλιος Φιλοσάρα-
πις Ἀμμωνίου παρανέγνων. Π[ε]τεχ[ῶ]ν
ὁ προκείμενος [τ]έθιμαι τήνδε τὴ[ν] λόγευ-
35 σιν ἐφ᾽ αἷς περιέχ[ει] διαστολαῖς πάσαις κα[ὶ]
ἐπερωτηθεὶς ὡμολόγησα. ἔγραψα ὑ[π]ὲρ
αὐτ[ο]ῦ Αὐρήλιος Φ[ιλ]οσάραπις Ἑρμήν[ο]υ ἐρω-
τηθ[εί]ς. Αὐρήλια [Σ]ενόσιρις ἡ προκ[ειμέν]η
μ[ετὰ κ]υρίου Αὐρη[λί]ου Ψάϊτος Σαραπ[ίωνο]ς
40 π[ρον]οητοῦ εὐ[δο]κῶ τῇ εἰς ἐμὲ λογε[ύ]-
σ[ει]. ἔγραψα ὑπὲρ α[ὐ]τῶν [Αὐ]ρήλιος [. . . .]α
τη . . . . [ ]ου ἐρω[τηθείς. Αὐ[ρ]ήλιος Δ . . ο
σ . . . . .]σαππ . . . . μαρτυ[ρ]ῶ. Αὐρήλιος
. [. . . . . . Ἀ]μμω[νίου μαρτ]υρῶ.

3. l. Φαῶφι.   16. ἰουλιων Pap.   34. l. τέθειμαι.

2. Οὐαλεριανοῦ: though Valerian had been a prisoner in Persia since 260, his name is here still retained in the date.

5.]μεριδος: probably the latter part of a proper name, as μερίδες are not heard of outside the Fayoum, where they corresponded to the τοπαρχία of other districts. That the Oasis was divided into τοπαρχία we know from lxxvii. 2.

17. The word ἱδρεύματος has apparently to be understood again with Τμ[άρ]-σιος... καὶ Ψ[ε]νπυυίθου: that there were at any rate two ἱδρεύματα becomes clear in line 27. The name Τμάρσις occurs in lxviii. 2.
20. χ̄ before the beginning of the line seems to refer to χρηματισμῷ.
22. τριετηρίδος: there is nothing to show when this period of three years commenced or to what it referred.
29. πλήμ[ε]: cf. lxxv. 8; B. U. 13. 7, 81. 27, &c.
32. The document being only a copy of the original (cf. ἀντίγραφον ἐκ τῶν δημοσίων, lines 1 and 3), the signatures are all written by the first hand.

LXX. 269 A.D. *From the Great Oasis. Brit. Mus. Pap.*
DCCX. 6½ × 6½ *in.*

Copy of lxviii with a few slight variations, made for Aurelius Petechon twenty-two years later.

Ἔτους τρίτου Αὐτοκράτορ[ος Καίσ]αρος Γ[αίου Αὐρηλίου [Οὐα-
βαλλάθου . . . .

καὶ ἔτους β´ Αὐτοκράτορ[ος Καίσ]αρος Μάρ[κου] Αὐρηλίου [Κλαυ-
δίου . . . .

Εὐσεβῶν Εὐτυχῶν Σεβαστῶν Μεσορὴ κγ ἐκτὸς τῶ[ν προα]στίω[ν.
Αὐρήλιος

Πετεχὼν [υἱὸς Τμάρσι[ος νεκρ[ο]τάφος ἀ[πὸ Κ]ύσεως α[. . . . ειν
διὰ [συστ[α[τ[ι[κοῦ

5 χρηματισμοῦ τὴν γεν[ομέ]νην αὐτῷ [χ´άριν ἧς ἐστὶν ἀντίγραφ[ον.
Π[ετόσιρις

Πετοσίριος νεκροτάφος [τῆ]ς Ἰβιτῶν πόλε[ως Πε[τεχῶ]ντι υἱῷ
Τ μάρ[σιυς

νεκροτάφῳ ἀπὸ Κύσεως χαίρειν. ὁμολογῶ χαρί[ζεσθαι] σοὶ χάριτ[ι
ἀναφεραί-

τῳ καὶ ἀμετανοήτῳ εὐνοίας ἕνεκεν [κ]αὶ ἧς ἐνέδειξα[ς εἰς ἐμ[ὲ ἀ]πὸ
τῆς

ὑπαρχούσης μοι κηδείας νεκροταφικῆς ἐν Κύ[σει μετ]ὰ καὶ τῶν
κωμῶν

10 τῆς αὐτῆς Κύσεως μ[έ]ρ[ο]ς τέταρτον ἀπὸ τοῦ νῦν [μέχρι] παντός·
καὶ οὐ-

κ ἐξέσται μοι οὔτε ἄλλῳ τ[ινὶ] τῶν ἐμῶν μετελθεῖν σε π[ερὶ
τῆσδ[ε τ]ῆς δό-
σεως διὰ τὸ οὕτως μοι δεδ[ό]χ[θαι]. ἡ δὲ χάρις αὕτη ἁπ[λῆ
γραφ[εῖσα κυρία ἔστω
καὶ βεβαία ὡς ἐν δημοσίῳ κατακεχωρισμένη, [καὶ ἐ]περωτηθεὶς
ὡμολόγησα ἐπὶ τοῦ διε[ληλ]υθότος πέμπτου ἔτους [Μάρκω]ν Ἰουλ[ίω]ν

15 Χοίακ. Αὐρήλιος Κλαύδιος Ψεναμμούνιος π[αρανέγν]ων. Π[ετό]-
σιρις
ὁ προκείμενος ἐχαρισάμην ὡς πρόκειται [καὶ ἐπ]ερωτη[θεὶς ὡμο-
λόγησα. ἔγραψα ὑπὲρ αὑ[τ]οῦ Αὐρήλιος Φιλεῖνος [ὁ καὶ Θε]όγ-
νωσ[τος] ἐρω-
τηθείς. Αὐρήλιος Φιλοσάραπις Ἀπολλ[ω]νίου μαρ[τυρῶ]. Αὐρήλιος
[Ἀμ]μώ-
νιος Ψαΐτος μαρτυρῶ (2nd hand.) πρὸς τοῦτο τὸ χειρόγρα[φον ᾧ
εὐ[δ]οκῶν
20 ὁ προκείμενος προσφωνεῖ καὶ ἐπερωτηθε[ὶς] ὡμολόγησεν.

3rd hand.
Πετεχὼν υἱὸς Τμάρσιος ὁ προκείμεν[ο]ς ἀπήνεγκα ὡς
πρόκειται. ἔγραψα ὑπὲρ αὐτοῦ Αὐρήλιος [Ἀ]μοῦνις Νοεί-
ριος ἐρωτηθείς.

1st hand.
Αὐρήλιος Ἰσοκράτης Μάγνου χρηματιστὴς κ[εχ]ρημάτικα.

On the *verso*

25 Πετ[οσίριος
Πετ[εχῶντι ἀπόκτη(σις).

3. l. προαστείων.   6. ἴδιτων Pap.   7. l. ἀνυφαιρέτῳ.   8. om. καὶ before ἧς.
The insertion of it was no doubt due to the repetition of καὶ ἀμετανοήτῳ in the
original, lxviii.

3. ἐκτὸς τῶν προαστείων: the phrase also occurs in lxxi. col. 1. 2, and twice in the
Kusis papyri published by Professor Sayce (*l. c.* pp. 301–2), always in connexion
with the making of ἀντίγραφα; it probably refers to the position of the local
archives.

4. α[. . . .]ειν: possibly ἀποφέρειν, if ἀπήνεγκα is right in line 21. The word in
any case seems to be an infinitive.

LXXI. 244-248 A.D. *From the Great Oasis.*
Brit. Mus. Pap. DCCXI. 7 × 15½ in.

Deed by which Petosiris and Petechon, νεκροτάφοι of Hibis, authorize Aurelius Marianus of Kusis to make public before the ἀρχιδικαστής at Alexandria a cession of property to themselves and others by their father Petechon. This proceeding seems analogous to what we understand by proving a will, to which indeed this so-called χάρις bears a strong resemblance. If the title and the formulae common to this document and to lxviii and other examples not yet published prevent our treating lxxi as generically different from the rest, there is at least a certain distinction to be drawn. Here not only is there a transference of the entire belongings of the cessor, but provision is made for the two daughters of Petechon, as well as for several other persons, besides the sons who are the parties chiefly interested. In the other cases there is only a partial alienation; and the principals do not concern themselves with clauses affecting other members of the family.

Col. 1.

[Ἔτους . Αὐτοκρατόρων Καισάρων Μάρκων Ἰουλίων Φιλίππων
[Εὐσεβῶν Εὐτυχῶν Σεβαστῶν . . . . ἐκτὸς τῶν προασ-
[τί]ων. Πετόσ[ιρις] Πετεχῶντος μητρὸς Σενανού φιος καὶ Πετ εχὼν
[ἀδ]ελφὸς μητ[ρὸς] Τιμούθιος νεκρο[τ]άφοι ἀπὸ Ἰβιτῶν πόλεως
5 Κυσίτῃ Αὐρηλίῳ Μαριανῷ Νάχτιος. ἀποσυνεστήσαμεν αὐτὸν
καταπλέοντα εἰς Ἀλεξανδρίαν δημοσιῶσαι παρὰ τῷ ἀρχιδικαστῇ
χ[ε]ρόγραφον χάριτος γενομένης αὐτοῖς, ἧς [ἐσ τὶν ἀντίγραφον.
Πετεχὼν Πετοσίριος Κατθμέρσιος μητρὸ[ς . συ . αταρίας νεκρο-
τάφης ἀπὸ Ἰβι τῶν πόλεως Πετοσίριος Πετεχῶντος μητρὸς Σενα-
10 νούφιος καὶ Π[ετ]εχῶντι ἀδελ]φῷ μητρὸς [Τ]ιμούθιος ἀπὸ τῆς αὐτῆς
υἱοῖς μου χαίρειν. ὁμολογῶ χαρίζεσθαι ὑμῖν χάριτι αἰωνίᾳ καὶ ἀνα-
φαιρέτῳ εὐνοίας χάριν καὶ φιλοστοργίας ἀπὸ τοῦ νῦν μέχρι παντὸς
ἐξ ἴσου μέρους πάντα τὰ ὑπάρχοντά μου τ[ά]δ', ἐλθόντα εἰς ἐμὲ

ἀπὸ κληρονομίας τοῦ πατρὸς καὶ ἀπὸ δικαία[ς] ὠνῆς ἤτοι μέρεσι ὑδρευ-
15 μάτων ἢ κυνηγικοῖς τόποις καὶ μέρεσι κη‿δεί‿ας νεκροταφικῆς ἐν Ἴβι καὶ ἐν ταῖς περὴ κώμαις πάσαις ὁμοίως κ[αὶ ἐν Πούσι καὶ ἐν ταῖς περὴ
κώμαις πάσαι[ς μετὰ] τῆς Κύσ‿εως καὶ . . . . .]μου καταμένουσι ἐν τῷ
. . . . . καὶ . . . . σια . ποδ . . [. . . . . ω . . . . ·.]
. . . [ἄλ]λας
[((15 letters) ἐλ‿αβεν κ .] . . . ωπ[. . . . .] . ονην μίαν [. . . . .
20 [((16 letters) τ‿αῦτα πάντα τὰ πρ‿οκί‿]μενα . [. .]α τιμο . . . [. . .] σι .
[((16 letters) ὡς πρόκ‿ι‿ται. ἔτι δὲ . [. . .] εμε ‿.] δύο δὲ τοῦ ἀνδρὸ‿ς
[((17 letters) λ]εγομένου ἐπι[. . . .]ωο‿. . .]μένας ὑπ' ἐμοῦ
[((18 letters)]παρεν . [.]σου . [.]εμ[. . . .] Τιμούθιος Πετε-
[χῶντ (14 letters)] τοῖς [. . . .]σι . . . τισ . . νσ . [. . . .] . . [τ‿ῷ Πετ‿ο-σ]ίρι . [.
25 [((16 letters) Τι]μούθι‿[ο]‿ς δ[.] ἐμοῦ τιμουμ[. . .]νωχα . πολυδρίαν
[((18 letters)] . αι . . [‿σαμεν απ[‿. . Αὐρηλίας Λυκοδώρας Νεμε-
[(?)σίωνος (12 letters) ‿. σεν . [. . .]ο‿δ‿ιας σ . . μ . . ἄσπερ ἀπεσχηκέναι
[((18 letters)] μετὰ συμβίου Ψε . . ενας Ἀμμωνίου ἀνδρὸς
[((18 letters)]ειτ[. . . .] . ὑποβ . . . . δ[ημ]οσίῳ χρηματισμῷ
30 [((18 letters)]εου Ἀλ[ε]ξάνδρου . μμιορ[. .] . . ειν ἡμίσους ὑδρεύ-
[ματος (13 letters)] . τμο[. . . . .] . . . εν[.] . α . ως
[((18 letters)] . εντο[. . . . .] . . . ει πᾶσι
[((18 letters)]απις ασ[. . . . .] μίας [. . .]ι
[((18 letters)]ε[.]ν . . ΄. . . . .

Col. 2.

[(23 letters) τιστ[(24 letters) Πετο-]
σίρι καὶ Πετέ‿χῶν‿τι ἐπικαλῖν ταῖς ἀδελ[φαῖ]‿ς Ταχ[. . . .]ν καὶ Ἰσιδώραν

περὶ ὑπηρεσίας νεκροταφικῆς οἰκιῶν . [. . .]ρων ἐ[ν] τῇ αὐτῇ Ἴβι
μίας
μὲν Ἀπολλωνίῳ Ἀμμωνίῳ πρεσβυτέρου ἑτέρα[ς] δὲ Πλουτοσύν[ο]υ
5 Ερο . . . σ[. .] . χηνε καὶ ἄλλοι δύο Τ[ι . .]μένου Α[. . . . .]νευε
καὶ τοῦ
ἀδελφοῦ αὐτοῦ Ἐντβελωκατώ, διὰ τὸ οὕτως μο[ι'] δεδόχθαι. προσ-
ομολογοῦσιν δὲ καὶ οἱ προκίμενοι υἱοὶ Πετόσιρι κ[αὶ] Πετεχὼν εὐδο-
κεῖν πᾶσι τοῖς ἐνκεγραμμένοις καὶ μὴ μετελεύσεσθαι αὐτοὺς
περὶ μηδενὸς ἁπλῶς, μηδὲ ἐξέστω ἡμῖν προσενεγκῖν γράμματα
10 ἐξ ὀνόματος τοῦ πατρὸς ἡμῶν κατὰ τῶν ὑπαρχόντων. ἐὰν
δέ τις ἐξ ἡμῶν ἐπενέγκῃ, τοῦτο ἄκηρον εἶναι καὶ ἐκβόλημον καὶ
μηδεμίαν ἰσχὺν ἔχιν, διὰ τὸ ἐπὶ το[ύ]τοις κυνηγεσῖσθαι. ἡ χάρις
κυρία ἥτις δισσὴ γραφῖσα ἔστω βεβέα ὡς ἐν δημοσ[ίῳ] κατακεχω-
ρισμένη, καὶ ἐπερωτηθέντες ἀνθωμολογήσαμεν περὶ τ[ο]ῦ ταῦθ'
15 οὕτως ὀρθῶς καὶ καλῶς γεγηνῆσθαι. ἔγραψα τὸ σῶμα Αὐρήλιος
Βασιλίδης ὁ καὶ Σαραπιόδωρος ἐρωτηθείς, ἔτους δευ[τέ]ρου Θὼθ ι̅β̅.
Αὐρήλιος Ἀμμώνιος Ἀλεξάνδρου παρανέγνων. Πετεχὼν Πετο-
σίριος
ὁ προκίμενος τέθ[ει]με τὴν προκιμένην χάριτα ἐφ' ο[ἷς] περιέχει
πᾶσι.
ἔγραψα ὑ[πὲρ αὐτοῦ Αὐρήλιος Ἱέραξ Διονυσίδ[ο]υ ἐρωτηθείς.
20 Πετόσιρις Πετεχῶντος ὁ προκίμενος εὐδοκῶ καθὼς πρόκιται.
ἔγραψα ὑπὲρ αὐτοῦ Αὐρήλιος Ψενπλαεὺς Οὐακβρικίου ἐρωτηθείς.
Πετεχὼν Πετεχῶντος ὁ προκίμενος εὐδοκῶ καθὼ[ς] πρόκιται.
ἔγραψα
ὑπὲρ αὐτοῦ Αὐρήλιος Πετεχὼν Ψάιτος ἐρωτηθείς. Αὐρήλιος
Πλουτογέ-
νης μαρτυρῶ. Αὐρήλιος Ἀπίων Σαραπίων Σαραπίων μα[ρτυρῶ.
25 ὅπερ χειρόγραφον μοναχὸν αὐτῷ ἀναδεδωκέναι πρὸς δημοσίωσιν
δημοσιώσας ἐνόπιν αὐτοῖς τὴν συνήθη δημοσίωσιν αὐτοῦ πεπλη-
ρωμένου τοῦ συμπεφωμημένου ἐφοτίου καὶ τέλους προσφω[ν]εῖ
ἀποσυσταθεὶς εὐδοκεῖν, καὶ ἐπερωτηθέντες ὡμολόγησαν. Αὐρήλιος
Εὐφράτης ἀπελεύθερος παρανέγνων. Πετόσιρις καὶ Πετεχὼν οἱ προ-

30 κίμενοι ἀποσυνεστήσαμεν ὡς πρόκιται. ἔγραψα ὑπὲρ αὐτῶν
Αὐρήλιο̣ς
Ἀνουβᾶς ὁ καὶ Πρω[. . . .]ς ἐρωθείς. Αὐρήλιος [. . .]ου εὐδοκ[ῶ].
Ἄσιος ὁ ̔καὶ . . .
[. .]ς ε̣[ὐ]δοκῶ τῷδ̣ε̣ τῷ ̔δε συσ̣[τ]ατικῷ αὐ[τῶν δ]ημοσίῳ ̣ ̣νας[. . . . .
[. . . . . ος [. . . . . χ]ρημ[ατισμῷ . . . .

Col. 1. 9. l. Πετοσίρι.   16. l. περί, i. e. περικειμένοις.
Col. 2. 2. l. Ἰσιδώρᾳ.   4. l. Ἀπολλωνίου Ἀμμωνίου.   7. l. Πετόσιρις.
8. l. ἐγγεγραμμένοις.   11. l. ἄκυρον . . ἐκβόλιμον.   13. l. βεβαία.   15. l. γεγενῆ-
σθαι.   18. l. τέθειμαι.   21. l. Οὐαβυκίου.   24. l. Σαραπίωνος Σαραπίωνος (?).
26. l. ἐνώπιον αὐτῶν.   27. l. ἐφοδίου.   31. l. ἐρωτηθείς.   32. l. τῷ for second
τῷ]δε.

Col. 1. 2. ἐκτὸς τῶν προαστείων: cf. note on lxx. 3.

5-6. ἀποσυνεστήσαμεν, κ.τ.λ.: cf. Professor Sayce's papyri, *l. c.* pp. 301, 302, where the same formula is used. But for these parallels there might perhaps have been some doubt about the reading ἀρ[χι]δικαστῇ, as there is room for four letters in the lacuna. This however is due to a flaw in the surface of the papyrus; similarly [Πετ] does not fill the corresponding space in line 3, nor [σαμεν αὐτο] that in line 5. The passage forms an interesting parallel to B. U. 5. ii. 11 ff., where certain litigants from Arsinoe appear carrying their suit before the δικαιοδότης at Alexandria. That papyrus was the foundation of Professor Wilcken's argument against Marquardt (*Observationes ad Hist. Aeg. Prov. Rom.* p. 8 ff.) that the judicial authority of the *Juridicus Alexandriae* extended in certain cases over the whole of Egypt, while the ἀρχιδικαστής was a purely local official of Alexandria. This view of the functions of the ἀρχιδικαστής in the Roman period seems to be a natural deduction from Strabo p. 797, though Strabo's inclusion of this official among the ἐπιχώριοι ἄρχοντες κατὰ πόλιν does not necessarily limit him to merely municipal duties. That he was not so limited, in the third century A. D. at any rate, the Kusis papyri give sufficient proof. Whether these far-reaching powers in cases of transference of property were a survival or an innovation the data are perhaps as yet insufficient to determine. But unless the ἀρχιδικαστής here can be identified with the δικαιοδότης, the old hypothesis against which Mommsen (*Provinces*, ii. p. 247, note) and Wilcken (*l. c.*) protest, of the connexion between Strabo's ἀρχιδικαστής and the official of the same name described by Diodorus (i. 75), becomes at least a tenable one.

14. ἤτοι μέρεσι: the construction is peculiar; either ἐν must be supplied or μέρη &c. read.

Col. 2. 9. ἡμῖν: a common change from the 3rd to the 1st person.

12. κυνηγεσείσθαι: cf. col. 1. 15 κυνηγικοῖς τόποις. The choice of the word is strange, as these τόποι were only one item in the property. But the reason is probably lost with the latter part of col. 1.

15. τὸ σῶμα: the 'body' of the document as opposed to the signatures.

I

25. The construction is difficult whether ἀναδεδωκέναι, which suits the vestiges better, or ἀναδέδωκε καὶ be read. If the former is adopted, Aurelius Marianus, ὁ ἀποσυσταθείς, is the principal subject, and αὐτῷ and αὐτοῦ refer to him. Πετεχῶντα must then be understood before ἀναδεδωκέναι, with which πρὸς δημοσίωσιν is closely connected, there being a contrast intended between this δημοσίωσις at Alexandria and the συνήθης δημοσίωσις which took place 'ἐνώπιν αὐτοῖς.' The infinitive ἀναδεδωκέναι depends on προσφωνεῖν εὐδοκεῖ. If ἀναδέδωκε καὶ be read, Petechon is the subject of ἀναδέδωκε, and Marianus of προσφωνεῖ. The phrase πρὸς δημοσίωσιν δημοσιώσας ... δημοσίωσιν then becomes merely pleonastic.

ἐφοδίον: money for the journey to Alexandria and back.

LXXII. 290-304 A.D. *From the Great Oasis.*
Brit. Mus. Pap. DCCXII. 10 × 5⅞ in.

Acknowledgement by Aurelius Souris, an inhabitant of Kusis, that he had received from Aurelius Psentphthous a loan of 2 talents. The papyrus is dated in the consulship of Diocletian and Maximian, the numbers of the consulates being lost. It may therefore belong to any one of the years 290, 293, 299, 303, 304.

Αὐρήλιος Σοῦρις Πετεχῶντος μη(τρὸ)ς Τβήκ(ιο)ς
ἀπὸ κώμης Κύσεως τῆς Ἰβιτῶν πόλεως
ὡς (ἐτῶν) μη οὐλὴ ἐπὶ τοῦ ἀριστ(εροῦ) ποδὸς Αὐρηλίῳ Ψεν-
τφθο(ύ)τι Πετενσφώτου μητρὸς Σευρίσριος ἐξωπυλίτῃ
5 Διοσπό(λ)(εως) καταμένοντι ἐν νεκρ(ο)πόλει ?) Ἀπτύτεως χαίρειν.
ὁμολογῶ ἠριθμῆσθαι παρὰ σοῦ εἰς ἰδίαν μου χρείαν ἀργυρίου
Σεβαστῶν νομίσματος τάλαντα δύο, γί(νεται) ͵ β, ἅπερ σοι ἀπο-
δώσω σὺν τοῖς ἐπισυναχθεῖσι τόκοις ἄχρι ἀποδόσεως.
εἰ δὲ μὴ ἀποδῶ, ἐξέσται σοι χρήσασθαι κατὰ παντοίας μου
10 εὐπορείας. τὸ γράμμα κύριον, καὶ ἐπερ(ωτηθεὶς) ὡμολ(όγησα).

ὑπατείας τῶ(ν) δε(σ)ποτῶν ἡμῶν Διοκλητιανοῦ
πατρὸς Αὐγούστων τὸ .] καὶ Γαλερίου Οὐαλερίου Μαξιμιανοῦ
Αὐγο(ύ)στου τὸ .] τῇ πρὸ ιζ΄ Καλενδῶν
Μαρτίων. Αὐρ(ή)λι(ο)ς Σοῦρις ὁ προκ(είμενος) ἔσχον
15 τὰ προ(κ)(είμενα) τάλαντα δύο καὶ ἀποδώσω σὺν τόκοις ὡ(ς) πρόκει-
ται ?).

Αὐρήλιο[ς] Φιλήμων Ἀγαθοῦ Δαίμ(ονος) ἔγραψα ὑ(πὲρ) αὐ(τοῦ) γράμ-
(ματα)
μὴ εἰδότος.

On the *verso*
π(αρὰ) Ψεντφοῦτος.

2. τῆς Ἰβιτῶν πόλεως: the metropolis of the nome is put instead of the nome itself; cf. lxxviii. 3. For this identification in Roman times of the Oasis with its capital, cf. Böcking's note in his edition of the *Not. Dign.* I. p. 328.

4. ἐξωπυλίτῃ: cf. B. U. 34. col. 2. 21, *et al.* The term perhaps signifies a guard or member of a garrison. For ἐξώπυλον in the sense of an outlying fort v. Ducange. Diospolis here is probably Diospolis Parva (Ἡοῦ near Farshût), one of the starting-points in the Nile Valley for caravans going to the Oasis.

7. Σεβαστῶν νομίσματος: i.e. money coined in the current reign (cf. lxxv. 6), as contrasted with the coinage of the previous reigns, the παλαιαὶ δραχμαί of lxxvii; cf. lxxiv. 9 ἀργυρίου καινοῦ.

12. πατρὸς Αὐγούστων: cf. lxxv. 18.

15. The scribe seems to have omitted ὡς πρόκειται in first writing the document, and then, as there was not enough space to insert it, to have rapidly written ω followed by a mark of abbreviation.

LXXIII. Late third century A.D. From the Great Oasis. Brit. Mus. Pap. DCCXIII. 8½ × 3¼ in.

Letter from Psenosiris, a presbyter, to Apollo, also a presbyter, informing him that the νεκροτάφοι had brought a 'πολιτική,' who had been sent to the Oasis by the authorities, and that he had handed her over to the keeping of the 'good men and true' of the νεκροτάφοι, pending the arrival of her son Neilus. The concluding sentence is obscure owing to a lacuna. This document, written probably in the reign of Diocletian, contains one of the earliest mentions of Christians in an Egyptian papyrus.

Ψενοσίρι πρεσβ[υτέ]ρῳ Ἀπόλλωνι
πρεσβυτέρῳ ἀγαπητῷ ἀδελφῷ
ἐν Κ(υρί)ῳ χαίρειν.
πρὸ τῶν ὅλων πολλά σε ἀσπάζ-
5 ομαι καὶ τοὺς παρὰ σοὶ πάντας
ἀ[δ]ελφοὺς ἐν Θ(ε)ῷ. γινώσκειν

```
         σε θέλω, ἀδελφέ, ὅτι οἱ νεκρο-
         τάφοι ἐνηνόχασιν ἐνθάδε
         εἰς τὸ ἔσω τὴν πολιτικὴν τὴν
    10   πεμφθεῖσαν εἰς ὄασιν ὑπὸ τῆς
         ἡγεμονίας, καὶ ταύτην πα-
         ραδέδωκα τοῖς καλοῖς καὶ πι-
         στοῖς ἐξ αὐτῶν τῶν νεκροτά-
         φων εἰς τήρησιν ἔστ' ἂν ἔλ-
    15   θῃ ὁ υἱὸς αὐτῆς Νεῖλος, καὶ
         ὅταν ἔλθῃ σὺν Θεῷ μαρτυρή-
         σι σοι περὶ ὧν αὐτὴν πεποι-
         ήκασιν δι . λω[.]ο . . . . . ι
         [.]κυ . καὶ [. .] περὶ ὧν θέλεις ἐνταῦ-
    20   θα ἡδέως ποιοῦντι.
              ἐρρῶσθαί σε εὔχομαι
              ἐν Κ(υρί)ῳ Θ(ε)ῷ.
```

On the *verso*

```
         Ἀπόλλωνι    ×    παρὰ Ψενοσίριο[ς]
         πρεσβυτέρῳ  ×    πρεσβυτέρου ἐν Κ(υρί)ῳ.
```

1. l. Ψενόσιρις πρεσβύτερος.   3. κ͞ω Pap.   6. θ͞ω Pap. ; cf. 22 and 24.

1. πρεσβυτέρῳ: cf. the πρεσβύτεροι τῆς ἐκκλησίας in the curious papyrus, *Gr. Pap.* I. liii.
9. τὴν πολιτικήν: for πολιτική in the sense πόρνη cf. Theoph. *Cont.* 430.
10. As the Oasis was used from early times as a place of banishment, πεμφθεῖσαν probably means 'banished.'

LXXIV.   302 A.D.   *From the Great Oasis.   Brit. Mus. Pap.*
              DCCXIV.   8¼ × 6¼ *in.*

Contract between Aurelius Heron, a cavalry soldier of the *promoti secundi* of the Legio II Trajana, which was stationed at Tentyra (Denderah) under the command of Macrobius, and Aurelius Apias, an inhabitant of Kusis, for the sale of a camel. The price, 9 talents of silver in the newly coined money of Diocletian, seems exorbitant, but all prices had become enormous at this period owing to the debased condition of the coinage. Diocletian's edict *de pretiis rerum venalium* was an attempt to remedy this state of affairs.

Αὐρήλιος ["Ηρ]ων Κάστορος [σ]τρατιώτης ἱππεὺς προμωτῶν
σεκούντων ἀπὸ λεγεῶνος β Τραϊανῆς διακιμένης
ἐν Τεντύρῃ ὑπὸ Μακρόβιον [πρ]αιπόσιτον Αὐρηλίῳ
Ἀπίᾳ Νωβανοῦ ἐξαπυλί[τ]ῃ ἀπὸ κώμης Κύσιος
5 τοῦ Ἰβίτου [ν]ομοῦ   χαίρειν.
ὁμολογῶ πε[π]ρακέναι σοι [ἐν Τε]ντύρῃ κάμηλον
θήλειαν λευ[κό]χρωμον [ἐν τῷ ἐν]εστῶτι ιη (ἔτει) καὶ ιϛ καὶ η
τιμῆς τῆς π[ρὸς] ἀλλήλους [συμπ]εφωνημένης ἀργυρίου
καινοῦ Σεβα[στῶ]ν νομίσμ[ατος] τάλαντα ἐννέα,
10 ἢ θ, ἅπ[ερ αὐτ]όθι ἀπέσχο[ν π]αρὰ σοῦ ἀριθμῷ πλήρη
ἐφ' οὗ καὶ συν[εστά]θην, καὶ εἶναι [π]ερὶ σὲ τὸν ὠνούμενον
κράτησιν κυρ[ίαν] καὶ δεσποτεία[ν] ἀναφαίρετον ἀπὸ τοῦ νῦν
ἐπὶ τὸν ἀεὶ χρό[νον], χρώμενο[ν καὶ] οἰκονομοῦντα περὶ
αὐτὴν καθ' ὃν [ἂν] αἱρῇ τρόπον, [κ]αὶ τοὺς μετὰ σὲ παραλημψο-
15 μένους πάντ[ας. β]εβαιώσω σοι [τήν]δε τὴν πρᾶ[σ]ιν πάσῃ
βεβαιώσει α[. . .]τῃ τοῦ δι[. . . .]μενου[. . . .]ις ἐμοῦ
ὀνόματος ηκ[. . .]ανι . α . [. . . .] παντὶ καιρῷ [ἀ]νυπερθέτων.
ἡ δὲ πρᾶσις αὕ[τη ἁ]πλῆ γραφεῖσ[α] κυρία ἔσται κ[αὶ
βεβαία, καὶ ἐπε[ρω(τηθεὶς)]] ὡμολόγησα.
20 (ἔτους) ιη (ἔτους) καὶ ιϛ' [καὶ η] τῶν κυρίων ἡμῶν Διοκλητι[α]νοῦ
καὶ Μαξιμιαν[οῦ Σε]βαστῶν καὶ Κ[ωνσ]ταντίου καὶ Μ[αξι]μιανοῦ
τῶν ἐπιφανε[στάτω]ν Καισάρων [Φαρ]μοῦθι λ.
Αὐρήλιος Ἥρ[ων] Κάστορ[ος ὁ] προκείμενος
στρατιώτ[ης π]έπρακ[α τὴ]ν προκειμέ-
25 νην κάμ[ηλο]ν καὶ ἀπ[έσχ]ον τὴν τιμὴν
ὡς πρόκει[ται].

1. προμωτῶν: ων corr. from ου.   4. l. ἐξωπυλίτῃ.   κυσιος corr. from κυσις.
5. ιβιτου Pap.   7. λευ corr. from πυρ.   20. om. second (ἔτους).   24. an erased letter between ω and τ of στρατιωτης.   πρo is corrected.

1. The terms *promoti* and *secundi* as applied to *equites* are not found together in the *Notitia Dignitatum*; perhaps the *equites promoti secundi* are the same as the *equites promoti juniores* mentioned in *Not. Dig.* (ed. Böcking) I. 19, II. 32.

3. Τευτύρη: Τέντυρα is usually a neuter plural. For a similar laxity in the declension of a place-name cf. xlvi, where Κερχεσοῦχα is feminine in line 4 and neuter in line 9.

4. ἐξαπυλίτη: cf. lxxii. 4, note.

LXXV.   305 A.D.   *From the Great Oasis.*   *Brit. Mus. Pap.*
DCCXV.   10½ × 5 *in.*

Acknowledgement by Tapaous, a νεκροτάφη of the city of Month, that she had received from Kasianus son of Kasianus, νεκροτάφος of the toparchy of Kusis, 20 talents as payment for her food and clothing during the period in which she had served as one of four nurses in Kasianus' household. The payment was apparently made in two instalments.

The papyrus is dated January 6 in the tenth consulship of Diocletian and the ninth of Maximian. As a matter of fact the last year in which these emperors were consuls was 304, for the ninth and eighth time respectively, and they abdicated in May 305, for which year the consuls were Constantius and Galerius. The explanation is that the news of the change had not yet reached the Oasis, and so the consuls of 304 were supposed to be still in office.

```
       Ταπ᾿αοῦς Πια[οῦτ]ο[ς] νεκροτάφη Μωθ[ει-
       τῶν π[όλεως] Κ[σια`ν[ῷ] Κασινὸς νεκροτάφου
       τοπαρχ[ία]ς Κ[ύσεω`ς χαίρειν.  ὁμολογῶ τετρο-
       φευκέν[αι] σοι τὸ τέταρτον μέρος τῆς δου-
 5     λίας.  ἔσχον [ἀ]πὸ σοῦ τὰ τροφῖα καὶ τὸν ἡμα-
       τισμὸν ἀργυρίου Σεβαστῶν νομίσματος ἐν
       ν[ο]ύμο[ι]ς τάλαντα εἴκοσιν, ἃ πλήρωσέν μοι
       π[ρ]ὸ ᾱ καλενδῶν Ὀκτωβρίων πλήρης
       ἀρχῇ, πάλι[ν᾿ (π)ρὸ ῑ[.] καλενδῶν Ὀκτωβρίων
10     κατὰ βεβα[ιώσιν] . ι[. .] α[. . τ]ὰ τροφῖα καὶ
       τὸν ἡματι[σμὸ]ν τ[οῦ τετά]ρτου μέρους
       τῆς δουλί[ας . . . . . . . . .]γησης κα[. .
```

α. ἡ ἀσφ[ά]λια [χειρό]γραφος [ἥ]δε ἐφ᾽ ὑπογρα-
φῆς τοῦ ὑπογρ[ά]φοντος κυρία ἔστω καὶ
15   βεβαία ὡς ἔ[ν]νομος ὡς ἐν δημοσίῳ
κατακειμένη, καὶ ἐπερωτηθεὶς ὡμολόγη-
σα.
ὑπατείας τῶν δεσποτῶν ἡμῶν
Διοκλη[τια]νοῦ πατρὸς Ἀγούστων τὸ ι΄
20   καὶ Γαλ[ερίου] Οὐαληρίου Μαξιμιανοῦ Ἀγού-
στου τὸ [θ΄] πρὸ η ἰδῶν Ἰα[νο]υαρίων.
Ταπ᾽αοῦς Πιαοῦτος νεκροτάφη ἡ προ-
κειμένη [Κασ]ιανὸς Κασιανὸς νεκροτάφου
τῷ προκειμένῃ. ἔσχον ἀπὸ σοῦ τὰ τρο-
25   φῖα καὶ τὸν ἡ[μ]ατισμὸν τοῦ τετάρτου
μέρου[ς τ]ῆς δ[ο]υλίας ἀργυρίου Σεβαστῶν
ἐν νούμοι[ς] τά[λαν]τα κ ὡς πρόκειται,
καὶ ἐπερωτηθεῖσα ὡμολόγησα. ἔγραψα
ὑπὲρ αὐτῆς γ[ράμ]ματα μὴ ἰδότος Αὐρή-
30   λιος Φιλοσάρ[απι]ς ἀπὸ Μωθειτῶν πόλεως.

2. l. Κασιανῷ Κασιανοῦ.   4 and 26. l. δουλείας.   5, 10 and 24. l. τροφεῖα καὶ ἱματισμόν.   7. l. νούμμοις... ἐπλήρωσεν.   10. κ of κατα corr. from ε.   13. l. ἀσφάλεια.   19. l. Αὐγούστων.   20. l. Αὐγούστου.   23. l. Κασιανῷ Κασιανοῦ τῷ προκειμένῳ.   24. τα corr. from α.   27. l. νούμμοις.   29. l. εἰδυίας.

4. The sense seems to require that δουλεία should be taken in its abstract meaning, and τὸ τέταρτον μέρος as an indirect accusative.

5. Cf. B. U. 297, where a nurse acknowledges that she had received τὰ τροφεῖα καὶ τὰ ἔλαια καὶ τὸν ἱματισμὸν καὶ τἄλλα ὅσα καθήκει δίδοσθαι τροφῷ τοῦ τῆς γαλακτοτροφίας διετοῦς χρόνου καὶ τιθηνήσεως μηνῶν ἕξ . . .

LXXVI. 305–306 A.D. *From the Great Oasis.*
Brit. Mus. Pap. DCCXVI.   6 × 5 *in.*

Marriage-contracts are not infrequently found among the Fayoum papyri of the Roman period. This papyrus however is the first example which has occurred of a deed of separation. In it Soul, or

Soulis, and Senpsais, both νεκροτάφοι from Kusis, since 'owing to some evil deity' they have renounced their wedded life, mutually agree to a formal divorce. The husband declares that he has received back everything that he had given to his wife, and that he will make no further claim either upon her person or effects, 'but it shall be lawful for her to depart and marry as she will.' The wife on her side acknowledges the repayment of her dowry and other presents made to her.

The date at the end is for the most part lost, but enough is preserved to show that the papyrus was written in the fourteenth year of the Augusti, Constantius (Chlorus) and (Galerius) Maximianus, and the second year of the Caesars, Maximinus (Daza) and Severus.

.... ς Σοῦλις νεκροτάφος τοπαρχίας Κύσεως
Σένψαϊς θυγατρὸς Ψάϊτος ἐκ μητρὸς Τεοῦς νεκροταφὶς
ἀπὸ τῆς αὐτῆς χαίρειν. ἐπὶ ἐκ τινὸς πονηροῦ δαίμο-
νος συνέβη αὐτοὺς ἀποζεῦχθαι ἀλλήλων τὴν κοι-
5   νὴν αὐτῶν συνβίωσιν, ἐντεῦθεν ὁμολογῶ
ὁ μὲν ὁ προκείμενος Σοῦλ', πεπληρωμένος πάν-
των τῶν παραδοθέντων αὐτῇ [π]αρ' [ἐμοῦ οἰῳδή-
ποτε τρόπῳ εἰδῶν, ἀποπέμπεσθαι αὐτὴ[ν καὶ μη-
κέτι μετ'ελεύσεσθαι μηδὲ περὶ συμβιώ[σεως μη-
10 τὲ περὶ ἔδνου, ἀλλ' ἐξεῖναι αὐτῇ ἀποστῆ[ναι καὶ
γαμηθῆναι ὡς ἂν βουληθῇ· ἡ δὲ προκειμ[ένη Σέν-
ψαις πεπληρῶσθαι παρ' αὐτοῦ τοῦ προκει[μένου
Σοῦλ' πάντων τῶν ἐπιδοθέντων αὐ[τῇ εἰς λό-
γον πρ[οι]κὸς ἅμα [τ]ε ἄλλων [. . .]ων σ[. . . . .
15 αὐτῆς σκευῶν καὶ ἄλλῳ οἱῳδήποτε τ[ρόπῳ·
καὶ μὴ μετ'ελεύσεσθαι ἀλλήλους [ἐντεῦ-
θεν περὶ μηδενὸς ἀπαξαπλῶς ἐ[γγράφου
ἀγράφου παντὸς πράγματος τὸ σύ[νολον,
διὰ τὸ τελείαν ἀποζυγήν. ἡ ἀπο[ζυγὴ ἥδε
20 δισσὴ γραφεῖσα ἐφ' ὑπογραφῆς κ[υρία
ἔστω καὶ βεβαία ὡς ἐν δημοσί[ῳ κατακει-
μένη, καὶ ἐπερωτηθεὶς ὡμολ[όγησα.

(ἔτους) ιδ καὶ (ἔτους) β [τ]ῶν κυρίων ἡ[μ]ῶν
[Κωνστ]α[ντίου] καὶ Μαξι[μια-
25 [νοῦ Αὐγούστων . . . .
    .   .   .   .

2. l. Σενψάιτι θυγατρί.   3. l. ἐπεί.   9. l. μήτε.   19. l. τελείαν εἶναι τὴν
ἀποζ.   20. εφ' Pap.; cf. μετ'ελευσεσθαι in 9, and lxxviii. 26, &c.

1. The first word is not Αὐρήλιος nor does Σοῦλ occur, so that Σοῦλις appears to be a nominative, though Σοῦλ with an apostrophe after it is the form found in lines 6 and 13 and in B. U. 7. col. 2. 8.
10. The occurrence of the poetical word ἔδνα in a papyrus of this date is remarkable, but the vestiges of the second and third letters suit δν better than anything else.
14. Cf. the clause inserted in marriage-contracts to insure the repayment of the dowry in the case of a separation, e. g. *Corp. Pap. Rain.* xxvii. 16 sqq., xxviii. 6 sqq.

LXXVII. *Late third century or early fourth century* A.D.
From the Great Oasis. Brit. Mus. Pap. DCCXVII.
$9\frac{1}{4} \times 4\frac{1}{4}$ *in.*

Letter addressed to Sarapion and Silvanus by Melas. The writer states that he had dispatched to them the body of their brother Phibion and paid the expenses of the carriage, amounting to 340 drachmae, and expresses surprise that instead of taking away their brother's body they had only carried off his effects. Melas thereupon requests them to repay various sums expended by him for medicine, wine, delicacies, and other items connected with the illness and death of Phibion, which, together with the sum paid for the transport, amounted in all to 520 drachmae. He concludes by giving directions for the adequate entertainment of the person who was bringing the body.

The fact that the drachmae mentioned are παλαιαί, i. e. prior to the new coinage of Diocletian (cf. lxxii. 7, note) shows that the letter cannot be earlier than his reign; the style of the handwriting proves that it is not much later.

[Μέλας . . . . .] Σαραπίωνι καὶ Σιλβανῷ
[. . . . . . χ]αίρειν.   ἀπέστιλα ὑμῖν

[διὰ τοῦ ν]εκροτάφου τὸ σῶμα τοῦ
[ἀδελφοῦ] Φιβίωνος, καὶ ἐπλήρωσα
5 [αὐ]τὸν [το]ὺς μισθοὺς τῆς παρακομι-
δῆς τοῦ σώματος ὄντας ἐν δραχμαῖς
τριακοσίαις τεσσαράκοντα παλαιοῦ
νομίσματος, καὶ θαυμάζω πάνυ
[ὅτι] ἀλόγως ἀπέστητε μὴ ἄραντες
10 [τὸ σ]ῶμα τοῦ ἀδελφοῦ ὑμῶν, ἀλλὰ
σ[υ]νλέξαντες ὅσα εἶχεν καὶ οὕτως
ἀπέστητε. καὶ ἐκ τούτου ἔμαθον
ὅτι οὐ χάριν τοῦ νεκροῦ ἀνήλθατε
ἀλλὰ χάριν τῶν σκευῶν αὐτοῦ.
15 φροντίσατε οὖν τὰ ἀναλωθέντα ἑτοι-
μάσαι.   ἔστι δὲ τὰ ἀναλώματα
τιμ(ὴ) φαρμάκου παλ(αιαὶ) (δραχμαὶ) ξ.
  τιμ(ὴ) οἴνου τῇ πρώτῃ
  ἡμέρᾳ χό(ες) β παλ(αιαὶ) (δραχμαὶ) λβ,
20   [ὑπ(ὲρ)] δαπάνης ἐν ψω-
  μίοις καὶ προσφαγίοις (δραχμαὶ) ις,
  [τ]ῷ νεκροτάφῳ εἰς τὸ ὄρος
  με[τ]ὰ τὸν γεγραμμένον
  μισθόν, χο(ῦν) ἕνα (δραχμαὶ) κ,
25   ἐλαίου χό(ες) β (δραχμαὶ) ιβ,
  κρ[ι]θῆς (ἀρτάβη) α (δραχμαὶ) κ,
  τιμ(ὴ) σινδόνος (δραχμαὶ) κ,
  καὶ μισθοῦ ὡς πρόκ(ειται) (δραχμαὶ) τμ,
  / ἐπὶ τοῦ λ[όγο]υ τῆς
30   ὅλης δα[πά]νης παλαιοῦ
  νομίσματος δραχμαὶ
  πεντακόσιαι εἴκοσι,
   γί(νεται) ϛ φκ.
[π]ᾶν οὖν ποιήσετε ὑπηρετῆσαι τὸν
35 μέλλοντα ἐνεγκ[εῖ]ν τὸ σῶμα

ἐν ψωμίοις καὶ [οἰ]ναρίῳ καὶ ἐλαίῳ
καὶ ὅσα δυνατὸν ὑ[μῖ]ν ἐστιν ἵνα μαρ-
τυρήσῃ μοι. μη[δ]ὲν δὲ δωλῆτε

At right angles along the left edge of the papyrus

]ων . . [. . . . .] μένων ἐν ἀργυρί[ῳ᾽ διὰ τὸ ἐμὲ μ . . [. . . .] εν . [
40]εδ . [. . . . . . .]π . [. . .]και [. . .]τα . [. . . . . . .] . . . Παχὼν κη
]πι . . . . ὑμᾶς ε[. . . . . .] ἐρρῶσθ[αι ὑμᾶς εὔχομαι.

On the verso

Σαρ]απί[ωνι] καὶ
Σι]λβανῷ ἀδελφοῖς   ✕   Μέλας χι( ).
Φιβίωνος

24. l. χο(ῦς) εἰς.   37. οσα corr.   38. l. δηλῶτε.

1. Μέλας: cf. line 42.
5. There seems to be a mixture of two constructions with ἐπλήρωσα.
22. εἰς τὸ ὄρος: after transporting the body, for which he was to receive 340 dr. (see lines 5–7), the νεκροτάφος was to have a chous of wine for taking it up to the desert to bury it.
41. The traces of letters before ὑμᾶς are inconsistent with ἀσπάζεται or ἐρρῶσθαι.

LXXVIII. 307 A.D. *From the Great Oasis.* Brit. Mus. Pap. DCCXVIII. 10 × 5 *in.*

Petition addressed to Satrius Arrianus, prefect, by Syrus son of Petechon. The writer, who, as he says, had married a woman related to him and of free descent, complains that both wife and children had been forcibly carried off by a certain Tabes and her husband, who seems to have been a πρυτανεύς, and their two sons. The alleged justification for this act of violence was that the wife and children of Syrus were slaves, although, as he declares, not only were they born free, but his wife had brothers living who were free men. Not content with this, Tabes and her companions had assaulted and beaten Syrus when he attempted to oppose them. He therefore asks that the offenders may be brought to trial, and his wife and children released from their illegal detention.

Σατρίῳ Ἀρριανῷ τῷ δι[καιο]τάτῳ ἡγεμόνι παρὰ
Σύρου Πετεχῶντος νεω[τέρου] ἐξωπυλίτου ἀπὸ τοπαρχί-
ας Κύσεως τῆς Ἰβιτῶν π[όλεως]. εἰσαγόμην ἐμαυτῷ γυ-
ναῖκα [ὁ]μόφυλον Τσεκ[. . ἐλ]ευθέραν ἐξ ἐλευθέρων
5 γονέων, ἐξ ἧς καὶ πεπαι[δοποίη]μαι. ἐπεὶ οὖν Τάβης θυγά-
τηρ Ἀμμωνίας ἐξωπυλίτου καὶ .] . ις Λαλωὶ ὁ ταύτης ἀνὴρ
ἅμα Ψενήσει καὶ Στρά[τωνι υἱοῖ]ς αὐτῶν ἔργον ἀνάξι-
ον τῆ[ς] ἅπασι πρυτανε[ῦσι . . . . .] παιδείας ἴδιον δὲ τῆς ἀπο-
νοία[ς α]ὐτῶν ἐνεαν[ίευσαν, καὶ τ]οὺς προκειμένους σύμ-
10 βιόν [τ]ε καὶ παῖδας ε[. . . . εἰς τ]ὴν ἑαυτῶν ἐσ[τ]ίαν
καθ' εἶρξαν, δούλιο[ν γένος? ἐλευ]θέροις προσάπτον-
τες, ὧν ἅπαν μὲν [πέφυκεν ἐλ]εύθερον ἐλεύθεροι
δὲ νῦν περίεισι συγγε[νεῖς ἀ]δελφοί, ἐμὲ δὲ ὅτι ἀντ' εἶ-
πον συλλάβονται, ἀ[ναξίαι]ς πληγαῖς ᾐκίσαντο,
15 ἀναγκαίως περὶ πο[λλοῦ] τὴν ὁρμὴν ποιούμενος
πρὸς τὸν σὸν μεγαλεῖ[ον, ἡγε]μὼν δέσποτα, τάδε μαρ-
τύρομαι, διαπεμφθήσ[εσθαι] τῷ σῷ μεγαλείῳ διὰ τοῦ
. . . [.] . νιος τοῦ καὶ ἐπι[τυχόντ]ος τοῦ βοηθοῦ αὐτοῦ
ἐμ[οὶ ὑ]π' αὐτῶν αἰκιζο[μένῳ] καὶ τυπτομένῳ, καὶ ἀξιῶ
20 [. . . . .]πι προειρημέν[ους μ]ου παῖδας τῆς παρανό-
[μου φυλα]κῆς ἀνεθῆνα[ι, τοὺς] δὲ ἀντιδίκους ἐφ' ἱκανοῖς
[. . . . .]ατίζοντας δύναμαι πρὸς
[. . . . .] αὐτοὺς θλειβομένους
[. . . . . .]ν χρησαν[. . . . .]ης ἐπὶ τοῦ ἀχράντου σου
25 [δικαστη]ρίου κρισ[. . . . .]η τὴν καταφυγὴν ποι-
[ούμενος ἀ]ποδείξω [. . . . . . .]αντίας τήν τε κατ' ἐμοῦ
[. . . . . . .] καὶ τοῦ γεν[. . . . .]ν παράνομον ἄνδρα
[. . . . . .]ον. εὐτύχει.
[(Ἔτους) ιε] καὶ (ἔτους) γ'' καὶ [(ἔτους) β τ]ῶν κυρίων ἡμῶν
30 [Μαξιμι]ανοῦ καὶ Σεον[ήρου Σ]εβαστῶν καὶ

[Μαξιμι]νοῦ καὶ Κ[ωνσταντ]ίου τῶν
[ἐπιφαν]εστάτων Και[σάρων] Φαμενώθ.
[Σύρος] Πετεχῶν[τος ν]εωτέρου ἐξωπυ-
[λίτης ὁ προκείμ[ενος ἐ]πιδέδωκα. ἔγραψα
35 [ὑπὲρ] αὐτοῦ γράμ[ματα] μὴ εἰδότος Αὐρήλιος
[. . . . .]ειος ὁ κα[ὶ . . . .]ε.

3. ιβειτων Pap.   16. l. τὸ . . . ἡγεμόν.   26. κατ᾽ Pap.; cf. 11. καθ᾽ ειρξαν,
13. αντ᾽ ειπον.

3. Cf. note on lxxii. 2.
8-9. The sense of these two lines is that the act of Tabes and her husband had both shown their own reckless nature (for ἀπόνοια cf. *Gr. Pap.* I. liii. 11), and disgraced the whole order of πρυτανεῖς. For πρυτανεύς cf. B. U. 8. col. 2. 3, 5; *Corp. Pap. Rain.* i. 20. 2.
10. Perhaps ε[ὐθύς.
16. ἡγε]μών: a participle would perhaps be more suitable, but ὁρ]μῶν is hardly possible with ὁρμὴν in the previous line. ἡ]μῶν would be weak, and η would scarcely fill the lacuna.
18. Unless a word has dropped out between τοῦ and καί, which is hardly likely, only one person can be meant in this line, even if επι[. . . . .]ος is a proper name. As the words stand, τοῦ βοηθοῦ αὐτοῦ means not 'his assistant,' but 'who himself assisted me.'
29. The fifteenth year refers to Maximianus (usually called Galerius) who counts his regnal years from 293, when he became Caesar; the third year refers both to Galerius' colleague the emperor Severus, who reckons from his proclamation as Caesar in 305, and to the Caesar Maximinus (Daza), who was appointed at the same time; while the second year is that of Constantius, the future Constantine the Great, proclaimed Caesar by the troops in Britain on the death of his father Constantius Chlorus in 306, and now recognized by Galerius.

LXXIX. *Late third century* A.D.   *From the Fayoum.*
In the Museum of Winchester College. 5 × 7½ *in.*

Two declarations on oath addressed to Valerius, καταλογιστής of the Fayoum, by inhabitants of Arsinoe. The first is an acknowledgement by Aurelius Sarapion that he will act as surety for the appearance of Aurelius Anoubas, cf. lxii; the second is a similar undertaking by another Aurelius on behalf of Aurelia, wife of a man whose name is lost. Judging by the handwriting, the papyrus can hardly be later than 300 A.D., so that the δεσπόται mentioned in col. 1. 5 and col. 2. 6 are probably Diocletian and Maximian.

Col. 1.

[Οὐαλερίῳ κα]ταλογιστῇ Ἀρσι(νοίτου)
[παρὰ Αὐρηλίο]υ Σαραπίωνος Σουχάμμωνος μη(τρὸς) Ἀντωνία[ς
[ἀπὸ ἀμφόδ]ου Εἱερᾶς Πύλης Ὀρθούφου οἰκοῦντος
[ἐν οἰ]κίᾳ Ε[ὐ]στοχίου. ὁμολογῶ ὀμνὺς τὴν τῶν
5 [δεσ]ποτῶν ἡμῶν Αὐτοκρατόρων Σεβαστῶν τύχην
[ἑ]κουσίως καὶ αὐθερέτος ἐγγυᾶσθαι Αὐρήλιον Ἀνουβᾶ
... [. .]ς [ἀπὸ ἀ]μφόδου Μωήρεως μωνῆς
[καὶ ἐμ]φανίας, ὧν καὶ παραστήσω ὁπόταν ἐπιζη-
[τ]ῆται. εἰ δὲ μὴ παριστῶ, ἐ[γὼ] ὁ αὐτὸς ὑπεύθυνος
10 [ἔσομαι] τοῖς πρὸς αὐτὸν (ζη)τουμένοις, καὶ ἐπερ(ωτηθεὶς)
[ὡμολόγησα]. 2nd hand. Αὐρήλιος Σαρ[απί]ων ἐνεγυησάμ[η]ν.
[. . . . . . .]δ[. . .]ατιων ἔγρ[αψα] ὑπὲρ αὐτοῦ γρ(άμματα) μὴ (εἰδότος).

Col. 2.

3rd hand.
Οὐαλερίῳ καταλογιστῇ Ἀρσι(νοίτου)
παρὰ Αὐρηλίου Κιπαναμου . [. . . . .]
νιου μη(τρὸς) Ἰσιδώρα[ς] ἀπὸ [ἀμ]φ[ό]δο[υ]
Χηνοβοσκίων . . . [.]νατοκ . . .
5 Ἀμειλαρίου. ὁμ[ολο]γῶ ὀμνὺς
τὴν τῶν δεσποτῶν ἡμῶν
Αὐτοκρατόρων Σεβαστῶν τύχην
ἐκουσίως καὶ αὐθερέτως ἐγγυᾶσθαι
Αὐρηλί(αν] Α[. .]εαν γενο μ]ένην
10 γυναῖκα . . . .

Col. 1. 3. l. Ἱερᾶς.   6. l. αὐθαιρέτως, so in col. 2. 8.   7. l. μονῆς . . . ὧν.

3. Ὀρθούφου: it is not clear on what this name depends; if on Σουχάμμωνος or Ἀντωνίας, it is misplaced. A similar difficulty attaches to the proper names in col. 2, lines 4–5.

IV. PAPYRI OF THE BYZANTINE PERIOD.

LXXX. 402 A.D. *From Hermopolis. Brit. Mus. Pap.* DCCXIX. 11½ × 7½ *in.*

This and the following three documents, which were found together, are concerned with the affairs of a certain Aurelius Senouthes who was burdened with the hereditary λειτουργία of either serving himself as a rower in the state galley belonging to the governor of the Thebaid, or of paying the wages of a substitute. lxxx, lxxxi, and lxxxi (*a*) are acknowledgements given to Senouthes, the first two by Aurelius Victor and Aurelius Kollouthus, the third by Aurelius Apion, chief pilot of the galley, and state that he had provided the wages of a substitute during three successive indiction-years. lxxxii, which is perhaps the earliest of the series, shows that at one time Senouthes was unjustly burdened with some other λειτουργία. All these papyri are much discoloured.

Μετὰ τὴν ὑπατείαν Φλαυίων
Οὐινκεντί[ο]υ καὶ Φραουιοτᾶ τῶν
λαμπροτάτων Μεσορὴ κα,
Αὐρήλιοι Βίκτωρ Σευήρου καὶ Κόλλουθος
5 Μεσουήριος, ἀμ[φ]ότεροι ἀπὸ Ἀντινόου
πόλεως τῆς λαμπροτάτης κεφαλαιωτά-
του ἡγεμονικοῦ πολυκώπου τοῦ
ὑπὸ Ἀπ[ί]ωνα ἀρχικυβερνήτην
Αὐρηλίῳ Σινού[θ]ῃ Βίκτορος ἀπὸ Ἑρμοῦ
10 πόλεως καταμένοντι ἐν Πανὸς πόλ(ει)
ἐρέτῃ τοῦ αὐτοῦ πολυκώπου χαίρειν.
δέδωκας κατὰ τὴν συνήθειαν τοῦ σοῦ
πατρὸς τοὺς συμπ[ε]φωνημέν[ο]υς μισθοὺς
ὑπὲρ ἰδίας σου κεφαλῆς κανόνος τῆς

15 πεντεκαιδεκάτης ἰνδικτίονος χωροῦντας
    εἰς ναυστιλείαν τοῦ πολυκώπου τῷ τὴν
    ἀντὶ σοῦ χώραν ἀποπληροῦντι, καὶ διὰ
    τοῦτο ταύτην τὴν ἀποχὴν ἐξεδόμεθά σοι
    εἰς ἀσφάλειαν κυρίαν καὶ βεβαίαν καὶ ἐπερ'ωτηθέντες)
20 ὡμολ'ογήσαμεν). Αὐρήλιος Βίκτωρ Σευήρου
    ἐξέδωκα τὴν ἀποχὴν ὡς πρόκ(ειται).
    Αὐρήλιος Κόλλουθος Μεσουήρις ὁ προκείμενος
    ἐξέδωκα τὴν ἀποχὴν ὡς πρόκ(ειται).

On the verso

ἀποχὴ Κολλούθου καὶ Οὐίκτορος κεφαλαιωτάτου πολυκώπου ἡγε-
    μονικοῦ.

16. l. ναυτιλίαν.   22. β erased after αυρηλιος. l. Μεσουήριος.

14. κανύνος : κανών is the name applied by the jurists to a contribution for public purposes, cf. note on xcv. 2.

LXXXI. 403 A.D. *From Hermopolis. Brit. Mus. Pap.*
DCCXX. 10 × 6½ in.

Receipt given to Aurelius Senouthes by Victor and Kollouthus, and dated a year after the preceding papyrus, whence the lacunae in the present document, which is in seventeen fragments, can be filled up.

Μετὰ τὴν ὑπατείαν τῶν δεσποτῶν ἡμῶν
'Αρκαδίου καὶ 'Ονωρίου τῶν αἰωνίων Αὐγούστων
        Παῦνι α.
Αὐρήλιοι Βίκτωρ Σευήρου καὶ Κόλλουθος
5 Μεσουήριος ἀμφότεροι ἀ[π]ὸ 'Αντινόου
    πόλεως τῆς λαμπροτάτης κεφαλαιοτάτου
    ἡγεμονικο[ῦ] πολυκώπου τοῦ ὑπὸ
    Ἀπίωνα ἀρ[χι]κυβερνήτην Αὐρηλίῳ
    Σεινούθῃ [Βίκ]τορος ἀπὸ 'Ερμοῦ πόλεως
10 καταμένο[ντι] ἐν Πανὸ'ς' πόλει ἐρέτῃ τοῦ
    αὐτοῦ πολυκ'ώ'που χαίρ'ει'ν. δέδωκας

κατὰ τὴν συνήθειαν τοῦ σοῦ πατρὸς
[τ]οὺς συμπ[εφ]ωνη[μέν]ους μι[σ]θοὺς
ὑπὲρ ἰδ[ί]ας σου [κεφ]αλῆς [κανόν]ος τῆς παρελθού-
15 σης π[ρώτης] ἰνδι[κτίονος] χωρ[ο]ῦντας
εἰς να[υστιλε]ίαν τ[οῦ αὐτοῦ] πολυκώπου
τῷ τὴ[ν ἀντὶ] σοῦ χ[ώραν ἀπ]οπληροῦντι,
καὶ διὰ τ[οῦτο τ]αύτην τ[ὴν ἀπ]οχὴν ἐξεδό[μ]εθά
σοι ε[ἰς ἀσφ]άλειαν [κυρί]αν καὶ βεβαία[ν],
20 καὶ ἐπ[ερ(ωτηθέντες) ὡ]μολογήσαμεν). [Αὐρήλιος Βίκτωρ [Σευήρ-
ου ἐ[ξέδωκ]α τὴ[ν ἀπ]οχὴν ὡς πρ[όκ(ειται).
Αὐρ[ήλιος Κόλλουθος Με]σουήρις ὁ πρ[ο]κείμενος ἐξ[έδω-
[κα τὴν ἀποχὴ]ν ὡς πρόκειται.

On the *verso*

ἀποχὴ Κολλούθου καὶ Οὐίκτορος κεφαλαιωτ(άτ)ου πολυκώπου ἡγε-
μονικοῦ.

16. l. ναυτιλίαν . . . πολυκώπου.   22. l. Μεσουήρις.

1. The consuls for 403 were Theodosius II and Rumoridus: see lxxxi (*a*). 13, 14.
14. The first indiction was 402-3, yet on Payni 1, 403, it is spoken of as already past. Generally the indiction-year in Egypt began in the latter part of Payni (cf. Kenyon, *Catal. of Greek Pap. in Brit. Mus.* pp. 196-8). In 403 however, as the papyrus shows, the indiction began unusually early, though an even earlier date for the beginning of an indiction-year, Pachon 28, is found in lxxxvii. 5. On the other hand, the latest date for the commencement of an indiction is after Epeiph 1 (Wilcken, *Hermes*, XIX. 284), perhaps after Epeiph 20, if Par. Pap. 20 is not dated according to the ordinary Byzantine indiction (Wilcken, *l. c.*, p. 297). c. of this volume, dated Mesore 2, when a new indiction had not yet begun, is probably an instance of the ordinary Byzantine indiction, but this is later than the Arab conquest. It is very doubtful whether the wide divergences in the commencements of indictions can be explained by the generally received theory that they depended on the rise of the Nile, in spite of the Vienna fragment (Wessely, *Mitth. aus der Samml. Pap. Erz. Rain.* I. 27), in which Νείλου ἰνδικτίονος is apparently mentioned. The date of the supposed rise of the Nile has from the most ancient times been kept as a high festival (Krall, *Mitth.* I. 12 ff., and Lane, *Modern Egyptians*, II. 283), but being calculated on the solar calendar it has with a variation of one or two days always been held on a fixed date, while the beginning of the indiction-year apparently varied to the extent of five weeks or more. Nor are the occasional early commencements of indictions easy to reconcile with the supposition that they coincided with the dates of the actual rise in Egypt. But the indiction question abounds in difficulties, cf. note on lxxxvi. 5.

LXXXI (a).   403 A.D.   *From Hermopolis.   Brit. Mus. Pap.*
DCXXI.   11 × 6¼ *in.*

Receipt given to Aurelius Scnouthes by Apion, the chief pilot, for the payment of the wages of a substitute during the current second indiction, 403-4; compare the preceding documents.

Αὐρήλιος Ἀπίων Παησίου ἀπὸ Ἀντινόου
πόλεως κυ[βε]ρνήτης πλοίου πολυκώπου ἐξ-
υπηρετοῦν[τ]ος τῇ τάξει ἡγεμονίας Θηβαίδος
Αὐρηλίῳ Σεννούθῃ Βίκτορος ἀπὸ Ἑρμοῦ πόλεως
5 ἐρέτῃ ἐπὶ τοῦ [π]λοίου πολ[υκώπο]υ) χαίρειν. ἔσχον παρὰ σοῦ
καὶ πεπλήρω[μ]αι τῶν μισθῶν τῶν κατὰ συν-
ήθειαν δι[δο]μένων εἰς τὸ αὐτὸ πολύκωπον
ὑπὲρ τῆς παρούσης δευτέρας ἰνδικτίονος,
καὶ οὐδένα λ[ό]γον ἔχω πρὸς σὲ περὶ τούτου,
10 καὶ ἐξέδωκά σοι ταύτην τὴν ἀποχὴν πρὸς
ἀσφάλειαν ἐφ' ὑπογραφῆς μου, καὶ ἐπερω-
τηθεὶς ὡμολόγησα.
ὑπατείας τοῦ δεσπότου ἡμῶν Θεοδοσίου
το[ῦ γ]εν[ναιο]τάτου καὶ Ῥωμορρότου τ[οῦ] μεγαλ-
15 οπρεπεστάτου Φαῶφι κθ.

2nd hand.

Αὐρήλιος Ἀπίων Παησίου [ὁ προ]κείμενος
ἐξέδωκά σοι ἀποχὴν [ταύτ]ην ὡς
πρόκ(ειται).

1st hand.

Μέλας Φ . . . [. .] . [. . .] . . . .

The writing on the *verso* (cf. e.g. lxxxi. 24) is effaced.

13. The cursive hand on the discoloured and rubbed papyrus is here very difficult to read.   Θεοδοσίου however seems certain, as well as the latter half of the badly transliterated form of Rumoridus. The coincidence of these names with the second indiction (l. 8) leaves no real doubt about the date.

19. This line is written considerably below the one preceding, and appears to be the signature of the scribe.

LXXXII. *About* 400 A.D.   *From Hermopolis.   Brit. Mus.*
Pap. DCXXII.   11 × 7½ *in.*

Letter from Victor son of Kollouthos serving in the state galley of the governor of the Thebaid, to Victor, Maximus, another Victor, and Theonas, concerning Aurelius Senouthes (cf. the three preceding papyri), whom they had forcibly detained in order to burden him with a λειτουργία, the nature of which is not stated. For this action Victor strongly remonstrates with them, urging that since the λειτουργία hereditary in Senouthes' family was to serve as a rower in the governor's state galley, he himself had the prior claim to Senouthes' services. He therefore requests his immediate release, and threatens the offenders with legal proceedings and penalties in the event of their disregarding this demand. Towards the end of the letter, however, the writer adopts a more conciliatory tone, and promises if they comply with his request to help them to obtain promotion.

The letter is not dated, but the argument used by Victor, not that Senouthes had himself been serving on the state galley, but that his father and grandfather had done so, makes it almost certain that it was written before the three preceding receipts. We may conjecture that Senouthes' father had recently died, and that before he could himself succeed to the hereditary λειτουργία, he had been compelled to undertake a fresh one by the persons to whom the letter is addressed. If this is correct, then Victor's letter had its desired effect, for in lxxx, lxxxi, and lxxxi (*a*) Senouthes is found paying for a substitute.

Κυρίῳ μου [ἀδ]ελφῷ Βίκτωρι καὶ Μαξίμῳ καὶ
Βίκτωρι ἑτέρῳ καὶ Θεωνᾷ Βίκτωρ Κολλούθου
κεφαλαιοτάτου ἡγεμονικοῦ πολυκώπου
[τ]οῦ ὑπὸ Ἀπιώνιος ἀρχικυβερνήτου χαίρειν.
5   οὐ καλῶς ἐποιήσατε οὔτε ἀκίνδυνον ὑμῖν ἦν
κατασχόντες τὸν ἡμέτερον ἐρέτην Σεννοῦθην
ἐκ πατρὸς Β[ί]κτορος Ἑρμοπολείτην λειτουργίας
ἕνεκα οὐ προσηκούσης αὐτῷ. τοῦ γὰρ πατρὸς αὐτοῦ

λειτουργοῦντος ἐκ πολλοῦ χρόνου εἰς τὸ αὐτὸ
10 πολύκωπον καὶ μισθοὺς χορηγοῦντος ὑπὲρ ἰδίας
κεφαλῆς καὶ συντελοῦντος ἡμῖν ἐκ πατρῴας αὐτο[ῦ]
διαδοχῆς, ὑπάρχει ἡμῖν ἐρέτην τοῦ αὐτοῦ πολυκώπου
ὁ κατασχεθεὶς παρ' ὑμῶν. ὅθεν εἰδότες τὸ γεγονὸς
ἄτοπον, σπουδάσατε τοῦτον ἀπολῦσαι καὶ φυλάττειν
15 τῇ τηλικούτῃ ἀρχοντικῇ ὑπηρεσίᾳ, εἴ γε βούλεσθε
ἔχθραν μεγάλην περιγράψαι. εἰ δὲ οὖν ἐπιμένητε
τῇ αὐτῇ ἐπηρίᾳ, μεταγνῶναι ἔχετε ὥστε καὶ
ἀγανακτήσεως δικαστικῆς πειραθῆναι, οὐδὲν δὲ
ἧττον καὶ ζημίας ὑφίστασθαι. βούλεσθε οὖν τὸν
20 κατασχεθέντα πάσης ἐπηρίας ἀπαλλάξαι, εἰδότες
τὴν ἀκαλουθίαν· πεισθέντων γὰρ ὑμῶν τούτοις
ἡμῶν τοῖς γράμμασιν, νομίζομεν ὅτι δυνάμεθα
[. . . . .]οι χρησιμεύειν ὑμῖν ἐν τῇ τάξει εἰς ὃ ἐὰν
[βουλη]θῆτε ἐπὶ τόπων.   ἐρρῶσθαι ὑμᾶς
25   εὔχομαι πολλοῖς
                          χρόνοις.
                          ἐρρῶσθαι ὑμᾶς
                          εὔχομαι πολλοῖς
                          χρόνοις.

On the verso

30 ἀπόδ(ος) Βίκτορι καὶ Μαξίμῳ καὶ Βίκτορι ἑτέρῳ καὶ Θεωνᾷ
. . . .
. . . . καὶ Βίκτορος καὶ Κολλούθου κεφαλαιωτ(άτων).

4. l. Ἀπίωνος.   6. ερετην corr. from αι)ιετην; so in 12.   12. l. ἐρέτης.
15. l. τηλικαύτῃ.   16. γαρ is erased between ει and δε.   17. l. ἐπηρείᾳ, so in 20.
21. l. ἀκολουθίαν.

14. φυλάττειν κ.τ.λ.: i.e. 'reserve him for the state galley.'

23. τάξει: cf. lxxxi (a) 3 τῇ τάξει ἡγεμονίας Θηβαΐδος. The position of the persons to whom this letter is addressed is not clear. It seems that they were in the suite of the governor of the Thebaid, and probably they also wanted Senouthes to serve as a rower; it is however clear from the peremptory tone adopted by Victor in the previous part of the letter that they were his official inferiors. Perhaps they belonged to another boat attached to the governor, but of less importance than the πολύκωπον.

LXXXIII. *Fifth century. From the Fayoum. Bodl. MS. Gr. class. f. 54 (P).* $6\frac{1}{2} \times 5$ *in.*

Statement of crops and rents from the villages of Tali and Ptolemais Hormou and the farmsteads of Eleusis and Bebrux.

+ Λό(γος) κα]ρπ(ῶν) ιγ· ἐπὶ κώμης Ταλὶ τοὺς ἐκεῖσε [καρπ(ούς),
(καὶ) ἐν ἐποικίῳ Ἐλευσίνας τοὺς ἐκεῖσε καρπ(ούς). λό(γος) ἐνοικίων·
ἐπ' ἀμφόδου Ἀλυπίου ἐν παλαιᾷ οἰκίᾳ τὰ ἐκεῖσε ἐνοίκια,
(καὶ) ἐν ἐποικίου Βέβρυχος ἐν τῇ μεγάλῃ οἰκίᾳ τὰ ἐκεῖσε
5 ἐνοίκια σὺν τῆς ἐκεῖσε ἐπαύλεως, (καὶ) ἐν Πτολαιμαείδος
Ὅρμου ἄρουρε δεκάπεντε, ἰν ιε : τοὺς αὐτῶν καρπ(ούς)
(καὶ) οἰκίας τὰ ἐκεῖσε ἐνοίκια, (καὶ) δ(ιὰ) κληρονομ(ίας)
Ἀκώου στρατιώτου Παθ( ) : πολίτ(ου).

2, 4, 5. &c. ϛ Pap. l. Ἐλευσῖνος.   5. l. τῇ ... ἐπαύλει, and Πτολεμαίδος.
6. l. ἄρουραι.   6 and 8.: so Pap.

1. Enough of the upper margin remains to leave no room for doubt that this is the first line. At the edge of the papyrus above the μ of κώμης a small ν followed by a χ seems to have been written.
ιγ: sc. ἰνδικτίονος?
Ταλί: cf. B. U. 91. The name perhaps survives in the modern Taleet, the hamlet in the south-west of the Fayoum, close to the ruins which have been identified by Professor Flinders Petrie as those of Ptolemais Hormou (cf. line 5).
τοὺς ἐκεῖσε: the construction is irregular; a nominative, ἄρουρε, occurs in line 6.
8. Παθ( ). Pathyris is too far from the other places mentioned to be likely here.

LXXXIV. *Fifth or sixth century. From the Fayoum. Bodl. MS. Gr. class. c. 72 (P).* $7\frac{3}{4} \times 3$ *in.*

A schoolboy's exercise, being a short moral tale illustrating the triumph of justice over vice. It is written on thick rough papyrus in an unformed upright uncial hand. The subject of the story is a patricide, who, to escape justice, fled into the desert, and there met a righteous fate through the combined instrumentality of a lion and a serpent.

The papyrus is in four fragments. As the position of the two central ones is not quite certain, the fractures are indicated in the text by vertical and horizontal lines. The three points representing a stop and the frequent dots over vowels are reproduced from the original.

+ Ὑὸς τὸν εἴδιον
πατέραν φονεύσας καὶ
τοὺς νόμους φοβη-
θεὶς ἔφυγεν εἰς ἐρη-
5 μίαν ⋮ καὶ διὰ τῶν ὀ-
ρέων παρερχόμενος
ἐδιόκαιτο ὑπὸ λέ-
οντος ⋮ καὶ διωκό-
μενος ὑπὸ τοῦ λέ-
10 ω[ντος] ἀνῆλθεν εἰς
πεν . [. . . .]ηυρων

δράκο ντ[α . . . .] . .
μενο ς ἐπὶ τὸ δέ-
δρον καὶ δηνά-
15 μεν ο ς ἀνελθεῖν
. . . . .] δράκοντα
. . . . .]αϛ . [̣]θε
κ[. . . . ον . ο ύ λ-
ανθάνι θεόν.
20 ἀεὶ τὸν θεῖον τοὺς
κακοὺς πρὸς τὴ-
ν δέκην. +

1. l. ἴδιον.   2. l. πατέρα φονεύσας.   7. l. ἐδιώκετο. The o of υπο is written above the π.   7, 8. l. λέοντος.   κ of διωκομενος corr. from τ.   9. l. λέοντος.
13. l. δένδρον.   14. l. δυνάμενος. οὐ seems to have been omitted after καί.
19. l. λανθάνει.   20. l. τό.   22. l. δίκην.

12. Parts of what appears to be the ν of δράκοντα are visible on either side of the fracture.
20. A verb is wanting; perhaps ἄγει was left out after ἀεί owing to the homoioteleuton.
22. The inch of blank space after this line has been filled up in schoolboy fashion with horizontal strokes.

LXXXV.   535 A.D.   *From the Fayoum.*   *Brit. Mus. Pap.*
DCXXIV. $2\tfrac{1}{2} \times 4\tfrac{1}{2}$ *in.*

Beginning of a contract dated in the year after the consulship of Belisarius.

+ Μετὰ τὴν ὑπατίαν Φλ(αουίου) Βελισαρίου τοῦ λ(αμπρ(οτάτου)
Παυνὶ κζ τέλει τῆς ιδ ἰνδ(ικτίονος) ἐν Ἀρ(σινόη).

2nd hand.

Αὐρηλία Μαν'νοῦς θυγάτηρ Πουσι χωρὶς κ[υρίου
ἀνδρὸς χρηματίζουσα [ἀπὸ] τῆς Ἀρσινοει[τῶν
5 πόλεως ἀπὸ ἀμφόδ[ου . . . .

LXXXVI. 595 A.D. *From Hermopolis. Brit. Mus. Pap.*
DCXXV. 4¾ × 4¼ in.

Acknowledgement of a loan of 6½ bushels of wheat, given by Aurelius Phoebammon, farmer of the hamlet Tounkerkis in the Hermopolite nome, and his surety the Elder Senuthius, to Kolluthus, hemp-factor of Hermopolis. The name Kolluthus does not occur in the present fragment, but is given in lxxxvii, where the same man is one of the contracting parties, and which was written by the same hand.

   ✝ Ἐν ὀνόματι τοῦ κυρίου καὶ δεσπότου Ἰησ(ο)ῦ
   Χριστοῦ τοῦ θεοῦ καὶ σωτῆρος ἡμῶν, ✝
   βασιλείας τοῦ θειοτάτου ἡμῶν δεσπότου
   Φλαυίου Μαυρικίου Τιβερίου τοῦ αἰωνίου Αὐγούστου
5 καὶ Αὐτοκράτορος ἔτους τεσσαρεσκαιδεκάτου
   Χοίακ ἐννεακαιδεκάτῃ πεντεκαιδεκάτης ἰνδ(ικτίονος).
   ✝ κύρῳ τῷ θεοφιλεστάτῳ πρεσβυτέρῳ
   καὶ αὐθέντῃ στιπουργῷ υἱῷ τοῦ τῆς
   μακαρίας μνήμης Βίκτορος ἀπὸ τῆς
10 Ἑρμουπολιτῶν ✝ Αὐρήλιος Φοιβάμμων
   υἱὸς Ἰωάννου ἐκ μητρὸς Τρωβλακοτή
   γεωργὸς ἀπὸ ἐποικείου Τουνκήρκεως
   τοῦ Ἑρμουπολίτου νομοῦ μετὰ ἐγγυητοῦ τοῦ καὶ
   ἐγγεομένου καὶ ἀποδεχομένου με εἰς τὴν
15 ἀπόδοσιν τοῦ ἑξῆς δηλοθησομένου
   χρέους ἰδίου αὐτοῦ κινδύνῳ καὶ πόρῳ
   τῆς αὐτοῦ παντοίας ὑποστάσεως
   Σενουθίου τοῦ εὐλαβεστάτου πρεσβυτέρου
   καὶ γεωργοῦ υἱοῦ Ἀρῶν ἐκ μητρὸς Δευρέτ,
20 καὶ αὐτοῦ γεωργοῦ [ἀπὸ τοῦ α]ὐτοῦ ἐποι[κίου

On the verso

+ χρ(έος) σίτ(ου) (ἀρταβῶν) ς″ (τετάρτου) κ( ) γενόμ(ενον) εἰς
Φοιβ(άμμονα

7. l. θεοφιλεστάτῳ.   12. l. ἐποικίου.   13. l. ἐγγυητοῦ.   14. l. ἐγγυωμένου.
15. l. δηλωθησομένου.   16. l. ἰδίῳ.   21. $\frac{\varsigma''}{ο}$ d' Pap. In the sign for artaba the o is in the Byzantine period joined to the horizontal stroke: cf. cv, where the stroke is omitted.

5. Choiach 19 in the fourteenth year of Maurice would on the Alexandrian calendar be Dec. 15, 595, while the fifteenth indiction was from 596–7. Similar irregularities connected with indictions are found in the Pachymios papyri (Schmidt, *Griech. Pap. d. K. Bibl. zu Berlin*, Wessely, *Wiener Studien*, VII. 129, and Krall, *Recueil de Travaux*, &c., VI. 65), dated in various years of Phocas' reign. In most of these there is a discrepancy of two years between the year of the emperor and the indiction. In B. U. 312. 4, there is a discrepancy of one year between the year of the Diocletian era and the indiction; cf. cv and cvi of this volume, where there is a similar inconsistency with the year of the Hegira. Difficulties in the numbers of the indictions found in the Codex Theodosianus had long ago led Gothofredus to postulate for Africa a series of cycles not beginning, as those in the rest of the Empire, from 312 A.D. (cf. Cod. Theod. *De indulg.* XI. 28 lex 8, XI. 17 lex 3, and Biener *ap.* Ideler, *Handbuch der Chron.* II. 354). The Vienna papyrus which perhaps mentions two kinds of indictions, one of them being called Νείλου ἰνδικτίονος (Wessely, *Mitth.* I. 27), partially confirms this view. But the contradictions and irregularities bound up with indictions are so great that they are probably due less to the indictions themselves than to the calendar. It is by no means certain that even in the Byzantine period the correct use of the Alexandrian calendar had really penetrated to the uneducated part of the population.

LXXXVII. 602 A.D. *From Hermopolis.*

Contract by which Aurelius John and his two sons, purple-dyers of Hermopolis, agree in consideration of an advance of 5 solidi less 30 carats from Kolluthus, hemp-factor of the same town (cf. lxxxvi), to work at their trade for a certain term on his behalf. For each sum of 1 solidus less 6 carats they severally undertake to dye 225 δεσμίτια, 'bundles' of raw material, finding their own implements and staying, so long as the work was going on, at the factory of Kolluthus. Their wages were to be paid once a week at the rate of two φύλλεις for each δεσμίτιον. If however they failed to comply with the terms of their contract, the advance was to be refunded with the addition of a small fine. As there is no other mention of repayment, it is to be inferred that the loan was intended for the purchase of stock, and that Kolluthus recovered his money by the sale of the goods produced.

+ Ἐν ὀνόματι τοῦ κυρίου [κ]αὶ δεσπότου Ἰησοῦ
Χριστοῦ τοῦ θεοῦ καὶ σω[τ]ῆρος ἡμῶν,
βασιλείας τοῦ θειοτάτου [ἡ]μῶν δεσπότου
Φλ(αουίου) Μαυρικίου Τιβερίου τοῦ αἰωνίου Αὐγούστου
5 Αὐτοκράτορος ἔτους εἰκοστοῦ Παχὼν εἰκὰς ὀγδόη
ἀρχ(ῇ) ἕκτης ἰνδ(ικτίονος) ἐν Ἑρμοῦ πόλει τῆς Θηβαίδος. +
Αὐρήλιοι Ἰωάννης υἱὸς Φοιβάμμονος ἐκ
μητρὸς Στεφαν[ῶ]τος καὶ Μηνᾶ καὶ Ψᾶ
οἱ ἐμοὶ υἱοὶ κογχισταὶ ἀπὸ τῆς Ἑρμουπολιτῶν
10 + κύρῳ τῷ θεοφιλεστάτῳ πρεσβυτέρῳ καὶ αὐθέντῃ
στιππουργῷ υἱῷ Βίκτο[ρ]ος ἀπὸ τῆς αὐτῆς
πόλεως χαίρειν. ὁμολογοῦμεν ἀδιαιρέτως
ἐσχηκέναι καὶ δεδέχθαι παρ' αὐτῆς λόγῳ
προχρείας τῆς ἡμῶν κογχιστικῆς
15 τέχνης χρυσοῦ νομισμάτ[ια π]έντε παρὰ
κεράτια ἓξ ἕκαστον ζυγῷ Ἑρμοῦ πόλεως,
γί(νεται) χρ ν̄ ε π κερ λ, ἐφ' ᾧ ἡμᾶς παραμεῖναί
σοι καὶ προσεδρεῦσαι τῷ σ[ο]ῦ ἐ]ργαστηρίῳ
καὶ ἐργάσασθαί σοι εἰς τὴν ἡμῶν κογχιστικ(ὴν)
20 τέχνην ἐπὶ τοῦ ἔργου τῆς παρούσης ἕκτης ἰνδ(ικτίονος)
ἀπὸ κατάρξεως τῆς τέχνης μέχρι καταλύσεως
αὐτῆς, καὶ κογχίσαι σοι ἀπὸ δεσμιτίων διακοσίων
εἴκοσι πέντε ὑπὲρ ἑκάστου νομισματίου
ἑνὸς παρὰ κεράτια ἕξ, ἡμῶν μέντοι γε
25 παρεξομένων τὰ τούτων ἐργ . . .]τια χωρὶς τινὸς
ὑπερθέσεως καὶ ἀντιλογίας καὶ κρί[σ]εως καὶ δίκης,
καὶ μὴ δύνασθαι ἡμᾶς ἀποστῆναι τοῦ ἐργαζομένου
σοι ἄχρι καταλύσεως τῆς σῆς τέχνης· εἰ δὲ τοῦτο
ποιήσομεν παρέξομεν λόγῳ καταδίκης
30 τοῦ νομίσματος ἑνὸς παρὰ κεράτια ἓξ κεράτια
ἓξ πρὸς τῇ ἀποδόσει τῆς αὐτῆς προχρείας,

λαμβάνοντες μέντοι γε παρὰ σοῦ ἡμέραν μίαν
καθ' ἑβδομάδα ἀπὸ φόλλεων δύο ἑκάστου
δεσμιτίου, κινδύνῳ ἡμῶν καὶ πόρῳ τῆς
35   ἡμῶν παντοίας ὑποστάσεως. τὸ παρὸν γραμματεῖον
κύριον καὶ βέβαιον καὶ ἐπερωτηθέντες ὡμολο(γήσαμεν).
2nd hand.

+ Αὐρήλιοι Ἰωάννης Φοιβάμμονος καὶ Μηνᾶ
καὶ Ψᾶ οἱ ἐμοὶ υἱοὶ οἱ προκ(είμενοι) ἐθέμεθα τοῦτο
τὸ γραμματεῖον ὡς πρόκ(ειται).   + Αὐρ(ήλιος) Ἰωάννης Θεοδώρου
40   ἀπὸ Ἑρμοῦ (πόλεως) ἀξ(ιωθεὶς) ἔγραψα ὑπὲρ αὐτῶν γράμμ'ατα)
μὴ εἰδότων.
3rd hand.

+ Κόλλουθος Βίκτορος σὺν θεῷ
[. . . . . ὡς πρό]κ(ειται?) {

On the verso

+ χ(   ) π(ρ)οχρ(είας) ϛ ἰνδ(ικτίονος) χρ(υσοῦ) νο(μισμάτια) ε
π(αρὰ) κ(εράτια) λ γενομέ(νης) ὑ(πὲρ) Ἰωάννου Φοιβάμμω-
νος καὶ Μηνᾶ κ(αὶ) Ψᾶ
ἀπὸ Ἑρμοῦ πόλε(ως).

1. ἴησου Pap.   7. ἰωαννης Pap.; so in 37 and 39.   32. l. ἡμέρᾳ μιᾷ.
5. Παχὼν εἰκὰς ὀγδόη ἀρχ(ῇ): cf. note on lxxxi. 14.
13. αὐτῆς: equivalent to σοῦ, although no substantive such as μεγαλοπρέπεια has preceded. Cf. B. U. 314. 12.
21. ἀπὸ κατάρξεως κ.τ.λ.: i. e. uninterruptedly; cf. l. 27 ff.
34. κινδύνῳ ἡμῶν κ.τ.λ. is to be taken with παρίξομεν . . . . προχρείας, line 29 ff., the sentence λαμβάνοντες . . . δεσμιτίου being parenthetical.

LXXXVIII.   602 A.D.   *From the Fayoum.*   *Brit. Mus. Pap.*
DCXXVI.   5 × 3½ *in.*

Acknowledgement from Aurelius John, of the village of Philoxenus, to John, agent in charge of a storehouse, of a loan the nature and conditions of which the papyrus breaks off too soon to specify.

+ Ἐν ὀνόματι τοῦ κυρίου καὶ
δεσπά(του) Ἰησοῦ Χριστοῦ τοῦ Θεοῦ καὶ

σωτῆρ(ος) ἡμῶν, βασιλείας τοῦ
ἡμῶν δεσπ(ότο)υ Φλ(αουίου) Μαυρικίου
5   Τιβερίου τοῦ αἰων(ίου) Αὐγούστου
ἔτους κα Χοίακ κδ ϛ ἰν(δικτίονος) ἐν Ἀρ(σινόῃ).
Αὐρήλιος Ἰωάννης υἱὸς
Παύλου ἀπὸ κώμης Φιλοξένου
τοῦ Ἀρσινοΐτου νομοῦ τῷ αἰδε-
10 σίμῳ Ἰωάννῃ τῷ πραγμα(τικῷ)
πιστικῷ ἀποθήκης ἁγίου
Σεργίου ἐμπόρου μένοντι ἐν
ἐνταῦθα τῷ Ἀρσινοΐτῃ χ(αίρειν).
ὁμολογῶ ἐσχηκέναι ὁμοῦ
15 καὶ νῦν παρὰ σοῦ διὰ χειρὸς
[. . . . .]ινοή[. . . . .
. . . .

On the *verso*
χρ(έος) Ἰωάννου υἱοῦ Παύλου κ[

7. ιωαννης Pap.; so in 10.

11. ἁγίου Σεργίου: ἁγίου must here be either a mere title of respect or equivalent to τοῦ ἐν ἁγίοις. ἐμπόρου might be a mistake for ἐμπόρῳ: but ἁγίου Σεργίου would be a very strange name for an ἀποθήκη.

LXXXIX. *Sixth century* A.D. *From Apollinopolis Magna.*
Bodl. MS. Gr. class. c. 32 (P). 3¾ × 11¾ in.

Autograph acknowledgement made by Flavius Psensoerius, a general from Apollinopolis, to John, a clerk of the same city, of a debt of 1 gold solidus less 2 carats, being probably the balance of some previous debt which had been partly repaid. The sum still owing was payable on demand, and meanwhile was to bear interest at the rate of 12 per cent. per annum. These two persons are also the principals in xc, in which the present document is alluded to.

+ Κυρίῳ μου καὶ εὐδοκίμῳ ἀδελφῷ Ἰωάννῃ Ἀκινδύνου αἰδεσίμῳ
    νοταρίῳ ἀπὸ τῆς Ἀπολλωνοπολιτῶν·

π(αρὰ) Φλ(αουίου) Ψενσοηρίου Ἀνουβίωνος στρ(ατηλάτου) ἀπὸ
τῆς αὐτῆς πόλ(εως). ὁμολογῶ ὀφείλειν καὶ χρεωστεῖν τῇ
σῇ ἀδελφότητι
ἀποκρότως ὑπὲρ ἀνακομιδῆς τοῦ προτέρου μου γραμματίου
χρυσοῦ νομισμάτιον ἓν παρὰ κεράτια δύο τῷ σῷ
σταθμῷ, γ(ίνεται) χρ ν̅ α π κερ β: καὶ τοῦτο ἑτοίμως ἔχω
σὺν θεῷ παρασχεῖν τῇ σῇ ἀδελφότητι ὁπόταν βουληθείη
5   μετὰ τῶν νομίμων ἑκατοστιαίων τόκων ἄχρι ἀποδόσεως καὶ
συμπληρώσεως τοῦ αὐτοῦ ἑνὸς νομισματίου,
καὶ εἰς ἀσφάλειαν τῆς σῆς ἀδελφ(ότητος) πεποίημαι αὐτῇ τοῦτο
τὸ ἀσφαλὲς καὶ ἔστιν μου ὁλόγραφον χειρὶ ἐμῇ. ἀπέλυσα
ὡς πρόκ(ειται). Φλ(αούιος) Ψενσοήρις στρ(ατηλάτης) ὁ προγε-
γραμμ(ένος), στοιχεῖ μοι τὸ ἀσφαλὲς τοῦ προγεγραμμ(ένου)
ἑνὸς νομισματίου
παρὰ κεράτια δύο, καὶ τοῦτο ἀποδώσω μετὰ τῆς παραμυθείας ὡς
πρόκ(ειται). ἐγράφ(η) Ἐπεὶφ: ιε: τετάρτης ἰνδικ(τίονος).+

On the verso

+ ἀσφαλ(ὲς) Ψενσοηρίου Ἀνουβίωνος στρ(ατηλάτου) χρ(υσοῦ) νο(μισ-
ματίου) α π(αρὰ) κερ(άτια) β.

1. ἰωάννη Pap.: so Pap.; cf. 4 and 8.   3. l. γραμματείου.   7. l. Ψενσοή, ιος.

3. ἀποκρότως: *praefracte*; cf. Epiphan I. p. 813 A (ed. Dion. Petavius); the word occurs again xc. 6.

ὑπὲρ ἀνακομιδῆς: the meaning seems to be that Psensoerius, on the repayment of part of some previous debt, had the old bond returned to him, and now made a fresh one for the balance.

5. τῶν νομίμων ἑκατοστιαίων: as the legal rate of interest for ordinary transactions was fixed by the *Cod. Just.* (32, 26) at 6 per cent., this and the following document are probably not later than the middle of the sixth century.

XC.   Sixth century A.D.   From *Apollinopolis Magna*.
Bodl. MS. Gr. class. c. 33 (P).   11¾ × 7 in.

Autograph acknowledgement of a debt of 6 solidi less 14¾ carats due from Flavius Psensoerius to John, a notary (cf. lxxxix). As in the previous bond, this sum was payable on demand, the annual interest meanwhile being five jars of wine on each solidus.

+ Κυρίῳ μου καὶ εὐδοκίμ(ῳ) ἀ[δελ]φῷ Ἰωάννῃ
Ἀκινδύνου αἰδεσίμῳ νοταρ(ίῳ) ἀπὸ τῆς Ἀπολλωνο-
πολιτῶν π(αρὰ) Φλ(αουίου) Ψενσοηρίου Ἀνουβίωνος στρ(ατηλάτου)
ἀπὸ τῆς αὐτῆς πόλεως χαίρ(ειν). ὁμολογῶ διὰ ταύτης μου
5 τῆς ἐγγράφου ἀσφαλείας ὀφείλειν καὶ χρεωστεῖν
τῇ σῇ αἰδεσιμ(ότητι) ἀποκρότως εἰς ἰδίαν μου καὶ
ἀναγκαίαν χρείαν χρυσοῦ κεφαλαίῳ νομίσματια
δεσποτικὰ ἁπλᾶ δόκιμα τὸν ἀριθμὸν ἐξ
      ἥμισυ τέταρτον
παρὰ κεράτια δέκα τέσσαρα τῷ σῷ σταθμῷ, γί(νεται) χρ
      ν ϛ π κ ιδ L d.
10 καὶ ταῦτα ἑτοίμως ἔχω σὺν θεῷ παρασχεῖν τῇ σῇ
ἀρετῇ ὁπόταν βουληθείη μετὰ καὶ τῆς τούτων
παραμυθείας, τοῦτ' ἔστιν καθ' ἔτος ἑκάστου νομισματίου
οἴνου καθαροῦ καὶ ἀδόλου κολόβων πέντε μέτρῳ
τοῦ εὐαγοῦς μοναστηρίου ἀββᾶ Ἀγενοῦς ἄχρι ἀποδόσεως
15 καὶ [συμ]πληρώσεως τῶν πρ[ογ]ε[γ]ραμ[μ]ένων ἐξ
νομισματίων χωρὶς οἰασδήποτε εὑρεσιλογίας
καὶ ὑπερθέσεως κινδύνῳ ἐμῷ καὶ πόρῳ τῆς
ἐμῆς ὑποστάσεως· καὶ εἰς τὴν ἀσφάλειαν πεποίημαί σοι
τοῦτο τἀσφαλὲς καὶ ἔστιν μου ὁλόγραφον χειρὶ ἐμῇ·
20 ἀπέλυσα ὡς πρόκ(ειται). Φλ(αούιος) Ψενσοήρις στρ(ατηλάτης) ὁ
προγεγραμμ(ένος),
στοιχεῖ μοι τὸ ἀσφαλὲς τῶν ἐξ νομισμάτων παρὰ κερ(άτια) ιδ
(ἥμισυ) (τέταρτον):
καὶ ταῦτα ἀποδώσω μετὰ τῆς παραμυθείας ὡς πρόκ(ειται).

2nd hand.

Κυρακὸς πρεσβ(ύτερος) καὶ προεστὼς τοῦ εὐαγοῦς
μοναστηρίου ἀββᾶ Ἀγενοῦς μαρτυρῶ τῷ ἀσφα-
25 λεῖ ἀκούσας παρὰ τοῦ θεμένου.   1st hand. δηλαδὴ

βεβαίου ὄντος τοῦ προτέρου μοῦ πιτ'τακ'ίου τοῦ ἑνὸς νομίσματος·

ὁμοίως Ψενσοήρις, στοιχεῖ μοι.

+ ἐγράφη Φαῶφι // γ̄ // δ // ἰνδικτίονος.

On the *verso*

]. . φου Ψενσοηρίου . . [

1. ϊωαννη Pap.   12. τουτ' Pap. cf. 26.   20. l. Ψενσαήμυις: so 27.
21. : so Pap.   23. l. Κυριακός.
6. ἀποκρότως: cf. note on lxxxix. 3.
13. κολάβων: the word does not seem to occur elsewhere as a liquid measure.
26. τοῦ προτέρου πιττακίου: i. e. the papyrus of which lxxxix is the text.

XCI. *Sixth or seventh century. From the Thebaid. Bodl. MS. Gr. class. c. 34 (P).* 4¼ × 12½ *in.*

Letter addressed to Peter, a bishop, by Abraham Apamenas and Kalapesius expressing in the lengthy phraseology required by the manners of the period their good wishes for his health and happiness and their desire to see him.

+ Πρὸ πάντων γράφω προσκυνῶν καὶ ἀσπαζόμενος τὰ τίμια ἴχνη
   τῶν ποδῶν τῆς ὑμετέρ(ας)
πατρικῆς ἁγιωσύνης καὶ εὐχόμενος αὐτὴν ὑγιαίνειν ἐπὶ μήκιστον
   χρόνον ὑπερευχομένην
ἡμῶν ἀναξίων ὄντων ὑμῶν. μαθόντες δὲ ἐκ τῶν γραμμάτων
   ὑμῶν τὴν ὑγίειαν ὑμῶν καὶ τὴν
κατάστασιν ἐπλήσθημεν χαρᾶς διότι ἡσύχως ηὕρατε καλὸν
   τόπον καὶ τὴν θεραπείαν
5 ὑμῶν, καὶ οὐ παυόμεθα εὐχόμενοι νύκτα καὶ ἡμέραν ὑπὲρ τῆς
   σωτηρίας ὑμῶν ἕως οὗ ὁ θεὸς
ἐνέγκη ὑμᾶς ἐνταῦθα καὶ αὐτοπροσώπως προσκυνήσωμεν τοὺς
   πόδας ὑμῶν. καὶ γὰρ κἂν

ἔστε ἐπὶ ξένοις διπλοῦν μισθὸν ἀποδίδει ὑμῖν ὁ θεὸς δεσπ(ότης).
πολλὰ δὲ προσκυνεῖ ὑμᾶς Ἰουὰκ
ὁ θυρωρὸς ὁ ὑμέτερος δοῦλος. + ἡ ἁγία τριάς. +

On the *verso*

+ δεσπό(τῃ) ἡμῶν τῷ πάντα(ν) ἁγιωτ(άτῳ) (καὶ) ὁσιωτά(τῳ) πατρὶ
πν(ευματικ)ῷ ˟˟ ἀββᾷ Πέτρῳ ἐπισκ(όπῳ) + Ἀβραάμ(ιος)
Ἀπαμηνᾶς καὶ
10   + Καλαπήσιος ὑμέτερ(οι) δοῦλοι. +

7. l. ἀποδίδωσι. ιουακ Pap.   9. ṣ οσιωτᵃ/ . . . πνω Pap.

XCII. Sixth or seventh century. From the Fayoum. Bodl. MS. Gr. class. c. 35 (P). 7 × 12½ in.

Letter from Callimachus to Peter, a *cancellarius*. After expressing surprise at the latter's silence, and asking for news of his health and circumstances, Callimachus makes a request for an assortment of vegetable seeds.

[+] Ἐθαυμάσαμεν τοσούτων ἀνθρώπων πεμφθέντων παρὰ τῆς
    [κ]οινῆς ἀγαθῆς δεσποίνης καὶ μὴ δεξάμενοι γράμματα τῆς ὑμετέρας
    [μ]εγαλοπρεποῦς ἀδελφότητος. καλῶς οὖν ποιεῖ, ἐπισταμένη ὅπως μέλει
    [ἡ]μῖν τοῦ γνῶναι ἐφ' ἑκάστης τὴν ὑμετέραν ὑγίειαν καὶ κατάστασιν διὰ παντὸς
5   πεμπομένου παρὰ τῆς κοινῆς δεσποίνης, γράφουσα ἡμῖν τὴν ὑμετέραν ὑγίειαν
    [κ]αὶ κατάστασιν, κελεύειν δὲ καὶ περὶ τῶν δοκούντων ὅπως καὶ ἡμεῖς
    εὕρωμεν μετὰ παρρησίας ὀχλῆσαι ὑμῖν περὶ ὧν χρεία. παρακαλῶ δὲ ὑμᾶς
    ὀλίγα σπέρματα λαχάνων διαφόρων ἀποστεῖλαί μοι διὰ τινὸς πεμπομένου

ἐνταῦθα, ἵνα καὶ ἐν τούτῳ χάριτας ὑμῖν ὁμολογήσω. διὰ
παντὸς τοῦ γράμματος
10 πλεῖστα προσκυνῶ καὶ ἀσπάζομαι τὴν ὑμετέραν μεγαλοπρε(πῆ)
ἀδελφ(ότητα). +

On the *verso*

+ δεσπό,τῃ) ἐμῷ τῷ πά(ντων) μεγαλοπρε(πεστάτῳ) πά(ντων) τι-
μαξ(ιωτάτῳ) παμφιλε(στάτῳ) ἀδελφ(ῷ) Πέτρῳ καγκε(λλαρίῳ)
Καλλίμαχος.

6. κελεύειν: a variation for κελεύουσα. Callimachus says that he wishes Peter
would ask him for something, so that he himself might have no scruple in making
his wants known. The sentence is a delicate preface to the following request.

XCIII. *Sixth or seventh century.   Bodl. MS. Gr. class.
c. 36 (P).   3½ × 9½ in.*

Letter addressed to Senouthes, a bishop, by a certain Sarapammon
in the service of a personage whose name is not given, but who is
described as 'the most magnificent *comes*.' The writer, acting under
the direction of the *comes*, asks the bishop to put pressure upon the
presbyter Phoebammon to make him act justly by his letter-carrier. If
Phoebammon remained obstinate, the writer declares that he would
himself be obliged to take strong steps in order to bring the presbyter
to compliance.

+ Ὁ μεγαλοπρεπέστατος ὑμῶν υἱὸς ὁ κόμες ἔγραψέν μοι πάντως
παρασκευάσαι Φοιβ,άμμονα τὸν
πρεσβύτερον τὸ δίκαιον φυλάξῃ τῷ γραμματηφόρῳ αὐτοῦ
Ἀνυψίῳ· καὶ ἐπειδὴ πρ........
αὐτὸν ἐξευτελέσαι, παρακαλῶ τὴν ὑμετέραν πατρικὴν θεοφιλίαν
νουθετῆσαι αὐτό,ν......
πρὸς τὸ δίκαιον·
ἐπεὶ ἐὰν μηδὲ ὑμῖν πείθεται ἀναγκάζομαι παρασκευάσαι αὐτὸν
θέλοντα καὶ μὴ θ,έλοντα

5   πρὸς τὰ γραφέντα μοι παρὰ τοῦ αὐτοῦ προειρημένου μεγαλο-
    πρεπεστάτου ἀνδρὸς δεσ[πότου ἐμοῦ.

On the verso

[+ τῷ ἁγ]ιωτ(άτῳ) πατρ(ὶ) πν(ευματικ)ῷ ἀββ(ᾷ) × × Σενούθῃ ἐπισ-
κόπ(ῳ) + Σαραπάμμων υἱός. +

2. l. φυλάξαι.   3. l. ἐξευτελίσαι.   4. πρὸς τὸ δίκαιον was added afterwards
above the line. μηδὲ corr. from μήτε.

1. υἱός is here and on the verso used in its spiritual rather than its literal sense.
It would be very unnatural for a son to write of his brother in the style of this
letter.

2. πρ[: perhaps πρ[οσδοκῶ, when αὐτόν will mean Phoebammon; but the pro-
noun may equally well be the object, and refer to either ὁ κόμες or Ἀνέψιος, accord-
ing to the verb supplied.   ἐξευτελίσαι, 'treat with contempt.'

XCIV. *Sixth or seventh century. From Hermopolis.*
Bodl. MS. Gr. class. c. 37 (P).   4 × 11¾ *in.*

Letter addressed to the ὑποδέκτης or receiver of taxes at Hermopolis,
requesting him to accept payment from some unnamed persons, whether
they offered corn, barley, or gold money, the reason given being that
the presence of the receiver was required immediately in Hermopolis.
From the peremptory character of the letter it may be inferred that
the writer was the official superior of the ὑποδέκτης.

Θέλησον κἄν γε σῖτον κἄν γε κριθὴν κἄν γε ὁλοκότ'τινα
καταβάλλουσίν σοι παράλαβε ἵνα ἔλθῃς διὰ συντό'μο'υ
εἰς τὴν πόλιν καὶ ἀπαλλάξῃς τὸ πρᾶγμά σου· ἀλλὰ πάντα
ταῦτα παράλαβε ἵνα, ὡς εἶπον, διὰ συντόμου ἀνέλθῃς.

On the verso

5   . . . . (   ) ὑποδέκτῃ Ἑρμουπόλεως. +
                  ]ν η . . . εται α . . . (   ) +

2. l. καταβάλλωσιν.

1. ὁλοκότ'τινα, i. e. solidi.

L

XCV. *Sixth or seventh century* A.D. *From Apollinopolis Magna. Bodl. MS. Gr. class. c.* 38 (*P*). 2½ × 12¾ *in.*

Receipt showing that the church of Apollinopolis had paid for the provision of 'the most noble Scythians of Justinian's corps' quartered at the monastery of Bayllus, 2 solidi 21 carats, being the half-yearly instalment due.

> † Δέδωκεν ἐκκλ(ησία) Ἀπόλλωνος εἰς λόγον ἀννωνῶν τῶν γενναιο-
> τάτων Σκυθῶν Ἰουστινιανῶν
> ἀγραρευόντων ἐν τῷ μοναστηρίῳ Βαύλλου ἑξαμήν(ου) κανόνος
> τεσσαρεσκαιδεκάτης ἰνδ(ικτίονος) χρυσοῦ νομίσματα
> δύο κεράτια εἴκοσι ἕνα ζυγ(ῷ), γί(νεται) ῡ β κ κα ζυγ(ῷ).
> Κόλλουθος διαδότ(ης) δι' ἐμοῦ Βίκτορος ἀδελφοῦ,
> στοιχεῖ μοι νομισμάτια δύο καὶ κεράτια εἴκοσι ἓν ζ(υγῷ),
> γί(νεται) ῡ β κ κα ζ(υγῷ), ὡς πρόκ(ειται). +++

On the *verso*

5   Ἐκκλησ(ία) Ἀπόλλωνος ιδ ἰνδ(ικτίονος) νο(μίσματα) β κ(εράτια)
    κα.

1. Ἰουστινιανων Pap.
2. κανών is the technical term for the contributions of the laity for the support of the clergy, and as this troop was occupying a monastery the word is here natural. In lxxx. 14 it is used quite generally in the sense of a λειτουργία.

XCVI. *Sixth or seventh century* A.D. *Bodl. MS. Gr. class. f.* 55 (*P*). 3 × 6½ *in.*

Receipt for 30 bushels of corn from the notary Theophilus, writing on behalf of Theodora, to Kollouthus son of Hierakion.

> † Τῷ κυρ(ίῳ) Κολλούθῳ Ἱερακίονος Θεόφιλος νοτάριος [ὑπὲρ
> τῆς θεοσσεβ(εστάτης) κυρ(ίας) Θεοδώρας. ἐδεξάμην παρ[ὰ σοῦ
> κατὰ κέλευσιν τῆς ἐμῆς δεσποίνης σίτου ἀρτάβ[ας

τριάκοντα ξηροῦ, γί(νεται) σι — λ μό,νας). ἐγρ(άφη) μη(νὶ)
Φαμενὼθ
5 ϊ ἰνδ(ικτίονος) ιβ. Θεόφιλος στοιχεῖ μοι. +

On the *verso*

+ πιτάκ(ιον) . . . σίτου . . . [. . . . .] . . . σίτου ἀρτά'βα'ς λ.

1. ἱερακιωνις Pap. 2. θ of θεοσσειβ is written over the line; l. θεοσειβ. 5. There are traces of ink after μοι, but they are probably a mere flourish; the ι of μοι has a stroke through it, showing that it was the last word. 6. l. πιττάκιον. The writing on the *verso* is almost entirely obliterated.

XCVII. *Sixth century* A.D. *Bodl. MS. Gr. class.*
d. 47 (*P*). 2 × 10 *in.*

Receipt given by Victorina through her slave Stephanus to Absalom, showing that he had paid her $38\frac{2}{3}$ carats as his rent for the crop of a piece of land in the thirteenth indiction.

+ Π(αρὰ) τῆς κύρας Βικτορίνης δ(ι') ἐμοῦ Στεφάνου παιδὸς αὐτῆς
Ἀβεσαλώμ' γεωργῷ. ἐδεξάμην
παρὰ σοῦ ὑπὲρ ἀρ'γυρικῶν τοῦ ὑπὸ σὲ κτήματος τόπου
μετὰ σπόρου γενήματος τῆς σὺν θεῷ τρεισκαιδεκάτης
5   ἰνδικτίονος χρυσοῦ κεράτια τριάκοντα ὀκτὼ ἥμισυ
τέταρτον, γί(νεται) χρ κερ λη ϛ d, ζυγ(ῷ) δημοσ ίῳ· καὶ πρὸς
σὴν ἀσφάλειαν
ἐξέδωκά σοι τοῦτο τὸ ἐντάγιον ὡς πρόκειται συνβοηθηντικ(όν). +

2nd hand.

+ Βικτωρίνη στοιχῖ μοι τὸ ἐντάγ(ιον) ὡς πρόκιται. Δαμιανὸς
Ἰουλιανοῦ
ἀξιωθεὶ ἔγραψα ὑπὲρ αὐτ(ῆς) γράμμ(ατα) μὴ εἰδότος. +

1. l. Βικτωρίνης as in 8. 2. αβεσαλωμ' Pap. 7. l. συμβοηθητικόν. 8. Apparently the writer of the first seven lines, Stephanus, began this line with δ(ι') ἐμ(οῦ), which was afterwards erased, the chrism being added by the second hand. ϊουλιανου Pap. 9. l. ἀξιωθείς . . . εἰδυίας.

7. ἐντάγιον is equivalent to πιττάκιον, cf. xcvi. 6; the word is new.

XCVIII. *Sixth century* A.D. *Bodl. MS. Gr. class.*
c. 73 (*P*). 3¼ × 7¼ *in.*

Receipt for a supplementary payment of 2 solidi less 12 carats made by Epanakius to a *comes* who, if lines 5 and 6 contain his signature, was named Phoebammon, for a sycamore tree.

+ Π(αρὰ) τοῦ κόμιτος 'Επανακίῳ προ(νοητῇ)· παρ'έσχες)
ὑ(πὲρ) τῆς συκαμενέας
ὁμοί(ως) μετὰ τὰ δοθέντα νομίσματ(α) δέκα νομίσματα
δύο παρὰ δώδεκα, γί(νεται) ὐ β π ιβ. Παχὼν λ ἰνδ(ικτίονος) ζ. //

2nd hand.

5 [+] Φοιβάμμων [σ]τοιχεῖ μ(οι) τ[ὸ] ἐ[ντάγ(ιον)]
τῶν δύο π(αρὰ) δώδεκα.

On the *verso*

+ ἐντάγι(ον) κόμ(ιτος) 'Επανακίῳ.

1. The second ε of συκαμενεας is corrected. l. συκαμινέας.
1. It would be possible to read παρ(άσχες), and to regard the document as an order from the *comes* to his steward; cf. ciii.
5. ἐντάγιον: cf. xcvii. 7, note.

XCIX. *Fifth or sixth century* A.D. *Bodl. MS. Gr. class.*
d. 48 (*P*). 10½ × 6 *in.*

Receipt granted by Flavius Gerontius to Aninus, showing that the latter had made two payments of 15 and 60 sextarii of οἰνόκρεον, which appears to be a synonym for οἰνάριον, thin or diluted wine.

Φαρμοῦθι ι. κατέβαλεν 'Ανῖνος ἐν τῇ ουρ . [
διὰ Γρατιανοῦ ὑπὲρ πεντεκαιδεκάτης
ἰνδικτίονος οἰνοκρέου ξέστας ἑκατὸν

πεντήκοντα πέντε, γί(νεται) ξ / ρνε, καὶ διὰ
[Κ]ωνσταντίου οἰνοκρέου ξέστας ἑξήκοντα, γί(νεται)
οἰνοκρ ξ / ξ μόνους. Φλ(αούιος) Γερόντιος Ἀπολ(λωνίου)
ἐξαιδόμην σου τὴν ἀποχὴν ὡς πρόκει-
ται. //

7. l. ἐξεδόμην.

3. οἰνοκρέου: the word is only found in Jo. Malal. 2. 9 οὕστινας ἄρτους ἐκάλεσε Παλατίνους ... ἑκάστου ἄρτον ἀφορίσας οἰνοκρέα καὶ βέστια, where L. Dindorf (*Scriptt. Hist. Byzant.* vol. 28. p. 322), following Chilmead (note *ad loc.*), reads οἶνον, κρέα. The present papyrus, while affording a strong argument for retaining the MS. reading in that passage, suggests that, notwithstanding the analogy of οἰνόμελι οἰνέλαιον, &c., κεράννυμι, not κρέας, supplies the second part of the compound. The production at this period of a mixture of wine and flesh is not easy to imagine at all, still less in such wholesale quantities. On the other hand the sense of οἰνάριον, diluted or weak wine, is no less appropriate here than in the passage quoted from Malala.

XCIX (a). Sixth or seventh century A.D. Bodl. MS. Gr. class. d. 49 (P). 8¾ × 3 *in.*

+ Δανεὶτ
  ἀνεδέξατο
  Θαησίαν
  ὥστε αὐτὴν
  ἀπελθῖν
  εἰς διαίτην καὶ

  τὰ ἀπὸ διαίτης
  ποιήσῃ· εἰ δὲ
  μὴ ποιήσῃ
  ἐπὶ τῷ ἐμὲ
  βαλεῖν αὐτὴν
  εἰς τὴν φυλακήν.

5. l. ἀπελθεῖν.   6. l. δίαιταν.   8. l. ποιήσειν.

1. Trans. 'David has become surety for Thaesia on condition that she return to her home and busy herself with its duties; otherwise that I shall put her in prison.' Apparently Thaesia had committed some offence for which she had rendered herself liable to imprisonment, from which David saved her by becoming surety for her good behaviour on the above conditions.

2. ἀνεδέξατο ὥστε might also mean 'has become surety that,' or 'has received her back on condition that,' but neither of these explanations accounts very satisfactorily for the threat of imprisonment.

C. 683 A.D.   *From the Fayoum.*   *Brit. Mus. Pap.*
DCCXXVIII.   13 × 4¼ *in.*

Acknowledgement of a payment, the particulars of which are lost, to Aurelius Kosmas from Victor the representative of Joseph, *dux*, of Arsinoe. The document is signed by two witnesses.

 + Ἐ[ν ὀνόμ]ατι τοῦ κυρίου καὶ δεσπότου Ἰησοῦ Χριστοῦ τοῦ θεοῦ
 καὶ σωτῆρος ἡμῶν κ[αὶ] τῆς δεσποίνης ἡμῶν τῆς ἁγίας
 θεοτόκου καὶ ἀειπαρθ(ένου) Μαρίας καὶ πάντων τῶν ἁγίων, ἔτους
 Διοκλη(τιανοῦ) τύθ Μεσορὴ δευτέρᾳ ἐνδεκάτης ἰν(δικτίονος) ἐν
 Ἀρ(σινόῃ).

5 τῷ μεγαλοπρεπεστάτῳ Βίκτορι ἐκπροσώπῳ Ἰωσὴφ τοῦ
 εὐκλεεστάτου δουκὸς ἀπὸ τῆς Ἀρσινοιτῶν πόλε(ως) Αὐρήλιος
 Κοσμᾶς [τῶν] πρεσβυτέρων παρατούρας υἱὸς Ἰωάννου
 ἀπὸ τῆς αὐ]τῆς πόλε(ως) οἰκῶν παρ' ἔσωθεν ῥυμίου τοῦ ἁγίου
 Μάρκου.

 ὁμολ[ογῶ ὁμοῦ] καὶ νῦν ἑκουσίᾳ γνώμῃ ἐπομνύμε νος,
10 Θεὸν [παντο]κρ[ά]τορα εἰληφέναι καὶ δεδέχθαι καὶ
 πεπ[λ]ηρ[ῶ]σθ[αι] παρὰ τῆς ὑμετέρας μεγαλοπρεπείας
 [. . . . . .]στο[. . . . . Πα]ῦνι διαπραθέντος
 [. . . . .]ε[. . . . . .]υ μελιτοχρώου
 [. . . . . . τοῦτ'] ἔστιν χρυσίου νομισμάτια
15 [. . . . . πρ]ὸς χρ( ) ὑμετέραν ἀσφάλε(ιαν)
 [πεποίημαι ταύτην] ὑμῖν τὴν πληρωτικὴν
 [ἀπόδειξιν . . . . καὶ] ἐπερω(τηθεὶς) ὡμ(ο)λόγησα).   +   2nd
 hand?   + Κοσμ[ᾶς
 [τῶν πρεσβυτέρ]ων στοιχεῖ μοι πάντ(α) ὡς πρό(κειται).   +
 3rd hand?

 [+ . . . .]ς υἱὸς τοῦ μακαρίου Κοσμᾶ
20 [μαρτυρῶ] τῇδε τῇ ἀποδείξ(ει) ὡς πρό κειται).   +
 4th hand.

 + Ωρ[. . .]ρμ[. . .]ης μαρτυρῶ τῇδε τῇ ἀπο-
 δείξ(ει) ὡς πρ[ό]κ ειται).

1st hand.
+ di emu Aaron esemioth(e) . . . . . δι' ἐμοῦ
Ἀρῶν y^θ . . . . +
On the *verso*
25 + πληρωτ(ικὴ) ἀ[πόδειξις . . about 30 letters] Βίκτορι. +

13. l. μελιτοχρόον.

4. As the eleventh indiction was 682-683, the ordinary Byzantine indiction beginning in each year on September 1 (in Egypt on Thoth 1 = Aug. 29) must here be meant. The movable indiction peculiar to Egypt (cf. notes on lxxxi. 14 and lxxxvi. 5) can hardly have begun so late as Mesore.

5. ἐκπροσώπῳ: *personam sustinenti*; the verb ἐκπροσωπεῖν is found, e.g. Eust. *Opusc.* p. 218, 24, but the substantive is new.

6. δουκός: the title unless applied to an Arab cannot have been more than honorific at this date.

7. παρατούρας = *paratura*, a word found in various senses in mediaeval Latin; v. Du Cange. The most fitting meaning here is perhaps that of *secretarium ecclesiae*. Or could the term have its more regular sense, and imply that Kosmas had the style and insignia of a πρεσβύτερος, without exercising the functions? (Hesych. παρατούριον, κράσπεδον.) It would hardly help matters to read πραιτοῦρα.

9. ὁμοῦ] cf. lxxxviii. 14.

15. χρ( ): what is transcribed as χ might be τ or γ; if πρ]ὸς is right, it is not easy to see what word can have been intended.

23. esemioth(e): h can represent either the Latin h or the Greek η; but if esemiote be read (cf. B. U. 303. 26, &c.), it is difficult to account for the horizontal stroke through the top of the letter, which should indicate abbreviation.

25. y^θ = ἀμήν, of which the numerals corresponding to the letters add up to 99; cf. Wessely, *Mittheil.* I. 113. The sign has not been recognized before in a published papyrus, though we conjecture that it occurs after Φιᾶ in B. U. 310. 26, and it may have escaped notice elsewhere among the elaborate flourishes with which documents of this period so frequently terminate. On this analogy Krall (*Mittheil.* I. 127) has suggested that the letters χμγ, which occasionally occur (at the end of a document in *Gr. Pap.* I. lxiv. 8, Brit. Mus. Pap. CXIII. 6 (*c*), 41, at the beginning in a papyrus in the possession of Professor G. Lumbroso), stand for ἡ ἁγία τριὰς Θ(εός), which will by the same method produce the required numeral. This explanation may be thought to gain some support from xci. 8, where the phrase ἡ ἁγία τριάς closes a letter. But the omission of Θ(εός) there is a serious drawback. This word, and the necessity of abbreviating it, are in fact the weak points in Krall's theory. Wessely (*Wiener Studien*, 1887, p. 253) thinks that the letters may be the initials of χειρὸς μου γραφή, and his view is adopted by Kenyon on Brit. Mus. Pap. CXIII. 6 (*c*). But these words are nowhere actually found in the required position. If the sign is to be explained by initials and not by numbers, the formula Χριστὸν Μαρία γεννᾷ of cxii (*a*) 1 gives a possible solution.

CI. *Seventh century* A.D. *From the Fayoum. Bodl.*
MS. Gr. class. f. 56 (*P*). 2¼ × 4½ *in.*

Corn-tax receipt signed by Timotheus, showing that Kunon son of Venafrius had paid 1¹⁄₁₂ artabae.

+ Φαῶφ(ι) η σίτου δευτ(έρας) ἰν(δικτίονος)
  κτήσ(εως) Δόμνου Κύνων Οὐεναφρίου
  Ἀπόλλω ἰδ(   ) ἀρ(τάβην) μίαν δωδέκ(ατον), —/ο α ιβ.
2nd hand.   + Τιμόθεος. +

2. κτήσεως: the nominative could also stand here; cf. Wessely, *Pariser Papyri*, LXV. 1. 2. It is possible that Δόμνου should be printed with a small δ, and that Κύνων is meant for a genitive, in which case Ἀπόλλω is the person who paid the tax.
3. ἰδ(ιώτης)?

CII. *Seventh century* A.D. *Bodl. MS. Gr. class. f.* 57 (*P*).
3¾ × 5¼ *in.*

Receipt given by Kosmas to Moses, a cultivator in his employ, for two payments of 1 solidus.

                              νο(μισμάτιον) α
+ Παρέ(σχε) γεωργ(ός) μου Μουσῆ ἰνδ(ικτίωνος) δ' μ(ηνὸς) Μεσουρὲ
κη ὑ(πὲρ) διμωσον στ΄. .]εων(   ). +
ὁμ(οίως) νο(μισμάτιον) α, ἕνα, Θῶθ α.
ἐγὼ Κοσμᾶ Γεωρ(γίου) σ[το]ιχεῖ μοι. ++

1. l. Μεσορή. l. Μουσῆς.   2. l. δημοσίου?   3. l. ἕν.   4. l. Κοσμᾶς.

1. Μουσῆ: for the omission of the final ς cf. Κοσμᾶ, line 4; the form Μουσῆς occurs in Brit. Mus. Pap. XLVI. 109; B. U. 343. 3, &c.

CIII. *Sixth or seventh century. From the Fayoum. Bodl. MS. Gr. class. d. 50 (P).* 3½ × 10¾ *in.*

Order addressed to Entoulius by Theodore (?) to pay 40 solidi of pure gold, the price of some timber.

+ Κυρ(ίῳ) Ἐντουλίῳ Θεά(δωρος ?). [παρ]άσχ(ες) ὑ(πὲρ τιμ(ῆς) ξύλων ἡμῶν
(καὶ) τοῦ δεσπ(ότου) μοῦ τοῦ κυρ(ίου) Αχ[. . .] . . [.]ρυ( ) νομισμάτια τεσσαράκοντα ὄβρυζα, ν̄ μ ὄβρυζ(α), τ[. ( ) Ἀθ]ὺρ ι ἰνδ(ικτίονος) ιε. di emu . . . .

1. Above the ο of Θεο is a line, which may be meant for ν; there would be room for three letters before παρ]. ζ τυ̲ Pap.   2. ς Pap. The letter lost before ρυ cannot be χ. The ν is written above the line.   3. The signature of the scribe in Latin becomes as usual a mere scribble; the conclusion of it is perhaps meant for esemeioth(e), cf. c. 23.

CIV. *Seventh or eighth century. From the Fayoum. Brit. Mus. Pap.* DCCXXVII.   5 × 9 *in.*

Account of various payments of wheat, made by a certain Phoebammon on account of land near the village of Macron.

+ Ἐπεὶφ κα ἰνδ(ικτίονος) β χώρο(υ) Μάκρονο(ς Φοιβά μμων) Ἀβρα(αμίου) δ(ιὰ) Πιήου πρε(σβυτέρου) (ἀρτάβην) γ η′, διμίρου ὀγδ(οον), καλὰ μ(όνα).
δι' ἐμοῦ Φλ(αουίου) πρε(σβυτέρου) γρ(αμματέως). +
+ ἐπαγο(μένων) γ ἰνδ(ικτίονος) β — — δ(ιὰ) χειρ(ὸς) (ἀρτάβην) ιβ′ μη′, δωτέκ(α)τ(ον) σερακ(οσ)π ὀγδοον), καλὰ μ(όνα) +
+ τῇ (αὐτῇ) ἡ(μέρᾳ) ἰνδ(ικτίονος) β — — δ(ιὰ) Πιήου πρε(σβυτέρου) (ἀρτάβην) ϛ κδ′ μη′, ἥμισυ εἰκ(οσ)π(οτέταρτον) σερακ(οσ)π(όγδοον), καλὰ μ(όνα). δι' ἐμοῦ τ(ο)ῦ αὐ(τοῦ).

5 + τῇ (αὐτῇ) ἡ(μέρᾳ) ἰνδ(ικτίονος) β — — δ(ιὰ) Μαθε(ίου?)
(ἀρτάβην) γ', τρίτ(ον), καλὰ μ(όνα). δι' ἐμοῦ τ(ο)ῦ αὐ(τοῦ).

1. l. Μάκρωνος ... διμοίρου. ο y η' Pap.; if o means artaba, the horizontal stroke elsewhere found above it or joined to it is omitted in this papyrus. The signs for the fractions are here and in lines 4 and 5 put before the written expressions of them. 3. l. δωδέκατον. 4. For the interpretation of the abbreviations at the beginning of the line, cf. B. U. 34. 21 ff. τ has a dot over it which might be meant for almost any letter, then comes apparently υ joined to η with a stroke to denote abbreviation; in 5 there is only τ with the dot over it, and η with the stroke of abbreviation. αυ at the end of lines 4 and 5 is also written very cursively, in line 5 becoming merely a line with a curve at the end of it.

1. Μάκρων(ς): this name occurs in a list of villages in the Fayoum published by Magirus (*Wiener Studien*, vii. 119).

CV. 719 A.D. *From the Fayoum. Bodl. MS. Arab. d. 75¹ (P).* 5¾ × 3¼ *in.*

This and the next papyrus are tax-receipts of the same date, written both in Greek and Arabic. In either case little of the Arabic part, which stands first, remains; but it does not seem to have been a repetition of the Greek.

The lack of published parallels renders the frequent abbreviations difficult of resolution, and the difficulty is in these examples increased by mutilation. There is however no doubt about the substance of the following text, which is a certificate granted by Zoubeeir son of Ziad (cf. cvi) that Senouthius son of Julius had paid 3½ solidi in settlement of the tax for the first indiction.

For the reading of the Arabic we are indebted to Prof. Margoliouth.

.... راه وكب .... and wrote ....
صفر سنة احدى وما ىه   Ṣafar year one hundred and one.

Σὺν θ(εῷ) Ζουβεεὶρ υἱ(ὸς) Ζιὰδ Αὐμὶν
Σενουθ(ιῷ) Αἰουλίου Αμει( ) δ(ιὰ) Λαρερχ ἀπὸ Λευκ( ).

ἐ(γὼ) αὐ(τὸς) δέ(δεγμαι) δ(ι') ὑμῶν ὑ(πὲρ) διαγρ(αφῆς) ἰνδ(ικτίονος)
α ἀρ(ι)θ(μῷ) νο(μισμάτια) γ δίμερο'ν).
ἐγρ(άφη) Μ(εσορὴ) ἐ(πα)γ(ο)μ(ένων) β ἰνδ(ικτίονος) πρώτης.

(Seal) أمى ر   Believe in
       بالله و   God and his
       سلم   apostles.

2. l. Ἰουλίου. Λἰυυλί(ου) ταμεί(ᾳ ?) would also be possible. Λαρ κ.τ.λ.: the tail of the over written ρ of ερχ coalesces with the first stroke of the π of ἀπό; χ is over the o. Possibly ἐρχ(ομεν ..) ἀπό, or Λαμερ( ) ἀπὸ χ(ώρου). For Λευκ( ), cf. cvi. 2.
3. ἐ(γὼ) αὐ(τός): the resolutions are doubtful; ε is followed by a stroke of abbreviation, succeeded by a broad υ, the left end of which is slightly thickened. l. δίμοιρον. 4. ἐ(πα)γ(ο)μ(ένων): εγ are parallel, μ is over the line; in cvi μ is replaced by o.

1. Αὐμίν, Professor Margoliouth suggests, might seem to be the first word on the seal.
3. ἰνδ(ικτίονος) α: the year 101 of the Hegira began July 27, 719, and the first indiction was 717/8. There must therefore be some mistake; cf. note on lxxxvi. 5.
4. ἐπαγομένων β: the first day of the month Safar in the year 101 of the Hegira corresponds to August 26; ἐπαγομένων β is August 25. Presuming that the Greek and Arabic dates refer to the same day and year, there is here another discrepancy.

CVI. 719 A.D. *From the Fayoum. Bodl. MS. Arab.
d. 75 (F).* 3¼ × 3¾ *in.*

Bilingual receipt from Zoubeeir son of Ziad to Senouthius Baouch, showing that the latter had paid 6½ solidi for the tax of the first indiction. Compare the introduction to the previous papyrus.

. . .
وكتب صلح . . . . and wrote Salih
احدى وما ن . . . . (year) one hundred and one.

+ Σὺν θ(εῷ) Ζουβεεὶρ υἱ(ὸς) Ζ(ι)ὰδ Αὐμὶν
μην( ) Σεν(ου)θ(ίῳ) Βαοῦχ μ[. . . .] . . Λευκοβρ( )υ.
ἐ(γὼ) αὐ(τὸς) δέ(δεγμαι) δ(ι') ὑμῶν ὑ(πὲρ) διαγρ(αφῆς) ἰνδ(ικτίονος)
πρώτης

ἀρ(ι)θ(μῷ) νο(μισμάτια) ς (ἥμισυ). ἐγρ(άφη) Μ(εσορὴ) ἐ(πα)γο-
(μένων) β ἰνδ(ικτίονος) πρ(ώ)της.

(Seal) Believe in
God and his
apostles.

For the abbreviations, &c., in this papyrus cf. cv. 4. 5 (Pap.

V. LATIN DOCUMENTS

CVII. *About the fifth century.* *Bodl. MS. Lat. class. g.* 1 (*P*).
On vellum. 1½ × 3 *in.*

FRAGMENT from a juristic writer. The subject, *societas*, and the fact that Labeo is twice quoted, suggest that the author was either Sextus Pomponius or Julius Paulus. The passage does not however appear among the citations from their works in the *Corpus Juris*.

The hand is small and sloping, of the mixed uncial and minuscule type, similar in character to that of the Vienna fragment of the Formula Fabiana ascribed to the fourth century, and the Bodleian MS. of St. Jerome's translation of the Chronicle of Eusebius with the additions of Marcellinus. *b* and *d* have cursive forms; the main strokes of *p* and *r* are carried considerably below the line of writing; *m* is formed by three vertical strokes joined at the top by horizontal hair lines. We print the text as it stands, only dividing words and adding capital letters.

Recto

                    ]pon͞.
                  ]s solut[.
            ]ri idem dieb˙ p̄
          ]b˙ et solui debet
5   ]ret Lab˙ scr ∴
? si]decesserit socius meus et
].......ta....b[.]ep˙ editat

Verso

```
            uso[
            [.]aueri[
    10      quoniam sor[
            ad eum ptinu[
            ipsum retinere ō : te[
            Lab· ita intptat ut societ a
            -tis nomen p̄ . . mi . . . tam[
```

3. l. **diebus post** or **potest**.
5. l. **Labeo scribit**; cf. 13.
7. Here and in line 14 only the tops of letters remain.
11. l. **pertinu**[.
12. l. **omn**(..?).
13. l. **Labeo ... interpretat**. There is nothing to determine the width of the column, and it is therefore doubtful whether the termination -tis in line 7 belongs to societa- in the previous line. If it does, not more than a couple of letters are lost at the beginning of line 6.

CVIII. *Plate V. October* 7, 167 A.D. *Brit. Mus. Pap.* DCCXXX. 8 × 9¼ *in.*

Conclusion of a letter, unfortunately too fragmentary to convey much information. The difficulties are augmented by the badness of the Latin, which suggests that the writer was not a person in high station; possibly he was only a copyist. The names mentioned do not seem to be otherwise known. The text is printed without punctuation.

```
        . . . . . . . . . .]re[
     . . . . . . . . r]ecepisse . [. . . . . . . . .]sto[. . . . . . . .]n[.]
     . . . . . . .]a(m) denarios [. . . . . ]ngentos et [. . . . c]entum
```

.........] superari a[..........]maur[......]alicla(m)
5 ....]puratam et [......]e barbari [....]ei se fatum
[.]......[.]m barbaricum [.....] miserat mi[hi] Cornelius
Germanus procurator meus quas has res intra scrip-
tas meas salbas sanas recepisse scripsi nonarum
Octobrium ad Fuluinos ad statione Liburne seides
10 interueniente Minucium Plotianum triarchum
et Apuleium Nepotem scriba(m) actum Fuluinos
nonis Octobris imp(eratore)· Uero· ter· et Umidio Quadrato
consulatus

3.]a(m): the same abbreviation is found in lines 4 and 11. It also occurs in the bilingual papyrus at Vienna (*Führer* 517) assigned to the early fourth century.

[quadri]ngentos would best fill the lacuna.
5.]puratam: perhaps a mistake for su]peratam.
]ei se: the second letter is much more like i than s.
6. barbaricum: or barbari cum?
7. procurator: here merely 'agent.'
9. Fuluinos: it is scarcely possible to distinguish f here and in the same word in line 11 from the p of imp. in line 12. For this reason the f of fatum in line 5 is marked as uncertain.
l. stationem: it is difficult to extract anything intelligible from the last six letters of the line; sedis or sedens can hardly be intended.
10. l. trierarchum: the accusatives in this and the following line seem to be mistakes for ablatives.
11. scriba(m): the full stop comes after this word, which we take to be the substantive, corresponding to tri(er)archum in line 10.
l. Fuluinis; the position of this place is not known.
12. l. Octobribus.
13. l. consulibus; consulatus is quite clearly written.

CIX. *Second or third century. Bodl. MS. Lat. class. g. 2 (P).* 4 × 4 *in.*

Fragment of what appears to be a carpenter's account. It is written in a rather stiff broad cursive. On the *verso* are parts of two columns in Greek, the hand of which supplies an approximate date.

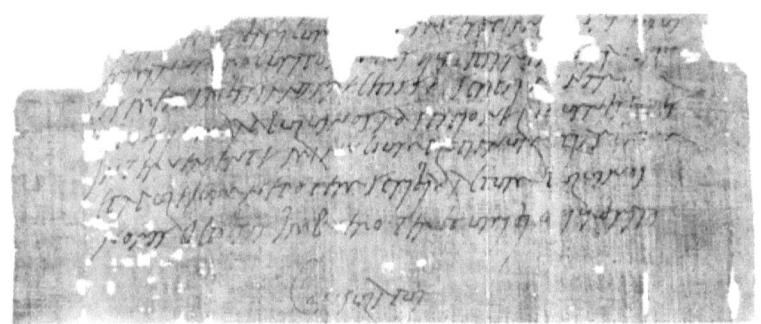

```
           .   .   .       .
          ] terebrati     xi
          ] . . . . . s        al[i?]us [
          ] pareies . . . [ . . . . ] . . . [
          ] . rem bis      ri . . . . [
5         ] claui ferrei ir[. . . .]e[
          ] ungium aereorum[
          ] ilicis
              .                .
```

3. l. paries?   6. l. unguium.

CX. *Plate V.* 293 A.D. *Brit. Mus. Pap.* DCCXXXI. $4\frac{3}{4} \times 5$ *in.*

The following document seems to be part of a receipt for certain sums of money in the payment of which the *Equites promoti* of some legion were interested. It is possibly similar in character to the three receipts of the actuary Sergius in the Vienna Museum described in the *Führer* (Nos. 519–521) as being 'übergelieferte Heeresbedürfnisse.'

Except for the division of words and the distinction of capital initials for proper names, the text is printed as it stands. About sixteen letters seem to be lost at the beginning of each line.

```
            ? equit]ibus promotis dd ṁṁ Diocletiani et Ma[x]i-
        mian[i augg] et
    Constantii et Maximiani] nobilissimorum Caesarum ag . . .
        [. .] . . [. . . . . .] . . i
                    ]entum uiginti ex d[i]e septimum K[al]
        Ianuar[i]as
2nd hand.           ] . date fidei num HS oc[t]ogentum ui-
        g[inti] . . . . . . ti
```

5   ] . . . . uus II equas et qua[dring]enti decem
    ta[. . .]m . . [.] sui
    Diocletiano Aug V et] Maximiano Aug IIII Coss dece-
    rente Marciano a[ct]uario . . . VI.

   1. equit]ibus : cf. Böcking, *Not. Dign.* I. 185 *inter solos Equites Promotos reperimus*.
   The last letter of the line looks more like s than t ; es however would be very difficult here, and c[o]s which might be read, is no less unsuitable, unless indeed it be intended for the first syllable of Constantii. But in that case we should not expect so much blank space after it.
   2. Constantius and Maximianus were made Caesars in this year.
   3. Perhaps octog]ontum : cf. line 4.
   ex die septimum : diem was perhaps intended. The loss of final m is common in documents of this class ; cf. cviii. 9, &c. For the omission of a. d. after ex in dates, cf. the Latin military roll at Berlin (*Ephem. Epigr.* vii. p. 456 ff.) passim.
   4. num : i. e. nummorum. l. octingentûm.
   6. l. decernente. The character before VI may conceivably be X or ✳ (the sign for *denarius*) ; but it is not much like either.

VI. DOCUMENTS RELATING TO THE CHRISTIAN CHURCH

CXI.   *Fifth or sixth century.   Bodl. MS. Gr. th. d. 2 (P).*
                    $11\frac{1}{8} \times 5\frac{3}{4}$ *in.*

INVENTORY of property belonging to the church of Apa Psoius in the village of Ibion, and entrusted to the keeping of John, 'presbyter and steward.' The list, we learn from the *verso*, was made by the archdeacon Elias. For the explanation of several of its numerous technical terms the editors are indebted to the Rev. F. E. Brightman.

The division into two columns is that of the papyrus.

\+ Ἀναγρ[α]φ(ὴ) τῶν ἁγί(ων) κ[ει]μηλ(ίων) καὶ ἑτέρων σκευῶν τῆς ἁγί(ας) ἐκκλ(ησίας) ἄπα Ψ[ο]ίου κώμ(ης) Ἰβίωνος παραδοθ(έντων) τῷ εὐλαβ(εστάτῳ) Ἰωάννῃ πρ(εσβυτέρῳ) καὶ οἰκ(ονόμῳ) Χοίακ ιε // ιγ ἰνδ(ικτίονος), οὕτ(ως)·

5 ποτήρ(ια) ἀργυρ(ᾶ) γ.
ξέστ(ης) ἀργυρ(οῦς) α.
καταπετάσμ(ατα) β.
ῥάβδος σιδηρ(ᾶ) α.
ὁμοί(ως) μικρ(ὰ) α.
10 τράπεζ(α) μαρμαρ(ᾶ) α.
τρίπους χαλκ(οῦς) τῆς τραπέ-
ζ(ης) α.
μαμπ(άρια) λινᾶ τῆς τραπέζ(ης) κγ.
μαμπ(άρια) ἐρεινᾶ ε.
οὐηλόθυρα ς.
15 ὁμοί(ως) παλαιὸν α.
οὐηλάρ(ιον) ἐρειν(οῦν) κρεμ(αστὸν) α.
στρῶμ(α) κρεμαστ(ὸν) α.
λυχνίαι χαλκ(αῖ) δ.
λυχνίαι σιδηρ(αῖ) β.
20 βωὸς χαλκ(οῦς) α.
βωμὸς χαλκ(οῦς) α.
λέβης χαλκ(οῦς) α.
κοκκούμ(ιον) χαλκ(οῦν) α.
λουτήρ(ια) χαλκ(ᾶ) β.
25 χειρολυχν(ίαι) β, μύξ(αι) ς.
πλοιάρ(ια) χαλκ(ᾶ) δ, μύξ(αι) δ.
βιβλία δερμάτι(να) κα.
ὁμοί(ως) χαρτία γ.
κοτύλ(η) α.
30 κύαθ(ος) α.

μάχαιρ(α) α.
κραβάκτ(ιον) α.
μαγὶς ξυλ(ίνη) α.
τυλάρ(ια) δερμάτ(ινα) β.
35 θυΐαν α.
καθέδρ(αι) ξύλ(ιναι) γ.
σεμψέλλ(ια) β.

ἰοτ( ) τριυφ(αντὸν) α.

ἀπαιοθήκ(η) α.
40 λύκηθ(ος) χαλκ(οῦς) α.

On the *verso*

δι' ἐμοῦ Ἡλίου ἀρχιδιακ(όνου) ὑπ(ὲρ) τοῦ ἁγί(ου) ἄπα Γεωργίου.

2. ἰβίωνος Pap.   3. ἰωαννη Pap.   20. l. βωμός.   32. l. κραβάτιον.   35. l. θυΐα.   37. l. συμψελλ(ια).   39. l. ἀποθήκη.   40. l. λήκυθος.

2. ἄπα Ψυίου: cf. Wessely, *Proleg.* p. 17. He is the Abyssinian saint *Besöi*. κώμης Ἰβίωνος: cf. B. U. 91. 4; 328. i. 29, &c.

6. ξέστης, Mr. Brightman thinks, means 'paten,' though χερνιβόξεστον is used for the ewer and basin with which the celebrant washes his hands (see e. g. Εὐχολόγιον τὸ μέγα, the ordination of a sub-deacon). As illustrating the fact of there being three chalices to one paten, the Egyptian Liturgy of St. Mark, in the offertory prayer, is exceptional in alluding to a number of chalices (Brightman, *Lit. East. and West.* p. 124 ἐπὶ τὸν ἄρτον τοῦτον καὶ ἐπὶ τὰ ποτήρια ταῦτα).

7. καταπετάσματα: either hangings of the altar canopy, or curtains in front of the sanctuary.

8. ῥάβδος: probably the οὐηλόθυρα, or curtains over the central door of the sanctuary (line 14), were hung on this; the ῥάβδος μικρά may have been used for the καταπετάσματα already mentioned or the *velarium* of line 16.

10. τράπεζα: the slab of the altar which was supported by the τρίπους (line 11) and perhaps the βωμός (lines 20, 21). Cf. Pollux, *Onom.* x. § 81 καὶ μὴν καὶ τὰ ἐπιτιθέμενα τοῖς τρίποσι τράπεζαι καλοῦνται καὶ μαγίδες.

12. μαμπάρια: i. e. μαππάρια; cf. the form μαμπάριος, Chrys. *Homil. de Circo.* The μαμπ. λινά are probably the linen cloths covering the altar, while the μαμπ. ἐρεινά, Mr. Brightman suggests, may be the veils with which the oblation is covered. ⲘⲀⲠⲠⲀ is the general Coptic word for the coverings of the paten and chalice.

14. οὐηλόθυρα: on this word (now by mistake βημόθυρα, and used of the door itself, not of the curtain) see Ducange, *Descript. S. Sophiae*, 72 (Migne, *P. G.* lxxxvi. 2233), and *Gloss. inf. Lat.* s. v. *velothyrum*. *Velum* was adopted in Hebrew for the veil covering the ark of the sacred rolls (Edersheim, *Life and Times*, i. p. 436); in Greek for the veil of the sanctuary (St. Athan. *Hist. Arian.* 56); in Syriac in the same sense (Brightman, *Lit. East. and West.* p. 268).

17. στρῶμα κρεμαστόν: possibly this and the *velarium* of the previous line were part of the decoration of the Episcopal throne.

20. βωός: if, as seems probable, the writer intended βωμός, this item is repeated in the next line by mistake.

22. λίβης is probably the basin for the handwashing; cf. note on line 6.

23. κυκκούμιον: *cucuma*; a *cucumellum argenteum* figures in the list of property handed over by Paulus bishop of Cirta to Felix the *curator reipublicae* (Baronio, *Annales Eccles.* an. 303, xii).

24. λουτήριον is used for a baptismal font in *adv. Constant. Caball.* among the works of St. John of Damascus (Migne, *P. G.* xcv. 325 d), and in Samonas of Gaza, *Disceptatio* (Migne, *P. G.* cxx. 829 c).

26. πλοιάρια: evidently lamps of some kind, as they were provided with μύξαι; but the word is new in this signification.

29 and 30. κοτύλη and κύαθος may be the vessels in which the wine and the water respectively are brought for the preparation of the chalice.

31. μάχαιρα: this may be what was in after times called λόγχη, the lance for the preparation of the bread. But there seems to be no other evidence for its use so early: St. Theodore the Studite, *adv. Iconomach.* i. (Migne, *P. G.* xcix. 489 b) is apparently the oldest known reference; and anyhow it is doubtful whether a purely Byzantine instrument would be used so early in Egypt.

32. κραβάτιον: κράββατος is used of a bier by Cedrenus, *Justinian.* an. 31 τοὺς κ. τῶν ἐκκλησιῶν (Migne, *P. G.* cxxi. 736 c); cf. κραβαττάρια in the same sense in *Chron. Paschal.* an. 605 (ib. xcii. 976 a) and Jo. Malal. *Chronograph.* xvi (ed. Bonn, p. 397) and xviii. (ib. p. 436).

33. μαγίς here is more likely to be equivalent to μάκτρα than a synonym for τράπεζα; cf. note on line 10.

37. σεμψέλλια: *subsellia*, the seats of the presbyters along the curve of the apse, on each side of the throne; cf. St. Athan. *Hist. Arian.* 56 (I. 378 b) οἱ χριστομάχοι ἁρπάσαντες τὰ συμψέλλια καὶ τὸν θρόνον καὶ τὴν τράπεζαν.

38. ἰστ( ): the second letter might be α, the third γ or ν.

CXII. 577 A.D. (?) *Brit. Mus. Pap.* DCCXXIX.
$8\frac{1}{2} \times 13\frac{1}{2}$ in.

This papyrus, which is carefully written in a fine uncial hand of the later Byzantine period, contains the conclusion of a Festal Epistle fixing the date of Easter, addressed by a Patriarch of Alexandria to the Egyptian Churches. The important privilege of appointing the date of Easter was conceded to the Bishops of Alexandria by the Council of Nicaea, no doubt owing to the traditional superiority of Egyptian astronomical calculations. Several of the Festal Epistles of St. Athanasius and St. Cyril have been preserved, and show that the occasion was used by the Bishop or Patriarch for delivering a homily, generally of considerable length. It is probable that in the present papyrus we have but a small portion of the whole document.

The papyrus begins (lines 1–9) with a long quotation which has been identified by Mr. C. H. Turner as the beginning of St. Cyril's Commentary on St. John xix. 28; at its close (lines 9–11) the writer excuses himself from pursuing the subject further. The passage from St. Cyril for its emphasis on the reality of Christ's sufferings seems to have been often appealed to both by the orthodox against the Monophysites and by the more moderate against the extreme representatives of Monophysitism itself: see the references to the Third Council of Constantinople and to Severus of Antioch given in Pusey's edition of St. Cyril, *ad loc*.

There follow (lines 12-16) the regulations about Easter. The beginning of the Lenten fast is fixed for Phamenoth 19 (March 15), that of Holy Week for Pharmouthi 24 (April 19), while the fast is to be ended on Pharmouthi 29 late in the evening, Easter Day being fixed for the next day (Pharmouthi 30 = April 25). The letter concludes with pious aspirations for the subjection of certain 'enemies' (lines 16-18), the peace and unity of the whole Church (lines 18-20), and a doxology (lines 21-22).

In spite of the loss of the beginning, there is fortunately enough evidence to fix the date of the papyrus, at any rate within narrow limits. The occurrence of a quotation from St. Cyril affords a *terminus a quo*, and the fact of Easter Day falling on April 25 limits the choice to the three dates, 482, 577, and 672, the next occasion of this Easter, 919, being too late on all grounds to be possible. Of these 482 may safely be rejected on palaeographical grounds. The writing of the papyrus is very similar to that of the Codex Marchalianus; and though the dating of Byzantine uncials is still extremely precarious, there are no grounds for attributing this type of hand to so early a period as the fifth century. It is of course possible that this may be a copy of an earlier document. But unless the later dates are on internal grounds unlikely, there is no need to fall back upon this supposition.

Alone, the evidence of the handwriting would perhaps be more in favour of 672 than 577. No argument for either date can be drawn from the passage (lines 16-18) mentioning 'the subjection of our enemies to the kings.' In 672 the Saracens were pursuing their victorious course and even organizing the expedition against Constantinople; in 577 the Lombard invasion of Italy, and on the eastern frontier the protracted war against the Persians (572-591), were in full progress. Nor does the plural βασιλεῖς help in deciding between the two dates. Even if it refers to two Emperors and not, as is equally possible, to the Emperor and Empress, it suits 577, when Justin II was reigning with Tiberius (see *Gr. Pap.* I. lx. 2, note), as well as 672, when Constantius IV was associated with either his brother or his son (Bury, *Hist. of the Later*

Roman Empire, ii. 309). The view that 672 is the date of the papyrus is however open to a serious if not fatal objection. In that year according to our authorities there was no Orthodox Patriarch at Alexandria. Peter, the degenerate successor of Athanasius and Cyril, had taken refuge at Constantinople in 653, and for seventy-four years there were only Monophysite Patriarchs. Under these circumstances it would be difficult to account for a copy of the Festal Epistle for 672 finding its way to Egypt at all, or at any rate beyond Alexandria. On the morrow of the great Saracen invasion there can have been little or no communication with Constantinople. On the other hand, if the writer was the Monophysite Patriarch, he would hardly have used the language of prayer for the success of the Imperial arms (line 17), since loyalty to the Emperor was a mark of the orthodox Melkites or 'King's men,' while the Monophysites avenged the repression exercised against them from Constantinople by open adhesion to the Arab conquerors. This argument however is not conclusive, for the Copts have kept the prayers for the Emperor, though they have given them a new turn by inserting 'of the land' (ⲚⲦⲈ ⲠⲒⲔⲀϨⲒ).

On the whole it would seem safer not to press the meaning of the sentence about οἱ ἐχθροί, but, regarding this as a conventional expression, to adopt the earlier date, 577, which has the additional advantage of being nearer to the time when the Patriarchs of Alexandria are known to have issued Festal Epistles.

The text of the papyrus is printed as it is in the original, except that words are divided.

```
                               . . . . . . . .
                               ]Ψ[ΑΙ]ΝΕϹΘΑΙ ΤΕΛΕΙⲰϹ ΕΧΟΥϹ[ΑΝ
) ΠΑϹΧΕΙ ΤΙ ΠΑΛΙΝ ΕΝ ΤΕΛΕΥΤΑΙΟΙϹ Η ϹΑΡΞ· ΙΔΙΟΝ ΤΕ ΚΑΙ ΦΥϹΙ-
   [Κ]ΟΝ Τ[ . . . . . . .
) ΤΟ ΠΑΘΟϹ· ΕΙϹΔΕΧΕΤΑΙ ΓΑΡ ΤΟ ΔΙΨΗΝ ΤΑΙϹ ΠΟΛΥΤΡΟΠΟΙϹ ΑΙΚΕΙΑΙϹ
   ΞΗΡ[ΑΝΟΜΕΝΗ·
) ΔΕΙΝΟΙ ΓΑΡ ΟΙ ΠΟΝΟΙ ΠΡΟϹ ΤΟ ΑΝΑΓΚΑϹΑΙ ΔΙΨΗΝ ΕΜΦΥΤⲰ ΤΙΝΙ ΚΑΙ
   ΑΦΡΑϹΤⲰ ΘΕΡ-
5 ) ΜΟΤΗΤΙ ΤΗΝ ΕΝ ΤⲰ ΒΑΘΕΙ ΔΑΠΑΝⲰΝΤΕϹ ΙΚΜ[ΑΔ]Α ΚΑΙ Δ[Ι]ΑΠ[Υ]ΡΟΙϹ
   ΤΙϹΙ ΠΡΟϹΒΟ-
) ΛΑΙϹ ΤΟ ΤΟΥ ΠΑϹΧΟΝΤΟϹ ΔΙΑΚΑΙΟΝΤΕϹ ϹΠΛΑΓΧΝΟΝ· ΗΝ ΜΕΝ ΓΑΡ
   ΟΥ ΧΑΛΕΠΟΝ
```

Τω ΤΑ Π̣ΑΝΤΑ] ἸϹΧΥΟΝΤΙ θῶ ΛΟΓω ΑΠΟϹΤΗϹΑΙ ΚΑΙ ΤΟΥΤΟ ΤΗϹ
ΕΑΥΤΟΥ ϹΑΡΚΟϹ·
ΑΛΛ ωϹΠΕΡ ΕΦΗΚΕΝ ΠΑΘΕΙΝ ΤΑ ΕΤΕΡΑ ΠΑϹΧΕΙ ΚΑΙ ΤΟΥΤΟ ΚΑΤ
ΕΚΟΥϹΙΟΝ ΒΟΥ-
ΛΗϹΙΝ· ΟΥΚΟΥΝ ΕΖΗΤΙ ΠΙΕΙΝ· ΕΠΕΙ ΟΥΝ ΤΑ ΕΙΡΗΜΕΝΑ ΠΡΟϹ ΑΠΟ-
ΔΙΞΙΝ ἸΚΑΝΑ
10 ΓΕΓΟΝΕΝ· ΦΟΡΤΙΚΟΝ ΤΟ ΠΕΡΙΤΤΟΝ Τω ΛΟΓω ΠΡΟϹΘΕΙΝΑΙ ΜΗΚΟϹ·
ΗΔΗ ΤΟΥ ΚΑΙ-
ΡΟΥ ΚΑΛΟΥΝΤΟϹ ΗΜΑϹ ΠΡΟϹ ΤΗΝ ΠΑΡΟΥϹΑΝ ὙΠΟΘΕϹΙΝ· ΑΡΧΟ-
ΜΕΝΟΙ ΤΗϹ ΜΕΝ ΑΓΙΑ[Ϲ
ΤΕϹϹΑΡΑΚΟϹΤΗϹ· ΑΠΟ ῙΘ ΤΟΥ ΦΑΜΕΝωΘ· ΜΗΝΟϹ ΚΑΤΑ ΤΑϹ ΕΥΑΓ-
ΓΕΛΙΚΑϹ ΠΑΡΑΔΟϹΙϹ
ΤΗϹ ΔΕ ΕΒΔΟΜΑΔΟϹ ΤΟΥ ϹωΤΗΡΙΟΥ ΠΑϹΧΑ· ΑΠΟ ῙΔ ΤΟΥ ΦΑΡΜΟΥΘΙ
ΜΗΝΟϹ·
ΠΕΡΙΛΥΟΜΕΝ ΤΗΝ ΝΗϹΤΕΙΑΝ ΤΗ ῙΘ ΤΟΥ ΑΥΤΟΥ ΦΑΡΜΟΥΘΙ ΜΗΝΟϹ
ΕϹΠΕΡΑ ΒΑΘΙΑ
15 ϹΑΒΒΑΤω· ΕΟΡΤΑΖΟΝΤΕϹ ΤΗ ΕΞΗϹ ΕΠΙΦωϹΚΟΥϹΗ ΚΥΡΙΑΚΗ· ϹΥΝ-
ΑΠΤΟΝΤΕϹ ΕΦΕ-
ΞΗϹ ΚΑΙ ΤΑϹ ΕΠΤΑ ΕΒΔΟΜΑΔΑϹ ΤΗϹ ΑΓΙΑϹ ΠΕΝΤΗΚΟϹΤΗϹ· ΟΥΤω
ΓΑΡ ΗΜωΝ ΕΟΡ-
ΤΑΖΟΝΤωΝ· ΤωΝ ΕΧΘΡωΝ Η ὙΠΟΤΑΓΗ ΤΟΙϹ ΒΑϹΙΛΕΥϹΕΙ ΔΙΑ ΤΗϹ
ῙΜωΝ ΠΡΟϹ Θ̅Ν̅
ἹΚΕΤΕΙΑϹ· ΕΥ ΟΙΔΑ ΟΤΙ ΓΕΝΗϹΕΤΑΙ ΚΑΙ ΤΗ ΚΑΘ ΗΜΑϹ ΕΚΚΛΗϹΙΑ ΤΗΝ
ΕΙΡΗΝΗΝ ΑΙΤΟΥ-
ΜΕΝΟΙϹ ΕΛΠΙΖΟΜΕΝ ΜΗΔΑΜωϹ ὙΜΑϹ ΑΠΟΤΕΥΞΕϹΘΑΙ· ΑΛΛΑ ΚΑΙ ΕΙ
ΤΙ ΕϹΤΙΝ ΕΞ ΑΥ-
20 ΤΗϹ ΑΠΟΚΡΙΘΕΝ ΛΙΨΑΝΟΝ ΕΝ ΟΜΟΝΟΙΑ ΔΙΑ ΤΟΥ ΟΡϹ ΗΜωΝ ΧΥ
ϹΥΝΑΦΘΗϹΕΤΑΙ·
ΜΕΘ ΟΥ Τω θῶ ΚΑΙ Π̅Ρ̅Ι̅ ϹΥΝ ΑΓΙω Π̅Ν̅Ι̅· ΔΟΞΑ ΚΡΑΤΟϹ ΤΙΜΗ·
ΠΑΝΤΟΤΕ ΚΑΙ ΝΥΝ
ΚΑΙ ΑῚ ΚΑΙ ΕΙϹ ΤΟΥϹ ΑΙωΝΑϹ ΤωΝ ΑΙωΝωΝ ΑΜΗΝ ΧΧΧ

1. St. Cyril's Commentary on St. John xix. 28 (ed. Pusey) begins Πεπληρω-
μένης ἁπάσης ἀσεβείας ἐπὶ Χριστῷ παρὰ τῆς τῶν Ἰουδαίων ἀνοσιότητος, καὶ λοιπὸν ἐλλεί-
ποντος οὐδενὸς εἰς τὸ φαίνεσθαι τελείως ἔχουσαν τὴν ὑπὲρ λόγον ὠμότητα, πάσχει τι πάλιν
ἐν τελευταίοις ἡ σὰρξ ἴδιόν τε καὶ φυσικίν' εἰσδέχεται κ.τ.λ. The quotation in the
papyrus shows some variations. There seems hardly room for τὴν ὑπὲρ λόγον
ὠμότητα at the end of line 1. ἴδιόν τε καὶ φυσικόν is in the papyrus separated from

πάσχει and forms part of a new sentence which is not found in Pusey's or Aubert's text. Line 2 perhaps ended T[OIC ANΘPΩΠOIC.
7. TA Π[ANTA] Pap.: πάντα Pus. ΕΛΥΤΟΥ Pap.: ἰδίας Pus. The quotation continues as far as ΠΙΕΙΝ in line 9, but there are no marks of quotation to lines 7, 8, 9.
8. ΕΦΗΚΕΝ Pap.: ἐκὼν ἐφῆκε Pus.
ΚΑΤ Pap.: καθ' Pus.

CXII (a). *About the seventh century. Bodl. MS. Gr. th. g. 6 (P). On vellum.* $2\frac{1}{4} \times 3$ *in.*

Verse from the Psalms (i. 3), preceded by a thrice repeated Christian formula. It is written in small irregular uncials. Possibly it may have been used as a choir-slip.

    ✠ ΧC ΜΑΡΙΑ ΓΕΝΝΑ ΚΑΙ ✠ ΜΑΡΙΑ ΧC ΓΕΝΝΑ Κ₂ ΧC ΜΑ-
    ΡΙΑ ΓΕΝΝΑ Κ₂ ΕCΤΕ ΦΟC ΤΟ ΞΥΛΟΝ ΤΟ ΠΕΦΥΤΕΥ-
    ΜΕΝΟΝ ΠΑΡΑ ΤΑC ΔΟΙΕΞΟΤΟΥC ΤΩΝ ΥΔΑ-
    ΤΩΝ Ο ΤΩΝ ΚΑΡΠΟΝ ΑΥΤΟΥ ΔΟCΕΙ ΕΝ
5   Κ₂ΡΟ ΑΥΤΟΥ Κ₂ ΤΟ ΦΥΛΛΟΝ ΑΥΤΟΥ ΟΥΚ Α-
    ΠΟΡΗΕΙCΕΤ₂ + β/ αχλω

1. l. X(PICTO)N. It is just possible that this line contains the explanation of the letters χμγ, occasionally found at the beginning or end of papyri; cf. note on c. 23.

2 ff. The verse in Cod. Vat. runs:—καὶ ἔσται ὡς τὸ ξύλον τὸ πεφυτευμένον παρὰ τοὺς διεξόδους τῶν ὑδάτων, ὃ τὸν καρπὸν αὐτοῦ δώσει ἐν καιρῷ αὐτοῦ· καὶ τὸ φύλλον αὐτοῦ οὐκ ἀπορρυήσεται.

6. The letters after the cross are written rather above the rest of the line; below are six more crosses, and beneath them is what looks like APSAVT in Latin capitals turned upside down.

CXIII. *On vellum. Eighth or ninth century. Bodl. MS. Gr. th. e. 4 (P). 7 in. sq.*

For the introduction and notes to this document we are indebted to the Rev. F. E. Brightman, who has also helped largely in the reconstruction of the text. Our own remarks are enclosed in square brackets.

Vellum leaf containing part of a deacon's *ektene* or litany, probably a Diptych, belonging to the Coptic rite and commemorating the Blessed Virgin, two Archangels, the Councils, the Church, the sitting archbishop (i. e. probably the Patriarch of Alexandria) and bishop, SS. John the Baptist and Stephen, the offerers, the celebrant, and the founders of the great sees, and breaking off in the course of the commemoration of the Twelve Apostles. It is in Coptic Greek, much corrupted in transmission and apparently written by a scribe who did not understand it. Its Coptic and Monophysite character is clear from the occasional use of ϯ for TI and ϩ for the breathings, from the constant insertion of the Coptic case-prefix N, from the use of ABBA and NIM, and from the commemoration of the Patriarch Dioscorus. It may be compared with the fragments published by Giorgi in *Fragmentum evang. S. Joannis graecocoptothebaicum*, Rome, 1789, pp. 353-366, and with the formulae of the present Coptic rite in the *Deacons' and Readers' Manual*, Cairo, 1887, especially pp. 90 sqq. The order of its commemorations is exceptional and at some points the text is almost unintelligible.

[The scribe began by inserting dots frequently after words or syllables and over I and X, but they become much rarer towards the end. We give first a copy of the original as it stands, then the reconstruction, marking the doubtful places with an obelus.]

[ΠΕΡΙΤΗ]ϹΕΠΡΕϹ · Bϊ · AC · KAϊ · KA · Tϊ · ωϹΤΗϹ · ACΠΙΛΟΥ
[. . . . . .] ΤωΝ · ΜϊΑΝΤωΝ ·
[ΠΕΡΙΤΗ]ϹΕΠ · ΡΕϹΒϊΑ · C · ΤΗϹΑΓΙΑϹ · ΚΑϊΠΑΛΙΝ · ΑΧ̈ · ΡωΝ ·
[ΤΟΥ · Κ]ΑϊΠΑ · ΝΗΡΗ · ΤΟΥ · ΚΑϊΝΗΝΤωΞΟΥΚΑΙ · ΠΑΡ ·
5 [ΘΕΝΟ]Υ · ΜΗΤΕ · ΡΟΥΧΥ̅ · ΜΑΡΙΑϹ · ΚΑϊ · ΤΟΥ · ΑΡΧ̈ΑΓΓΕ ·
[ΛΟΥ]ΜϊΧΑΗΛ · ΚΕ · ΓΑΥ · ΡϊΗΛ · ΤΟΥ · ΚΥ̅ · ΔΕ · ΘωΜΕΝ ·
[.] ´Α · Κϊ · ΟΥ · ΞΕ · ΡΕΤωϹ · ΚΕ · ΕΥ · Λω · ΓΙ · ΜΕ · ΝωΝΤΡΙ ·
ΑϹΗΝω · ΔωϹ · Εϊ · ΚωϹ · ΤΑΝϯΝΟΥ · ΠωΛΪϹ · Ρ̅Ν̅ ·
ΕΦΕ : ϹωΝ · Ϲ̅Ν̅ · ΕΝΕΡ̈ΚΑϊΑ · ΤΗΝ · ΚϊΡϊΑ · ΛΟΥ ·
10 ΚΕϯ · ωϹ · ΚΕ · ΡΟΥ · ΜΕΤΑΤωΝ · ϹΥΝ · ϩ ΟΥ · ΤωϹ ·
ΚΑΙ · ΕΥ · ΛωΓΙ · ΜΗ · ΝωΝ · ΥΜ · ΜΑ · ΜΟΥ · ωΠωϹΕΥ ·
Χ̈ΗϹ · ΚΑϊΕΠΡΕϹΒϊ · ΑϹ · ΤΗϹ · ΠΑΝ · ΤΗϹ · ΑΥ · ΤΗΝ ·
ΕΚΕΡϊϹ · ΕΙΘΕ · ΕΜΠΑΡΡΟΥϹϊ · Α · ΕΠΕΛ · ΛΗϹ · ΑΚ ·
ΞϊωΝΚΕϯΚΕ · ωΝ · ΑΥΤωΝΤΟΥΚϊΡϊΟΥΔΕΕϊ ·
15 ΘωΜΜΗΝ :—

ΠΕΡΙΤΗС · ΕΙ · ΡΗΝΗС · ΚΑΪ · ΑΜΜΑΝΙ · ΑС · ΚΑΘΩΛΪ ·
ΚΗ[С]ΤΟΥΚῩ · ΕΚΛΕС · ΪΑ · ΚΑΪ · ΤΟΥ · Λ · ΚΪΟΥ · ΩΡΘΟ
ΤΩΞΩ · ΝΗΜΩΝ · ΑΒΑΝΪΜ · ΑΡΧ̈ΗΕΠΙСΚΩΠΩС ·
ΤΟΥ]СΙΝΛΪΤΟΥΡ · ΓΟΥ · ΑΥΤΟΥ · Α · ΒΑ · ΝΪΜ · ΕΠΪС ·
20 [ΚΩ]ΠΟΥ · ΚΥ · ΤΟΥΛ · ΓΙ · ΟΥ · ΑΓΙ · ΟΥ · ΪΩ₂ΑΝΟΥ ·
[ΠΡΟΔΡΟΜΟΥ] · ΚΕ · ΒΑΠ · ΔΪСΤΟΥ · ΚΕΠΑΡ

On the *verso*

ΘΗΝΟΥ · ΚΥΜΑΡΤΕ[Ρ] · ΟΥ · ΚΥΤΟΥΚΙ[ΡΙΟΥСΤΕΦΑΝΟΥ
ΠΡΩΤΩ · Τ · ΪΪΑΚΩΝΟΥ · ΚΕΠΡΩΤΩΜΛ[ΡΤΕΡΟΥ
ΚΕΠΑΝΤΩΝΤΩΝΑΓΙΟΥ · ΓΕΑΝ†ΛΕΜΨΕ[ΩСΤΩΝΠ
25 ΡΩСΠΦΕΡΩΝΤΩΝ · ΤΑΤΩΡΕΑΤΗСΕΜ[ΟΥΤΟΥ
ΠΡΕСΒΗΤΕΡΟΥ · ΔῙ · ΚΕΠΑ · СΗС · ΤΗС · ΕΚΛΕ[СΙΑС
ΩΡΘΩΩΤΩΚ̈ΩΝΤΟΥΓΙΡΪΟΥ · ΤΕΕΪΘ[ΩΜΗΝ

ΚΥΤΟΥΑΓΙΟΥΠΕΤΡΟΥΠΡΩΤΟΥΛΠΩСΤΩΛΟΥΓΕ
ΠΡΩΤΩΑΡΧ̈ΗΕΠΪСΚΩΠΟΥΧ̈ΡΪСΤΩΝ · ΟΥΝΚΙ
30 ΜΪΘΕΝΤΩΝΤΗСΠΩΛΕΥΩС₂ΡΩΜΗ · ΚΕΤΟΥΑΓΙ
ΟΥΑΒΑΪΟΥ₂ΑΝΝΟΥΛΠΩСΤΩΛΟΥΚΕΟΥΑΝΚΕ
ΛΪСΤΟΥΠΑΡΘΗΝΟΥΑΡΧ̈ΗΕΠΪСΚΩΠΟΥΤΗСΠΩ
ΛΕΥΩСΦΕСΩСΚΕΡΪСΜΑΚΑΡΪΩΝΑΒΑΛΟΥ
ΚΑΝΑΠΩСΤΩΛΟΥΚΕΑΡΧ̈ΗΕΠΪСΚΩΠΟΥΗΝ
35 Χ̈ΡΪСΤΩΝΟΥ · ΚΪΜΪΘΕΝΤΩΝΤΗСΠΩΛΕΥΩС
ΑΛΕΚΞΑΝΤΡΪΑΚΕΤΟΥΑΚΙΟΥΑΒΑΜΑΡΚΟΥ ·
ΑΠΩСΤΩΛΛΟΥΚΕΥΟΥΑΝΚΕΛΪСΤΟΥ · ΚΕΑΡ
Χ̈ΗΕΠΪСΚΩΠΟΥΚΪΜΜΪΘΕΝΤΩΝΤΗСΠΩΛ[ΕΥ
ΩСΑΛΕΚΞΑΝΤΡΪΑ · ΚῩ · ΤΕΕΪΘΩΜΗΝ · ΥΠ[ΕΡ
40 ΤΩΝΤΗΥΤΗΚΕΑΠΩСΤΩΛΩΝСΪΜΩΝ · Ω[ΝΟΜ
ΑСΠΕΤΡΟΥΑΝΤΡΗΑСΑΤΕΛΦ̈ΩΝΑ[ΥΤΟΥ
ΙΑΚΧ̈ΩΒΩСΥΟΥСΕΒΕ[ΔΑΪΟΥΚΑΪΟΥ₂ΑΝ
ΝΟΥΑΤΕΛΦΟ[ΥΛΥΤΟΥ

[Περὶ τῆ]ς πρεσβείας καὶ ἱκετείας τῆς ἀσπίλου [δεσποίνης] τῶν ἀπάντων.

[Περὶ τῆ]ς πρεσβείας τῆς ἁγίας καὶ παναχράν[του] καὶ παναρέτου καὶ ἐνδόξου ἀειπαρ[θένο]υ μητρὸς Χριστοῦ Μαρίας καὶ τοῦ ἀρχαγγέ[λου] Μιχαὴλ καὶ Γαβριὴλ τοῦ Κυρίου δεηθῶμεν.

["Ἔτι καὶ ἐξαιρέτως τῶν εὐλογημένων τριῶν συνόδων ἐν Κωνσταντινουπόλει ρν', (ἐν) Ἐφέσῳ σν', †ἐν Νικαίᾳ τιη'†, Κυρίλλου καὶ Διοσκόρου μετὰ τῶν σὺν αὐτοῖς καὶ εὐλογημένων ὁμονόων, ὅπως εὐχαῖς καὶ πρεσβείαις ταῖς πάντων αὐτῶν †χαρίσηται ἡμῖν παρρησίαν ἐπ' ἐλεύσει (τοῦ)† ἁγίου καὶ δικαίου, τοῦ Κυρίου δεηθῶμεν.

Περὶ τῆς εἰρήνης καὶ ὁμονοίας καθολικῆς τοῦ Κυρίου ἐκκλησίας, καὶ τοῦ ἁγίου ὀρθοδόξου ἡμῶν ἀββᾶ ν̄ῑμ̄ ἀρχιεπισκόπου, τοῦ συλλειτουργοῦ αὐτοῦ ἀββᾶ ν̄ῑμ̄ ἐπισ[κό]που, καὶ τοῦ ἁγίου ἁγίου Ἰωάννου [προδρόμου] καὶ βαπτιστοῦ καὶ παρθένου καὶ μάρτυρος, καὶ τοῦ κυρίου Στεφάνου, πρωτοδιακόνου καὶ πρωτομάρτυρος], καὶ πάντων τῶν ἁγίων, καὶ ἀντιλήψε[ως τῶν π]ροσφερόντων τὰ δῶρα, τῆς ἐμοῦ τοῦ] πρεσβυτέρου ὁ δεῖνα, καὶ πάσης τῆς ἐκκλησίας] ὀρθοδόξων τοῦ Κυρίου δεηθῶμεν.

Καὶ τοῦ ἁγίου Πέτρου πρώτου ἀποστόλου καὶ πρώτου ἀρχιεπισκόπου Χριστῷ ἐγκοιμηθέντος τῆς πόλεως Ῥώμης, καὶ τοῦ ἁγίου ἀββᾶ Ἰωάννου ἀποστόλου καὶ εὐαγγελιστοῦ παρθένου ἀρχιεπισκόπου τῆς πόλεως Ἐφέσου, καὶ τρισμακαρίου ἀββᾶ Λουκᾶ ἀποστόλου καὶ ἀρχιεπισκόπου ἐν Χριστῷ ἐγκοιμηθέντος τῆς πόλεως Ἀλεξανδρείας, καὶ τοῦ ἁγίου ἀββᾶ Μάρκου ἀποστόλου καὶ εὐαγγελιστοῦ καὶ ἀρχιεπισκόπου κοιμηθέντος τῆς πόλεως Ἀλεξανδρείας, τοῦ Κυρίου δεηθῶμεν.

Ὑπὲρ τῶν δώδεκα ἀποστόλων Σίμωνος ὃν ὠνόμασε Πέτρον, Ἀνδρέα ἀδελφοῦ α[ὐτοῦ], Ἰακώβου υἱοῦ Ζεβεδαίου καὶ Ἰωάννου ἀδελφοῦ αὐτοῦ.

1. For περί, in the place of the more usual ὑπέρ, cf. line 16 and Giorgi's fragments.
2. 'The Lady of us all' is Coptic and Abyssinian, and is perhaps not otherwise used; ἡ δεσποίνη ἡμῶν is the ordinary Greek form. The duplication of the commemoration of the Virgin is curious. [δεσποίνης, to be got into the lacuna, must have been contracted. ?1. τῶν μιαντῶν.]
7. Ἔτι is very uncertain, but it is a common form. [The remains of the letter before A are more like B than anything else.] Perhaps τῶν ἐξαιρέτων καὶ should be read, as 'especially' after the preceding paragraph is strange.
8. Constantinople, 381 A.D.; Ephesus, 431 A.D. The fathers of Ephesus are generally commemorated as 200, not 250, having in fact been 198.
9. 'The 318 in Nicaea': the ordinary form of commemoration; but the correction is very questionable, and the position after Ephesus would be very difficult to account for. It may be ἐνεργείᾳ τῇ, in which case line 10 must contain a participle such as συνηγμένων, 'the Councils assembled by the exertions of Cyril

and Dioscorus'; and then the Ephesine Council must be the Latrocinium of 449 A.D. at which Dioscorus presided and 128 bishops sat. To account for 'the three Councils,' if the emendation above is not accepted, either Nicaea must have dropped out before Constantinople, or it must be intended to include the two Ephesine Councils of 431 and 449 in the single mention of Ephesus.

11. YMMAMOY: cf AMMANIAC for ὁμοιοίας in line 16.

13. The reconstruction of this line is very doubtful; χαρίσηται is not quite probable since κ and θ are not elsewhere in the MS. confounded with χ and τ. ἐλύσεως (τοῦ) ἁγίου καὶ δικαίου is a combination of the phraseology of Acts vii. 5 and iii. 14; and ἔλευσις is used of the Second Advent (in place of the more usual παρουσία) in the Egyptian *Liturgy of St. Gregory* (Renaudot, *Liturg. orient. collect.* i. p. 67, ed. 1847). [The first Λ of ЄΠЄΛΛΗϹ may also be read as Χ.]

18. ABBA is the ordinary title of bishops and monastic saints in Coptic commemorations, but this formal use of it is apparently not found in Orthodox Egyptian Greek.

NIM i. e. 'so and so,' is generally substituted for the Byzantine ὁ δεῖνα in the Greek passages of the Coptic rite; but the latter is sometimes retained, cf. line 26 and Denzinger, *Ritus orient.* i. p. 257.

19–20. The common Coptic form of commemoration for the archbishop and the bishop. The abrupt insertion of the commemoration of the living prelates before St. John Baptist, &c., is unusual.

26. Cf. note on line 18. πάσης τῆς ἐκκλησίας may be a corruption of πάσης ἐπισκοπῆς: see *Lit. East. and West.* i. pp. 332, 336.

30 ff. This paragraph is remarkable; it is really a commemoration of the sees rather than of their founders, since otherwise there is no reason for the selection of these four 'apostles': yet the order is so far determined by the rank of their founders that Ephesus takes precedence of Alexandria. The assignment of St. Luke to Alexandria is extraordinary and unexampled, and the precedence given to him over St. Mark is curious. 'Alexandria' in line 36 may be a mistake for 'Antioch'; but even so, though St. Luke is regarded as Antiochene by origin, the traditional connexions of his later life are with Greece, and the precedence of Antioch over Alexandria would be difficult to explain.

40. Ѡ[ΝΟΜ]ΑϹ(Є): cf. St. Luke vi. 14; if the reconstruction is right, ὢν seems to have been omitted owing to homoioteleuton, since there is hardly room for Ѡ[ΝѠΝΟΜ].

INDICES

I. NEW LITERARY FRAGMENTS.

Numbers in heavier type are those of the papyri; square brackets indicate columns.

]αβαλεῖν **7** (*b*), Fr. 5. 6.
ἀγαθός **8** (*b*), Fr. 2. 3.
ἀδύνατος **8** (*b*), Fr. 1 [1] 6.
ἀεί **13** [1] 5.
ἀκούειν, ἀκήκοα **8** (*b*), Fr. 2. 2.
ἄλγεα **5**, Fr. 2. 3.
ἀλ]λάσσομαι **6** (*a*), Fr. 1. 9.
ἀμιλλᾶσθαι, ἡμίλλησ[**6** (*a*), Fr. 2. 10.
ἄμφω **6** (*a*), Fr. 2. 11.
ἀνακαλυπτήρια **11** [2] 4.
ἀνήρ **1** (*a*), Fr. 1. 3; **7** (*a*) 1.
ἄνθρωποι **11** [2] 8; **13** [1] 12.
ἄνοια **8** (*b*), Fr. 1 [1] 4.
ἀντιφλέγειν **8** (*a*), Fr. 1. 4.
ἀπάτη **8** (*b*), Fr. 1 [1] 1.
ἄποινα **12**. 6.
ἀπωσφαλτ[**8** (*a*), Fr. 2. 8.
ἀρήγειν **12**. 5.
ἀριστερός **7** (*b*), Fr. 1 [1] 1.
ἀρτίως **6** (*a*), Fr. 3. 4.
ἄστυ **5**, Fr. 1. 5.
ἄτερ **5**, Fr. 1. 3.
ἄτη **5**, Fr. 1. 3.
αὐγή **8** (*a*), Fr. 1. 3.

βαίνειν, βέβηκας **5**, Fr. 1. 4.
βαλεῖν **6** (*c*), Fr. 2. 5.
βουλεύειν **12**. 3 (schol.).

γάμος **6** (*c*), Fr. 2. 6; **11** [1] 9, 12 [2] 1.
γῆ **11** [1] 15.

γίγνεσθαι **7** (*b*), Fr. 1 [1] 2, Fr. 6. 12;
  11 [1] 9, 10, [2] 6.
γλίσχρος **7** (*a*) 12.

δακρύειν **7** (*b*), Fr. 3. 7, Fr. 6. 10.
Δαρδαν[**8** (*a*), Fr. 1. 6.
δεῖ **11** [1] 7.
δεξαι **11** [2] 10.
δεξιός **1** (*a*), Fr. 1. 6; **7** (*b*), Fr. 1 [1] 2, 9.
δέσποινα **6** (*a*), Fr. 1. 9.
διάνοια **7** (*a*) 6.
διδόναι, δώσω **6** (*a*), Fr. 1. 15; (*c*), Fr. 1. 3.
  δοίημεν **7** (*b*), Fr. 1 [1] 8.
διεφθαρμένος **7** (*a*) 5.
δικαιολογικός **7** (*a*) 10.
δοκεῖν **6** (*c*), Fr. 2. 7.
δ]ρόμος (?) **8** (*a*), Fr. 1. 2.
δυνατός **8** (*b*), Fr. 1 [1] 3.
δῶμα **6** (*a*), Fr. 1. 3; **11** [1] 17.

εἰδέναι **13** [1] 20.
εἰς **8** (*b*), Fr. 2. 1.
ἐκεῖσε **6** (*a*), Fr. 1. 6.
ἐκτελεῖν **11** [1] 3.
ἐκφυγεῖν **8** (*a*), Fr. 2. 2.
Ἑλλάς **8** (*b*), Fr. 2. 3, 6.
ἐμβαθής **7** (*a*) 11.
ἐμπολᾶν **1** (*a*), Fr. 1. 5.
ἐναντίος, ἐξ. ἐναν. **7** (*a*) 11.
ἐξελαύνειν **6** (*a*), Fr. 1. 3.
ἐπεί **11** [1] 3.

ἐπειδή 11 [1] 8, 10.
ἔρχεσθαι, ἐλήλυθεν 6 (c), Fr. 1. 5; ἦλθ᾽
 12. 5.
ἐτυῖμος 11 [1] 8.
εὔηκοος 7 (a) 2.
εὐθύς 8 (b). Fr. 2. 1.
εὐλόγων 7 (a) 1.
εὖνως (?) 7 (a) 1.
εὑρίσκειν 8 (b), Fr. 1 [1] 5.
εὐφήμως 6 (b) 19.
ἔχειν 7 (a) 9 : (b), Fr. 6. 5; 12. 5 (schol.).

Ζᾶν 11 [1] 13.
ζηλοτυπία 8 (b), Fr. 1 [1] 8.
Ζήτης (?) 8 (b), Fr. 1 [1] 4.
ζυγόν 6 (a), Fr. 3. 3.

ἡδονή 1 (a), Fr. 1. 5 ; 7 (a) 9.
ἡμέρη 11 [1] 11.

θαυμάζειν 13 [2] 11.
θινμίσιος 7 (b), Fr. 5. 9.
θεοί 11 [2] 8.
θεράπαιναι 11 [1] 6.
θεράποντες 11 [1] 5.

κακία 7 (a) 7.
κακόν 1 (a), Fr. 1. 4; 6 (b) 15. (c), Fr.
 1. 3.
κακούμεναι 12. 3.
καλός 11 [1] 14.
καταπτήσσειν, καταπτήξω 6 (a), Fr. 1. 8.
κέδρινος 8 (a), Fr. 2. 7.
κλύων 1 (b) [1] 2.
κόρη 6 (a), Fr. 1. 11 ; 8 (b), Fr. 1 [1] 3.
κοῦφας 7 (a) 13.
κρατισ᾽ 13 [1] 13.

λαλεῖν 12. 1.
λέγειν, τὸ λεγόμενον 7 (a) 3 ; εἶπε 13 [2] 8.
λιμπάνειν 6 (c), Fr. 2. 4.
λόγος 6 (a), Fr. 3. 2.
λυπεῖσθαι 13 [1] 4.

μᾶλλον 6 (a), Fr. 2. 4.
μανία 6 (a), Fr. 1. 1.
μαντέ. 1 (a), Fr. 1. 2.
μέγα 1 (a), Fr. 1. 4 ; 11 [1] 2, 13.
μεγασθενής 1 (b) [1] 3.
μειρακιώδης 7 (a) 13.

Μελανίππη 12. 7 ; 13 [2] 19.
μέλεος 8 (a), Fr. 2. 1.
μεστός 8 (b), Fr. 1 [1] 4.
μήπω 7 (a) 5.
μητρυῶν 12. 4.
μικρός 8 (b), Fr. 2. 5.
μί ξις (?) 11 [2] 9.
μνήμη 6 (b) 16.
μόνος 6 (b) 6 : (c), Fr. 2. 3 ; 13 [1] 17.
μύχωλα 6 (a), Fr. 1. 7.

νέρτερος 8 (a), Fr. 1. 3.
νηδί 7 (a) 2.
νικᾶν 8 (b), Fr. 2. 3.
νομαρχ᾽ 8 (b), Fr. 1 [1] 7.
νόμος 11 [2] 7.
νύξ 8 (a), Fr. 1. 3.

ξεστός 12. 8.
ξ᾽φος 6 (a). Fr. 2. 9.

οἴκιον 11 [1] 1.
οἶκτος 12. 5 (schol.).
Οἰσία (?) 8 (b), Fr. 1 [1] 5.
οἰωνός 5, Fr. 2. 2.
ὅμοιος 6 (c), Fr. 1. 1.
ὁμόπτερος 6 (a), Fr. 1. 2.
ὄνομα 8 (b), Fr. 2. 2.
ὀξύς 6 (a), Fr. 2. 6.
ὁρᾶν 6 (a), Fr. 2. 11, Fr. 4. 3 ; 7 (a) 4.
ὀτοτοτοτοτοί 6 (a). Fr. 4. 2.
οὐ μὴν ἀλλά 7 (a) 14.
οὐσία 6 (a), Fr. 3. 1.

πάθος 7 (b). Fr. 5. 7.
ποῖς 5. Fr. 2. 4.
πύλαι 6 (c), Fr. 2. 1.
παντάπασι 7 (a) 14.
πάροιθε 6 (a), Fr. 1. 14.
πᾶς 8 (b), Fr. 1 [1] 2 ; 11 [1] 4, 7, 8.
πιστεύειν 6 (b) 8.
πλευρόν 6 (a), Fr. 1. 4.
ποιεῖν 8 (b), Fr. 1 [1] 5 ; 11 [1] 1, 13.
ποιεῦσι 11 [1] 10.
ποίησις 13 [2] 16.
ποικίλλειν 11 [1] 15.
πολλάκις 6 (b) 17 ; 7 (b), Fr. 1 [1] 5.
πολύς 6 (b) 5 ; 11 [1] 2 : 12. 2 ; 13 [1] 2.
πολύπτωος 6 (a). Fr. 1. 5.

II. KINGS AND EMPERORS

πύτμος 8 (*a*), Fr. 2. 4.
πούς 6 (*a*), Fr. 1. 6, 8.
πρᾶγμα 6 (*b*) 10; 13 [1] 3.
πραγματικός 7 (*a*) 10.
πράσσειν, πράξει 6 (*b*) 4; ἐπράχθημεν 6 (*b*) 7.
προσιέναι 8 (*b*), Fr. 1 [1] 2.
προστάσσειν 8 (*b*), Fr. 1 [1] 5.
πρῶτον 11 [2] 5.
πτερῶν 5, Fr. 2. 2.
πῦρ 8 (*b*), Fr. 2. 1, 2.
πῶλος 6 (*a*), Fr. 3. 3.

σέο 11 [2] 1.
σκιά 7 (*a*) 4.
σκοπεῖν 8 (*b*), Fr. 1 [1] 2.
σκότει 8 (*a*), Fr. 2. 3.
σοφία 7 (*b*), Fr. 6. 13.
σοφιστικός 7 (*a*) 6.
στοχίζειν (?) 6 (*a*), Fr. 1. 4.
συλλαβεῖν 8 (*b*). Fr. 2. 1.
συνηγορεῖν 7 (*a*) 8.
Σωκράτης 13 [1] 6.

Τάρταρα 6 (*a*), Fr. 1. 7.
ταστορέσας 8 (*a*), Fr. 2. 6.
τεκμαιρο 13 [1] 10.
τέκνον 5, Fr. 1. 6; 8 (*a*), Fr. 1. 5.
τίκτειν 5, Fr. 2. 4; 8 (*b*). Fr. 1 [1] 1.

τιμῶ 11 [2] 2.
τλήμων (?) 1 (*a*), Fr. 2. 1.
τότε 11 [1] 12.
τραγῳδία 13 [2] 20.
τρίψεσθαι 13 [1] 11.
τρύχειν 12. 2.
τυγχάνειν 8 (*b*), Fr. 1 [1] 3.

ὑπέρτερον 6 (*a*), Fr. 3. 2.

φαεσφόρος 8 (*a*), Fr. 1. 2.
φαίνειν 7 (*a*) 7.
φαντασία 7 (*a*) 4.
φᾶρος 11 [1] 13, [2] 11 (?).
φασί 11 [2] 4.
φθείρειν 1 (*a*), Fr. 1. 4.
φοιβούμενος 7 (*a*) 3.
Φοῖβος 6 (*a*), Fr. 1. 2.
φρενοβλαβής 1 (*a*), Fr. 1. 3.

χαῖρε 11 [2] 3.
χείρ 1 (*a*), Fr. 1. 6.
χόλος 6 (*a*), Fr. 1. 13.
χρήματα 11 [1] 4.
χρῆσις 6 (*b*) 13.
χρώμενον 13 [2] 5.

ψευδηδεής 7 (*a*) 2.

ὤγησος 11 [1] 16, 17.
ὡς 1 (*a*). Fr. 1. 4; 6 (*a*), Fr. 3. 3.

II. KINGS AND EMPERORS. (See also III.)

Evergetes II.

βασιλευόντων Πτολεμαίου θεοῦ εὐεργέτου τοῦ Πτολεμαίου καὶ Κλεοπάτρας θεῶν ἐπιφανῶν καὶ βασιλίσσης Κλεοπάτρας τῆς ἀδελφῆς καὶ βασ. Κλεοπ. τῆς γυναικὸς θεῶν εὐεργ., ἔτος λϑ 15 [1] 1. (not named) [3] 1, 5. ἔτος λδ 16. 1; 17. 1, 11. ἔτος μδ 18. 1, 13. ἔτος ν 19. 13. ἔτος νϑ 19. 1.

Cleopatra III and Soter II.

βασιλευόντων βασιλίσσης καὶ βασιλέως Πτολ. θεῶν φιλομητόρων σωτήρων, ἔτος δ 20 [2] 1. (not named) [1] 1. ἔτος ε 21. 1, 27. ἔτος ζ 22. 1. ἔτος θ (?) 23. 8, 15, 21, 22, 23.

CLEOPATRA III and ALEXANDER I.
   βασιλευόντων Κλεοπ. καὶ Πτολ. ἐπικαλουμένου Ἀλεξάνδρου τοῦ υἱοῦ θεῶν φιλομ., ἔτος ια τὸ καὶ ὄγδοον 23 (*a*) [2] 1. ἔτος ιϛ τὸ καὶ ιγ 32. 1. (not named) ἔτος ια τὸ καὶ ὄγδοον 23 (*a*) [1] 1; 25. 10. ἔτος ιβ τὸ καὶ ἔνατον 24. 1. ιγ τὸ καὶ δέκατον ἔτος 24. 15; 28. 11; 31. 1. ἔτος ιδ τὸ καὶ ια 25. 1. ἔτος ιε τὸ καὶ ιβ 26. 1; 27. 1, 10; 28. 1; 30. 11. ἔτος ιϛ τὸ καὶ ιγ 29. 1; 30. 1; 32. 12.

ALEXANDER I and BERENICE.
   βασιλ. Πτολ. τοῦ ἐπικαλ. Ἀλεξ. καὶ Βερενίκης τῆς ἀδελφῆς θεῶν φιλομ., ἔτος ιϛ 35. 1.
   (not named) ἔτος ιε 33. 1. ἔτος ιϛ 34. 1. ἔτος ιθ 36. 22.

BERENICE III and ALEXANDER II (?).
   (not named) ἔτος β τὸ καὶ α ἔτος 38. 22.

NEOS DIONYSUS (?).
   (not named) ἔτος β 39. 1, 7.

CLAUDIUS.
   Τιβέριος Κλαύδιος Καισ. Σεβαστὸς Γερμανικὸς Αὐτοκρ., ἔτος ζ 41. 7, 27.

DOMITIAN.
   Αὐτοκρ. Καισ. Δομιτιανὸς Σεβαστὸς Γερμανικός. ἔτος ϛ 42. 3, 8. ἔτος ια 43. 4.

TRAJAN.
   Τραιανὸς Καίσαρ ὁ κύριος, ἔτος γ 44. 6.
   Αὐτ. Καισ. Νέρουας Τραιαν. Σεβ., ἔτος τέταρτον 44. 14.
   θεὸς Τραιανός, ἔτος ζ 49. 7, 12.

HADRIAN.
   Ἀδριανὸς Καισ. ὁ κυρ., ἔτος κ 45. 10, 14, 16. 19. ἔτος κα 45 (*a*) 10.
   Ἀδριανὸς ὁ κύριος, ἔτος κα 45 (*a*) 14. 15.
   Αὐτ. Καισ. Τίτος Αἴλιος Ἀδρ. Σεβ., ἔτος κα 46. 2.
   θεὸς Ἀδριανός, β καὶ ιϛ ἔτος 49. 8, 10. 11.

ANTONINUS PIUS.
   Αὐτ. Καισ. Τιτ. Αἴλ Ἀδρ. Ἀντ. Σεβ. Εὐσεβής, ἔτος β 46 (*a*) 15. ἔτος γ 47. 1. ἔτος δ 48. 5. ἔτος ζ 51. 1. ἔτος ια 53 (*a*) 1.
   Ἀντωνῖνος Καισ. ὁ κυρ., ἔτος ι 49. 5. 16; 50 (*a*) 6. ἔτος θ 50 (*b*) 4. ἔτος ια 50 (*c*) 4. ἔτος ιγ 54. 1.
   θεὸς Αἴλιος Ἀντωνῖνος, κγ ἔτος 55. 8.

MARCUS AURELIUS and VERUS.
   Αὐτ. Καισ. Μαρ. Αὐρ. Ἀντ. Σεβ. καὶ Αὐτ. Καισ. Λουκ. Αὐρ. Οὔηρος Σεβ., ἔτος α 55. 25. ἔτος β 53 (*b*) 1. (*c*) 1. ἔτος γ 56. 19.
   Ἀντ. καὶ Οὐηρ. οἱ κυρ. Σεβ., ἔτος β 56. 15. ἔτος γ 56. 11.
   Ἀντ. καὶ Οὐηρ. οἱ κυρ. Σεβ. Ἀρμ. Μεγ. Παρθ. Μεγ., ἔτος ζ 53 (*d*) 1.
   Ἀντ. καὶ Οὐηρ. οἱ κυρ. Σεβ. Ἀρμ. Μηδ. Παρθ. Γερμ., ἔτος η 57. 21.

MARCUS AURELIUS.
    Μαρ. Αὐρ. Ἀντ. Καισ. ὁ κυρ., ἔτος ιε 58. 4.
    Αὐρ. Ἀντ. Καισ. ὁ κυρ. Σεβ., ἔτος ιη 53 (e) 1, (f) 1.
MARCUS AURELIUS and COMMODUS.
    Αὐρήλιοι Ἀντ. καὶ Κομμ. οἱ κυρ. Σεβ., ἔτος . 50 (d) 5.
    Αὐρήλιως Ἀντ. καὶ Κομμ. οἱ κυρ. Σεβ., ἔτος κ 50 (e) 8.
    (not named) ἔτος ιθ (?) 50 (f 1) 5, (f 2) 5.
COMMODUS.
    Αὐρ. Κομμ. Ἀντ. Καισ. ὁ κυρ., ἔτος κθ 59. 4.
    Μαρ. Αὐρ. Κομμ. Ἀντ. Σεβ., ἔτος λ 53 (g) 1.
    (not named) ἔτος κδ (?) 50 (g) 4.   ἔτος λ 50 (h) 5.   ἔτος λγ 50 (i) 6.
PESCENNIUS NIGER.
    Γάιος Πεσκίννιος Νίγερ Ἰοῦστος Σεβ., ἔτος β 60. 1.
SEPTIMIUS SEVERUS.
    Λουκ. Σεπτ. Σεουηρ. Εὐσεβ. Περτιν. Σεβ., ἔτος [.] 61. 24.
SEVERUS, CARACALLA and GETA.
    Λουκ. Σεπτ. Σεουηρ. Περτ. καὶ Μαρ. Αὐρ. Ἀντ. καὶ Πουβ. Σεπτ. Γέτα Βρεντανικοὶ Μεγ. Εὐσεβ. Σεβ., 63. 4.   ἔτος ιθ 63. 18.
MAXIMINUS and MAXIMUS.
    Αὐτ. Καισ. Γαι. Ἰούλιος Οὐῆρος Μαξιμῖνος Ευσ. Ευτ. Σεβ. Γερμ. Μεγ. Δακ. Μεγ. Σαρματ. Μεγ. καὶ Γαι. Ἰούλιος Οὐῆρος Μάξιμος Γερμ. Μεγ. Δακ. Μεγ. Σαρμ. Μεγ. ὁ γεννιωτ. Καισ., κύριοι αἰώνιοι Σεβ., ἔτος γ 67. 20.
PHILIPPI.
    Αὐτ. Καισ. Μάρκοι Ἰούλιοι Φίλιπποι Εὐσεβ. Εὐτυχ. Σεβ., ἔτος ε 68. 13.
    Μάρκοι Ἰούλιοι, ἔτος ε 69. 16 ; 70. 14.
    ] Φίλιπποι [71 [1] 1.
VALERIAN and GALLIENUS.
    Οὐαλεριαν`ὸς καὶ Γαλλιη`νὸς Σεβαστοί, ἔτος ιγ, 69. 2.
VABALLATHUS and CLAUDIUS.
    Αὐτ. Καισ. Γαίου Αὐρ. [Οὐαβαλλάθου] ἔτος τρίτον, καὶ Αὐτ. Καισ. Μαρ. Αὐρ. [Κλαυδίου] Εὐσεβ. Εὐτ. Σεβ. ἔτος β 70. 1.
DIOCLETIAN and MAXIMIAN.
    dd. nn. Diocletianus et Maximianus Augg. et [Constantius et Maximianus] nobilissimi Caesares 110. 1.
    ἔτος ιη καὶ ιζ καὶ η τῶν κυρ. ἡμ. Διοκλ. καὶ Μαξιμ. Σεβαστῶν καὶ Κωνσταντίνου καὶ Μαξιμιανοῦ τῶν ἐπιφανεστάτων Καισάρων 74. 20.
    οἱ δεσπόται ἡμ. Αὐτ. Σεβ. (=Diocletian and Maximian ?) 79 [1] 5, [2] 6.
CONSTANTIUS and GALERIUS.
    Κωνστάντιος] καὶ Μαξι(μιανός . . . , ἔτος ιδ 76. 23.

GALERIUS and SEVERUS.

[ἔτος ιε¹ καὶ ἔτος γ καὶ ἔτος β' τῶν κυρ. ἡμ. Μαξιμιανοῦ καὶ Σεουήρου Σεβ. καὶ Μαξιμίνου καὶ Κωνσταντίου τῶν ἐπιφ. Καισ. **78**. 29.

MAURICE.

ὁ θειότατος ἡμ. δεσπότης Φλαύιος Μαυρίκιος Τιβέριος ὁ αἰώνιος Αὔγουστος καὶ Αὐτ., ἔτος ιδ **86**. 3. ἔτος κ **87**. 3 (om. καί).
ὁ ἡμ. δεσπ. Φλ. Μαυρ. Τιβερ. ὁ αἰων. Αὐγ., ἔτος κα **88**. 4.

III. CONSULS, INDICTIONS, AND ERAS.

Imp(eratore) Vero ter et Umidio Quadrato consulatus (167) **108**. 12.
[Diocletiano Aug. V et¹ Maximiano Aug. IIII coss. (293) **110**. 6.
ὑπατίας τῶν δεσπ. ἡμ. Διοκλ. πατρὸς Αὐγούστων τὸ [.¹ καὶ Γαλερίου Οὐαλερ. Μαξ. Αὐγούστου τὸ [. **72**. 11.
ὑπατίας τῶν δεσπ. ἡμ. Διοκλ. πατρὸς Αὐγ. τὸ ί καὶ Γαλ. Οὐαλ. Μαξ. Αὐγ. τὸ θ´ (305) **75**. 18.
μετὰ τὴν ὑπατίαν Φλαυίων Οὐινκεντίου καὶ Φραουιοτᾶ τῶν λαμπροτάτων (402) **80**. 1.
μετὰ τὴν ὑπατίαν τῶν δεσπ. ἡμ. Ἀρκαδίου καὶ Ὀνωρίου τῶν αἰων. Αὔγουστ. Αὐτ. (403) **81**. 1.
ὑπατίας τοῦ δεσπότου ἡμῶν Θεοδοσίου τοῦ γενναιοτάτου καὶ Ῥουμορίδου (Ῥωμορμότου) τοῦ μεγαλοπρεπεστάτου (403) **81** (α) 13.
μετὰ τὴν ὑπατίαν Φλαουίου Βελισαρίου τοῦ λαμπροτάτου (535) **85**. 1.

INDICTIONS.

1st **81**. 15 (402); **105**. 3, 4 (719); **106**. 3, 4 (719).
2nd **81** (α) 8 (403); **101**. 1; **104**. 1, 3. 4, 5.
4th **89**. 8; **90**. 28.
6th **87**. 6, 20, 43 (602. Pachon 28 ἀρχῇ); **88**. 6 (602); **102**. 1.
7th **98**. 4.
11th **100**. 4 (683).
12th **96**. 5.
13th **97**. 4; **111**. 4.
14th **85**. 2 (535. Payni 27 τέλει); **95**. 2, 5.
15th **80**. 15 (401); **86**. 6 (595); **99**. 2; **103**. 3.

ἔτος λθ τῆς Καίσαρος κρατήσεως θεοῦ υἱοῦ (A. D. 9) **40**. 3.
ἔτος Διοκλητιανοῦ τγθ (683) **100**. 4.
101st year of the Hegira (719) **105** and **106**.

IV. MONTHS AND DAYS.

(a) MONTHS.

Egyptian.	Roman.	Length of the Egyptian months in an ordinary year.
Θώθ	Σεβαστός 41. 29	29 Aug.—27 Sept.
Φαῶφι		28 Sept.—27 Oct.
Ἀθύρ	Νέος Σεβαστός 42. 6	28 Oct.—26 Nov.
Χοίακ	Ἀδριανός 49. 17 (Macedonian Περίτιος 40. 4)	27 Nov.—26 Dec.
Τῦβι		27 Dec.—25 Jan.
Μεχείρ		26 Jan.—24 Feb.
Φαμενώθ		25 Feb.—26 March.
Φαρμοῦθι		27 March—25 April.
Παχών		26 April—25 May.
Παῦνι	Σωτήριος 43. 6	26 May—24 June.
Ἐπείφ		25 June—24 July.
Μεσορή	Καισάρειος 46. 4	25 July—23 Aug.
ἐπαγόμεναι ἡμέραι 104. 3, 4, 5; 105. 4; 106. 4		24—28 Aug.

(b) DAYS.

Ἰδοὶ Ἰανουάριοι 75. 21.
Kalendae Januariae 110. 3.
Καλένδαι Μάρτιαι 72. 13.
Καλένδαι Ὀκτώβριαι 75. 8, 9.
Nonae Octobres 108. 8, 12.

V. PERSONAL NAMES.

(See also VI. Persons having the name Aurelius are indexed under their cognomen where preserved.)

Aaron 100. 23.
Ἀβεσαλώμ 97. 2.
Ἀβραάμιος 109. 1.
Ἀβραάμιος Ἀπαμηνᾶς 91. 9.
Ἀγαθῖνος 15 [3] 2.

Ἀγαθὸς Δαίμων 72. 16.
Ἀγχῶφις 61. 6.
Ἀκίνδυνος 89. 1; 90. 2.
Ἀκουσίλαος Ἀτρῆτος 53 (g) 5.
Ἄκωος 83. 8.

Ἀλέξανδρος 71 [1] 30, [2] 17.
Ἀλμαφεύς 30. 8, 13, 32.
Ἀλμένης 36. 7.
Ἀμειλάριος 79 [2] 5.
Ἀμμωνία 78. 6.
Ἀμμώνιος (1) 50 (k) 2 : (2) 66. 2 : (3) 69. 44 : (4) 71 [1] 28.
Ἀμμώνιος, Αὐρήλιος Ἀμ. (1) 68. 22 ; 70. 18 : (2) 71 [1] 28, [2] 4, 7.
Ἀμμώνιος Ἀχιλλέως 15 [1] 14, [2] 11, [3] 4.
Ἀμοῦνις, Αὐρηλ. Ἀμ. Νοείριος 70. 22.
Ἄνθος Σύρου 62. 2.
Ἀνῖνος 99. 1.
Ἀνούβας, Αὐρήλιος Ἀν. 71 [2] 30 ; 79 [1] 6.
Ἀνούβας Διδύμου 49. 5, 11, 15.
Ἀνουβίων (1) 63. 1, 9 : (2) 89. 2, 9 ; 90. 3.
Ἀντωνίς 79 [1] 2.
Ἀντώνιος Σαβεῖνος 51. 4, 16.
Ἀνύψιος 93. 2.
Ἀπαμηνᾶς, Ἀβραάμιος Ἀπ. 91. 9.
Ἀπεννεύς 14 (b) 1, 8.
Ἀπίας, Αὐρηλ. Ἀπ. 74. 4.
Ἀπίων, Αὐρηλ. Ἀπ. 71 [2] 24.
Ἀπίων, Αὐρ. Ἀπ. Παῆσιος 80. 8 ; 81. 8 ; 81 (a) 1, 16 ; 82. 5.
Ἀπόλλω 101. 3.
Ἀπόλλων 73. 1, 23.
Ἀπολλώνιος (1) 14 (a) 1, 26, 27 : (2) 34. 1 ; 35. 14 ; (3) 62. 9 : (4) 66. 3 : (5) 68. 21 ; 69. 33 ; 70. 18 : (6) 99. 6.
Ἀπολλώνιος Ἀμμωνίου 71 [2] 4.
Ἀπολλώνιος Βασιλείδου 69. 11.
Ἀπολλώνιος Σερτούλιος 57. 3.
Ἀπῦγχις (1) 46. 10, 22 : (2) 53 (f) 4 : (3) 62 (a) 2.
Apuleius Nepos 108. 11.
Ἄρειος Σαβίνου 46. 18, 24.
Ἀριστόδωρος 14 (c) 5.
Ἁρπαγάθης 50 (b) 2.
Ἅρπαλος (Σάτυρος ἐπικ. Ἁρ.) 66. 2.
Ἁρπῶς 23 (a) [2] 3.
Ἁρπῶς Παβοῦτος 30. 28.
Ἁρσενοῦφις 36. 4.

Ἀρσιῆσις Ζμῖνος 32. 7.
Ἀρσιῆσις Σχώτου 33. 2, 3, 10, 12.
Ἀρτεμιδώρα 56. 3.
Ἅρων (1) 86. 19 : (2) 100. 24.
Ἄσιος 71 [2] 31.
Ἀσκληπιάδης 14 (a) 1, 27 ; (b) 1, 8 ; (c) 1.
Ἀσκληπιάδης, Αὐρήλιος Ἀσ. 67. 2.
Ἀτρῆς 53 (g) 5.
Ἀτρῆς Ἴσατος 43. 11.
Ἀτρῆς Σατυβοῦτος 55. 4, 12.
Αὐμίν (?) 105. 1 ; 106. 1.
Αὐρηλία Λ. . εα 79 [2] 9.
Αὐρήλιος . . . 69 41 : (2) 42 : (3) 71 [2] 31 : (4) 78. 35.
Αὐρήλιος . . . . Ἀμμωνίου, 69. 43.
Ἀφμοδίσιος Ἀμμωνίου 66. 2.
Ἀχιλλεύς 15 [1] 12, 14, [3] 4.

Βασιλείδης 69. 12.
Βασιλείδης, Αὐρηλ. Βασ. 71 [2] 16.
Βαούχ 106. 2.
Βεσυμᾶς 50 (d) 2.
Βησαρίων Ἥρωνος 46 (a) 6.
Βίκτωρ (1) 80. 9 ; 81. 9 ; 81 (a) 4 ; 82. 7 : (2) 82. 1, 30 : (3) 82. 2, 30 : (4) 86. 9 : (5) 87. 41 : (6) 95. 3.
Βίκτωρ, Αὐρηλ. Βικ. 80. 4, 20, 24 ; 81. 4, 20, 24.
Βίκτωρ Κολλούθου 82. 2, 31.
Βικτωρίνη 97. 1, 8.

Germanus, Cornelius G. 108. 7.
Γερμανός 63. 2, 10.
Γερώντιος, Φλ. Γερ. 99. 6.
Γεώργιος 102. 4.
Γεώργιος ὁ ἅγ. ἅπα Γε. 111. 41.
Γρατιανός 99. 2.

Δαμιανός Ἰουλιανοῦ 97. 8.
Δαυείτ 99 (a) 1.
Δευμέτ 86. 19.
Δημήτριος (1) 23. 1, 24 : (2) 60. 3.
Δημήτριος Σατύρου 62. 2, 17.
Διδᾶς 49. 15.
Δίδυμος (1) 42. 2 : (2) 45. 18.
Δίδυμος Ἥρωνος 49. 1, 3, 7, 16.

V. PERSONAL NAMES

Διογένης 50 (*c*) 1.
Διοδώρα 62. 3.
Διόδωρος (1) 49. 1 : (2) 49. 2.
Διόδωρος Διοδώρου 49. 2.
Διονυσίδης 71 [2] 19.
Διόσκορος 47. 4, 15.
Δρίτων Παμφίλου 17. 9.

Ἐντβελωκατώ 71 [2] 6.
Ἐντούλιος 103. 1.
Ἔξις (?) 50 (*g*) 2.
Ἐπαγαθ( ) 53 (*b*) 6, (*c*) 6.
Ἐπανάκιος 98. 1, 7.
Ἐρμενοῖτις 28. 5.
Ἐριεύς Παμείτο[53 (*a*) 7.
Ἐριεύς Στοτοήτεως 53 (*b*) 7.
Ἑρμᾶς 51. 3.
Ἕρμηνος 69. 37.
Ἑρμίας (1) 23. 1, 9 : (2) 37. 1.
Ἑρμίας Ἕρμωνος 15 [1] 13.
Ἕρμων 15 [1] 13.
Ἐσθλάδας 26. 13.
Ἐσθλῦτις 36. 7.
Ἐτπεσοῦχος 32. 8, 10, 13.
Εὐδαίμων 44. 1.
Εὐστύχιος 78 [1] 4.
Εὐφράτης, Αὐρηλ. Εὐφ. 71 [2] 28.

Ζιὰδ Αὐμίν 105. 1 ; 106. 1.
Ζμενοῦς 16. 5.
Ζμίνις 32. 8.
Ζουβεείρ Ζιὰδ 105. 1 ; 106. 1.
Ζώιλος 56. 1.

Ἡρακλείδης (1) 56. 14 : (2) 62. 15.
Ἡράκληος 46. 8, 20.
Ἥρων (1) 46 (*a*) 6 : (2) 66. 1.
Ἥρων Διοδώρου 49. 1, 16.
Ἥρων, Αὐρήλιος Ἡρ. Κάστορος 74. 1, 23.
Ἡρωνίων 69. 12.

Θαησία 99 (*a*) 3.
Θαῆσις 17. 7.
Θεόγνωστος, Φιλεινος ὁ καὶ Θ. 68. 19 ; 70. 17.
Θεόδωρος (1) 87. 39 : (2) 103. 1.
Θεόφιλος 96. 1, 5.
Θέων 56. 8.

Θέων, Αὐρηλ. Θε. 67. 1.
Θέων Θέωνος 56. 8.
Θέων, Θε. ὁ καὶ Τούρβων 57. 1, 19.
Θεωνᾶς 82. 2, 30.
Θορταῖος 34. 3.
Θοτεύς 18. 2, 12. 22.
Θοτοίτης Ἑρμενούπιος 28. 5.
Θράσων 23 (*a*) [2] 9.
Θμῆρις 26. 24.
Θῶμις 60. 3.

Ἱερακίων 96. 1.
Ἱέριξ, Αὐρηλ. Ἱερ. 71 [2] 19.
Ἰονάκ 91. 7.
Ἰουλιανός (1) 58. 2 : (2) 97. 8.
Ἰούλιος (1) 44. 3 : (2) 105. 2.
Ἰσαίριον μητρὸς Τανεφρέμμεως 55. 14.
Ἴσας 43. 11.
Ἰσιδώρα (1) 69. 7 : (2) 71 [2] 2 ; 79 [2] 3.
Ἴσις 62. 10.
Ἴσις Διοδώρου 49. 2, 9, 12, 16.
Ἰσίων 20 [1] 4.
Ἰσοκράτης, Αὐρηλ. Ἰσ. 70. 24.
Ἰωάννης (1) 88. 10 : (2) 100. 7.
Ἰωάννης Ἀκινδύνου 89. 1 ; 90. 1.
Ἰωάννης, Αὐρηλ. Ἰω. 87. 39.
Ἰωάννης, Αὐρηλ. Ἰω. Παύλου 88. 7, 16.
Ἰωάννης, Αὐρηλ. Ἰω. Φοιβάμμωνος 87. 11, 37, 43.

Καλαπήσιος 91. 10.
Καλίβις 32. 7.
Καλλίμαχος 92. 11.
Καρύς 53 (*d*) 6.
Κασιανός 75. 2, 23.
Κασιανὸς Κασιανοῦ 75. 2, 23.
Κάστωρ 74. 1, 22.
Κάτθμερσις 71 [1] 8.
Κατύτις 20 [1] 2, [2] 11.
Κέλης 15 [2] 6, [3] 2.
Κιπίιναμος, Αὐρ. Κιπ. (?) 79 [2] 2.
Κιῶβις 45. 4.
Κλαύδιος, Αὐρηλ. Κλ. 68. 16 ; 70. 15.
Κόλλουθος (1) 18. 3 : (2) 82. 2, 31.
Κόλλουθος, Αὐρηλ. Κολ. 80. 4, 22, 24 : 81. 4, 22, 24.

Κόλλουθος Βίκτορος 87. 41.
Κόλλουθος Ἱερακίωνος 96. 1.
Κοσμᾶς 100. 19.
Κοσμᾶς, Αὐρηλ. Κ. 100. 7, 17.
Κοσμᾶς Γεωργίου 102. 4.
Κουιντιλλιανός, Κρηυολήμος Κ. 62. 1.
Κ,ηνολήμος Κουιντιλ. 62. 1.
Κροῦρις 23 (*a*) [2] 5.
Κύνων Οὐενιφρίου 101. 2.
Κωνσταντῖνος 99. 5.

Labeo 107. 5, 13.
Λαλῶι (gen.) 78. 6.
Λεοῦς 23 (*a*) [2] 8.
Λεωνίδης 50 (*m*) 6.
Λεωνίδης Β. τ, s 53 (*d*) 8.
Λούσιος Σπάρσος 46 (*a*) 1.
Λυκυδώρα, Αὐρ. Λυκ. 71 [1] 26.

Μάγνος 70. 24.
Μάθε(ιος) 104. 5.
Μαννοῦς, Αὐρηλία Μ. θυγάτηρ Πουσι 85. 3.
Μαμιανός, Αὐρηλ. Μ. 71 [1] 5.
Μάξιμος 82. 1, 30.
Μέλας (1) 54. 3 : (2) 77. 1, 42 (?); (3) 81 (*a*) 19.
Μελίπαις 23 (*a*) [2] 8 ; 32. 7.
Μεσουῆρις 80. 5, 22 ; 81. 5.
Μηρῆς υἱὸς Αὐρηλ. Ἰωανν. 87. 8, 37, 43.
Minucius Plotianus 108. 10.
Μουσῆς 102. 1.
. . ις ἐπίκαλ. Μύρων 59. 9.

Νάχτις (?) 71 [1] 5.
Νεῖλος 76. 15.
Νεῖλος Διδύμου 42. 2.
Νεβχοῦνις (= Πανεβ.) 36. 24, 25.
Νεμεσίων? 71 [1] 26.
Nepos 108. 11.
Νεχθανοῦπις (1) 25. 5, 13, 16 : (2) 32. 8, 13.
Νεχθμῖνις 34. 3.
Νεχούθης 24. 6.
Νεχούτης Σχώτου 35. 4, 10, 16.
Νεχούτης Ψενθώτου 22. 3, 6.
Νίκων 36. 1, 24.
Νοεῖρις 70. 22.
Νωβανός 74. 4.

Ὄνης Κατύτιος 20 [1] 2, [2] 11.
Ὀνήσιμος 38. 17.
Ὀρθυῖφος 79 [1] 3.
Ὀρσενοῦφις 53 (*d*) 6.
Ὀρσενοῦφις Ἐμέως 53 (*a*) 6.
Ὀρσενοῦφις Ὀρσενούφιος 53 (*d*) 6.
Ὀρσενοῦφις Τασῆτος 53 (*c*) 7.
Οὐαβρίκιος (Οὐακβ.) 71 [2] 21.
Οὐενάφριος 101. 2.

Παβοῦς (1) 48. 8 : (2) 53 (*a*) 7.
Παβοῦς Μέλα 54. 3.
Πάγανις (= Φαγώνις q. v.) 36. 2.
Παῆμις 29. 4, 12, 26, 34.
Παῆσις 81 (*a*) 1, 16.
Παθῆμις 36. 3.
Πακοῆβις 27. 18.
Πακοῆβις Πατοῦτος 34. 2 ; 35. 9, 11, 14.
Πακοῆβις Σχώτου 33. 4.
Πάκνσις (1) 47. 8 : (2) 53 (*c*) 7.
Πάκνσις Πακύσεως (1) 47. 7 : (2) 53 (*c*) 7.
Παμειτο΄. . . .'ς (gen.) Τεσενούφιος 53 (*a*) 7.
Πάμφιλος (1) 17. 9 : (2) 23. 13, 17.
Πανεφρέμμις (1) 55. 5 : (2) 55. 19.
Πανεφρέμμις Ἀπύγχεως 46. 10, 21.
Πανεφρέμμις Σχώτου 40. 1.
Πανεμγεύς 23 (*a*) [2] 9.
Πάνισκος 31. 4.
Πανοβχοῦνις 23 (*a*) [2] 10 ; 24. 5 ; 26. 6 ; 27. 5, 30 ; 28. 7 ; 29. 7 ; 30. 5, 15 ; 32. 4, 14.
Πανοβχοῦνις Πάρτιτος 21. 5.
Πανομιεύς 55. 15.
Πανοῦπις Τεσενοίφιος 58. 2.
Πανοῦφις (1) 50 (*a*) 2 : (2) 50 (*f* 1) 3, (*m*) 5.
Πανοῦφις Πανούφιος 50 (*a*) 2.
Πανοῦφις Τεσενούφιος 45. 6.
Παούητις (1) 51. 7 : (2) 59. 6 : (3) 69. 17.
Παούητις Παυνήτιος (1) 51. 6 : (2) 59. 5.
Παοῦλις 60. 4.
Παοῦς 26. 3, 7, 10 ; 27. 18.
Παοῦς Ὥρου 25. 10 ; 31. 7, 19.
Παπεοῦς 25. 5.
Παπεοῦς Φιβίος 35. 8.

V. PERSONAL NAMES

Πάσας 19. 6.
Πασῆμις 29. 4.
Πά τις Ἀπολλωνίου 62. 9.
Πασίων 39. 2.
Πασίων Νίκωνος 38. 1, 23.
Πατῆς (1) 20 [1] 4: (2) 36. 5: (3) 37. 7.
Πατοῦς (1) 16. 2, 3; 17. 1, 2; 18. 5: (2) 34. 2; 35. 9, 14: (3) 36. 7.
Πατοῦς Πατοῦτος 16. 2, 6, 10; 17. 1.
Πατοῦς Ὥρου 23 (a) [2] 8; 26. 6; 28. 13; 31. 9.
Πατσεοῦς 37. 7.
Παῦλος 88. 8, 16.
Παχνοῦμις 23 (a) [2] 4.
Παώς 26. 25.
Πβοῖκις 24. 5.
Πεαδίας 22. 3.
Πέκιμφυς 48. 8.
Πέκυσις 53 (ƒ) 5.
Πέκυσις Ἀπύγχεως 53 (ƒ) 4.
Πετεαροήρκ Σχώτου 35. 5.
Πετεαρσεμθεύς 27. 18.
Πετεαρσεμθεύς Ἀλμαφέως 30. 8, 12, 17, 32.
Πετεαρσεμθεύς Ἀρσενούφιος 36. 3.
Πετεαρσεμθεύς Νεχούτου 27. 3, 9, 22, 28.
Πετεαρσεμθεύς Πανοβχούνιος 23 (a) [1] 6, [2] 10, [3] 2; 24. 4, 11, 23, 28; 25. 6, 17; 26. 4, 16, 27; 27. 4, 29; 28. 6, 16, 23; 29. 5, 33; 30. 4, 14, 19, 32; 32. 4, 9, 14; 36. 1, 24.
Πετεαρσεμθεύς Ταχμίνος 35. 9.
Πετεαρσεμθεύς Ψενήσιος 36. 4.
Πετενσφῶτος 72. 4.
Πετεσούχος 19. 5.
Πετεσούχος Πανοβχούνιος 23 (a) [2] 11, [3] 3; 25. 7; 26. 4; 27. 4, 30; 29. 5; 30. 5; 36. 1, 24.
Πετεχών (1) 69. 18: (2) 71 [1] 3, 8, 9; [2] 17, 20, 22: (3) 72. 1.
Πετεχών, Αὐρηλ. Π. (1) 68. 2; 70. 4, 6, 21, 26: (2) 71 [2] 23.
Πετεχών νεώτερος 78. 2, 33.
Πετεχών Πετεχῶντος 71 [1] 3, 10, 23, [2] 2, 7, 22, 29.
Πετεχών Πετοσίριος 69. 5.
Πετεχών Πολυδεύκους 69. 4, 33.
Πετοσίρις (1) 36. 21: (2) 68. 1; 70. 6: (3) 69. 5: (4) 71 [1] 8, [2] 17.
Πετοσίρις, Αὐρηλ. Π. 68. 1, 17, 25; 70. 5, 15.
Πετοσίρις Πετεχῶντος 71 [1] 3, 9, 24, [2] 1, 7, 20, 29.
Πέτρος 92. 11.
Πανῦς 75. 1, 22.
Πήης 104. 1, 4.
Plotianus Minucius Pl. 108. 10.
Πλουτογένης, Αὐρηλ. Πλ. 71 [2] 3.
Πλουτόσυνος 71 [2] 4.
Πμώς 19. 3, 15.
Πνεφερώς Ἡμικλήου 46. 7, 20.
Πνῆφις 26. 4.
Πολυδεύκης 69. 4, 11.
Πόρτις (1) 17. 7: (2) 21. 5, 6: (3) 33. 1.
Πωῶσι 85. 3.
Πτολεμαῖος (1) 42. 3: (2) 45 (a) 17: (3) 53 (a) 5, (d) 5.
Πτολεμαίου Πτολεμαίον 42. 3.
Πύρρος 42. 1.
Πωλίων Παούλιος 60. 4.

Σαβεῖνος 46. 18, 24.
Σαραπάμμων Σενούθου 93. 6.
Σαραπιόδωρος 71 [2] 16.
Σαραπίων (1) 43. 2: (2) 69. 8, 39: (3) and (4) 71 [2] 24: (5) 77. 1, 42.
Σαραπίων, Αὐρηλ. Σαρ. 79 [1] 2, 11.
Σαταβοῦς (1) 46 (a) 11: (2) 51. 9: (3) 52. 7.
Σαταβοῦς Ἥρωνος, 66. 1.
Σαταβοῦς Πανεφρέμμεως 55. 4.
Σαταβοῦς Σαταβοῦτος 51. 8.
Σαταβοῦς Στοτοήτιος (1) 53 (c) 4: (2) 59. 3.
Σάτυρος 62. 2.
Σέγαθις 55. 5.
Σενανοῦφις 71 [1] 3, 9.
Σενθεύς 39. 3.
Σεννῆσις ἡ καὶ Τατοῦς 23 (a) [1] 4, [2] 3, [3] 1.
Σεννῆσις Ψενθώτου 28. 3, 15, 24.
Σενοσίρις Αὐρηλία Σεν. 69. 7, 38.
Σενούθιος Ἄρων 86. 19.

Σενούθιος Βαούχ 106. 2.
Σενούθιος Ἰουλίου 105. 2.
Σενψάις Ψάιτος 76. 2, 11.
Σεουῆρος 80. 4, 20; 81. 4, 20.
Σεμεουίλιος 57. 3.
Σευρίσρις 72. 4.
Σιεφμοῦς 23 (*a*) [1] 5, [2] 4, [3] 2.
Σιλβανός 77. 1, 43.
Σινούθης, Αὐρηλ. Σιν. 80. 9; 81 8; 81 (*a*) 4; 82. 6.
Σίσοις, Ἀφρῳδίσιος ἐπικαλ. Σ. 66. 2.
Σοκνωνέως 64. 1.
Σοῦλις 76. 1, (Σουλ') 6, 13.
Σούρι(ο)ς, Αὐρηλ. Σ. 72. 1, 14.
Σουχάμμων 79 [1] 2.
Σπίρσυς, Λούσιος Σπ. 46 (*a*) 1.
Στέφανος 87. 8.
Στέφανος 97. 1.
Στοτοῆτις (1) 45 (*a*) 5: (2) 45 (*a*) 7:
(3) 48. 7: (4) 50 (*f* 2) 3 (Σοτουητ.):
(5) 51. 10: (6) 52. 6: (7) 53 (*b*) 7:
(8) 53 (*e*) 5: (9) 53 (*f*) 5: (10) 59.
3: (11) 61. 8, 20.
Στοτοῆτις Πανεφρίμμεως 55. 19.
Στοτοῆτις Στοτοήτιος (1) 45 (*a*) 7: (2) 51. 10: (3) 53 (*c*) 5.
. . στο( ) Στοτοή(τιος) 40. 2.
Στρά(των) Ταβῆτος 78. 7.
Σύρος 62. 2.
Σύρος Πετεχῶντος 78. 2, 33.
Σχώτης (1) 33. 2, 4: (2) 35. 4, 5, 16: (3) 40. 1.
Σώτας 50 (*h*) 3, (*i*) 4.
Σωτῆρις 59. 1.

Ταβῆς Ἀμμωνίας 78. 5.
Ταγώς Ἀχιλλέως 15 [1] 12, [2] 11, [3] 4.
Τακμῆυς (also -μωις and -μῃις) 16. 3, 7, 10; 17. 2; 18. 5.
Τανεφρέμμις (1) 52. 6: (2) 55. 14.
Ταοῦης 45 (*a*) 4.
Ταοῦς 23 (*a*) [1] 3, [2] 3, 5, [3] 1.
Ταπαοῦς 75. 1, 22.
Ταπεπῖρις Στοτοήτιος 55. 18, 21.
Ταπιάμις 61. 6, 22.
Ταρεῆσις 26. 6, 12; 30. 29; 31. 10.
Τασεύς Σωτήρι(ο)ς 59. 1, 16.

Τάσης 53 (*c*) 7.
Τασοῦχος 53 (*d*) 7.
Τατοῦς, Σεννῆσις ἡ καὶ Τ. 23 (*a*) [2] 3, [3] 2.
Ταχμῆνις 35. 9.
Ταχώγις 28. 12.
Τβῆκις 72. 1.
Τεοῦς (gen.) 76. 2.
Τεσενούφις (1) 41. 4: (2) 43. 7: (3) 45. 4: (4) 45. 6: (5) 53 (*a*) 7: (6) 58. 2.
Τεσενούφις Πασοῦτος 48. 8.
Τεσενούφις Πεκύμφου 48. 8.
Τεσενούφις Τεσενούφιος (1) 41. 4: (2) 45. 3.
Τεσενούφις, Αὐρηλ. Τεσ. 50 (*l*) 2.
Τιμάθεος 101. 4.
Τιμόξενος 14 (*c*) 2, 5.
Τιμοῦθις 71 [1] 4, 10, 23, 25.
Τμάρσις (1) 68. 2; 70. 4, 6, 21: (2) 69. 17.
Τνεφερώς 25. 13.
Τοτοῆς (1) 18. 4, 6: (2) 27. 5; 29. 8; 30. 6; 32. 4.
Τούρδων, Θέων ὁ καὶ Τ. 57. 1, 19.
Τρωβλακότη 86. 11.
Τσεκ[78. 4.
Τ[.]σαις 67. 5.

Φαγώνις Πανοβχώνιος 23 (*a*) [2] 11, [3] 3; 25. 7; 26. 5; 29. 6.
Φάφις 36. 8.
Φίβις (1) 22. 2: (2) 35. 8: (3) 36. 8.
Φιβίων 77. 4, 44.
Φιλάδελφος 67. 2.
Φίλεινος, Αὐρηλ. Φιλ. 68. 19; 70. 17.
Φιλήμων, Αὐρηλ. Φιλ. 72. 16.
Φιλοσάραπις, Αὐρηλ. Φιλ. (1) 68. 21; 69. 37; 70. 18: (2) 69. 37: (3) 75. 30.
Φιμῆνις 35. 4.
Φλαούιος 104. 2.
Φλαούιος Γερόντιος 99. 6.
Φλαούιος Ψενσορῆρις Ἀνουβίωνος 89. 2, 7; 90. 3, 20.
Φοιβάμμων (1) 87. 7, 37, 43: (2) 93. 1: (3) 98. 5.
Φοιβάμμων Ἀβρααμίου 104. 1.
Φοιβάμμων, Αὐρηλ. Φοιβ. 86. 10, 21.

VI. OFFICIALS

Χαιρήμων (1) 26. 13: (2) 61. 13.
Χαιρήμων Πανίσκου 31. 4, 13, 20.
Χατρεοῦς 15 [3] 1.
Χεσθώτης Μελιπάιτος 23 (a) [2] 8, 9; 32. 7.
Χεσθώτης Πανεμγέως 23 (a) [2] 9.

Ψᾶ 87. 8, 38, 43.
Ψάις (1) 68. 22; 70. 19: (2) 71 [2] 23: (3) 76. 2.
Ψάις, Αὐρηλ. Ψ. 69. 8, 39.
Ψαμμήτιχος 39. 2.
Ψεμμένχης 24. 6, 10, 24, 29.
Ψεμμώνθης 16. 5.
Ψεναμοῦνις 68. 16; 70. 15.
Ψενενοῦπις Πόρτιτος 33. 1, 10.
Ψενενοῦπις Ψενθώτου 19. 4.
Ψενενοῦφις Πόρτιτος 21. 5.
Ψενθώτης (1) 19. 5: (2) 22. 6: (3) 28. 3.
Ψενθώτης Κελῆτος 15 [2] 6, 12, [3] 2.
Ψενθώτης Νεχούτου 22. 2.
Ψενθώτης Ψενθώτου 19. 4.
Ψενιμοῦθις 21. 3, 11, 19.
Ψενῆσις (1) 36. 5: (2) 52. 4: (3) 78. 7.
Ψενῆσις ὁ καὶ Κροῦμις 23 (a) [2] 5.
Ψενῆσις Πανοβχούνιος 23 (a) [2] 11, [3] 3; 25. 7; 26. 5; 29. 6.
Ψενοσῖμις (1) 36. 8: (2) 73. 1, 23.
Ψενπλαεύς, Αὐρ. Οὐαβρικίου 71 [2] 21.
Ψενπνοῦθης 69. 18.
Ψενσοῆμις, Φλ. Ψεν. Ἀνουβίωνος 89. 2, 7, 9; 90. 3, 20, 27, 28.
Ψεντφθοῦς 72. 3, (Ψεντφους) 18.
Ψεν ..., Αὐρηλ. Ψ. 71 [2] 21.

Ὧρος (1) 23 (a) [2] 5: (2) 23 (a) [2] 8; 28. 13; 31. 9: (3) 25. 10; 31. 7, 19: (4) 36. 21: (5) 53 (d) 8: (6) 57. 4.
Ὧρος Ἡιοῦτος 26. 3, 8, 11, 15; 27. 17.
Ὧρος Πατῆτος 36. 5.

VI. OFFICIALS.

actuarius, Marcianus 110. 6.
ἀγορανομήσας, Ἀνυβίων ἀγ. γυμνασιαρχήσας διαδεχάμενος τὴν στρατηγίαν (194-198) 61. 3.
ἀγορανόμος (τῆς ἄνω τοπαρχίας τοῦ Παθυρίτου), Ἀπολλώνιος (139 B.C.) 15 [1] 11, [2] 13. Διόσκορος (137 B.C.) 16. 1. Ἀσκληπιάδης (127 B.C.) 18. 1. Ἡλιόδωρος (118-113 B.C.) 19. 2; 20 [2] 10; 21. 2, 26. Σῶσος (110 B.C.) 22. 2, 12. Πάνισκος (107-98 B.C.) 23 (a) [2] 2, [3] 4; 24. 2, 27; 25; 26. 2, 26; 27. 2, 27; 28. 2, 22; 29. 3, 32; 30. 3, 30; 31. 3, 18; 32. 3, 11; 33. 15; 35. 3, 12.
ὁ παρὰ τοῦ ἀγορανόμου, Ἄρειος (127 B.C.) 18. 28. Ἀμμώνιος (113-110 B.C.) 21. 26; 22. 12. Ἑρμίας (105-98 B.C.) 25. 1, 26; 26. 1, 26; 27. 2, 27; 28. 1, 22; 29. 2, 32; 30. 2, 30; 31. 2, 18; 32. 3, 11; 33. 15; 35. 2, 12.
ἀντιγραφεύς, Ἀμμώνιος (139 B.C.) 15 [3] 2. Πάνισκος (101 B.C.) 32. 13.
ἀρχέφοδος 43. 7; 66. 1.
ἀρχιδικαστής 71 [1] 6.
ἀρχισωματοφύλαξ, Χρύσιππος ἀρχ. καὶ διοικητής 14 (b) 2.
ἀρχιφυλακίτης, Δημήτριος 14 (a) 14; 37. 1.
οἱ τὰ βασιλικὰ πραγματευόμενοι 37. 4.

βασιλικός γραμματεύς. (*a*) Παθύρεως, Φίβις (108 B.C.) 23. 5, 12, 23; 37. 2. (*b*) Άρσινοίτου της Ήρακλείδου μερίδος, Κλαύδιος Ίουλιανός (101) 44 10. (name lost. 136) 45. 1, 16. 'Ερμαίνος (137) 45 (*a*) 3, 15. Τειμαγένης (161) 55. 1. Ζώιλος (163) 56. 1.
βουλευτής, Άνουβίων βουλ. σιτολόγων. 63. 1, 9.

γραμματεύς 49. 15. Φίβις πρεσβύτερος γρ(αμματεύς) 104. 2.
γυμνασιαρχήσας. Απολλώνιος έξηγητεύσας και γυμ. (141) 49. 14; and see αγορανομήσας.

διαδοτής 95. 3.
διοικητής, Πτολεμαίος ό συγγενής και διοικητής (108 B.C.) 23. 9; and see αρχισωματοφύλαξ.

έξηγητεύσας, see γυμνασιαρχήσας.
έπιστάτης Παθύρεως 37. 1.

ή ήγεμονία 73. 11. ηγεμονία Θηβαίδος 81 (*a*) 3.
ηγεμών, ό κράτιστος ηγεμών "Αννιος Συριακός (163) 56. 6. Σάτριος Άρριανός ό δικαιότατος ηγεμών (307) 78. 1, 16.
ηγούμενος γερδίων (91) 43. 9.
ηγούμενος συνόδου, Αύρ. Άσκληπιάδης Φιλαδέλφου ηγούμενος συνόδου κώμης Βακχιάδος (238) 67. 2.

καγκελλάριος 92. 11.
καταλογιστής Άρσινοίτου, Ούαλέριος 79 [1] 1, [2] 1.
ό προς καταλοχισμοΐς των κατοίκων, Πύρρος (86) 42. 1.
κώμες 93. 1, 9; 98. 1, 7.
κωμογραμματεύς 37. 3.

μονόγραφος, Έσπνούθις Αίγύπτιος μον. (103 B.C.) 25. 12.
νύμαρχος, Ιούλιος Ούιβιος και "Αντώνιος Γέμεινος γενόμενοι νύμαρχοι (101) 44. 3. 8.
νοτάριος, αίδέσιμος ν. 89. 1. Θιόφιλος ν. 96. 1.
(ό) προς τη οικονομία (Παθύρεως? 108 B.C.) Πατσεούς Πατήτος 37. 6.

πραγματευτής 58. 1.
πράκτωρ άργυρικών, κώμης Καρανίδος (145) 52. 5. Σοκνοπαίου Νήσου 62 (*a*) 2.
πράκτωρ σιτικών 66. 2.
πρεσβύτεροι κώμης 51. 12. πρ. τῶν γεωργῶν 37. 4. πρ. πρατούρας 100. 7.
πρύτανις 78. 8.

σιτολόγος 37. 3; 47. 4; 63. 1, 9. φροντισταί σιτολ. 44. 2. δημόσιοι σιτολ. 44. 5.
στρατηγός Άρσινοίτου Ήρακλείδου μερίδος, Κλαύδιος "Αρειος (101) 44. 9. Άρχίας (136) 45. 1, 12. Ούέγετος ό και Σαραπίων (137) 45 (*a*) 2, 13. Κλαύδιος Κερεάλις (157) 46 (*a*) 2, 18. 'Ιέραξ ό και Νεμεσίων 61. 1. 'Ιέραξ 62 (*a*) 1.
διαδεχόμενος την στρατηγίαν, see άγορανομήσας.
συντακτικός 42 2.

τοπογραμματεύς 37. 2.
τραπεζίτης, Χατρεούς (139 B.C.) 15 [3] 1. Πάνισκος (101 B.C.) 32. 12, 15. Παγκράτης (98 B.C.) 35. 13, 17; 37. 3.

ὑποδέκτης 94. 5.
ὑποδιοικητής, Ἑρμώναξ τῶν ὁμοτίμων τοῖς συγγενέσι καὶ ὑποδ. 23. 2.
φροντιστής, see σιτολόγος.
φυλακίτης 37. 2.
φύλαξ μητροπόλεως 43. 12.
χρηματιστής 38. 24 (?); 70. 24.

VII. TRADES AND PROFESSIONS.

ἀρχικυβερνήτης 80. 8; 81. 8; 82. 5.
βουκόλος 14 (a) 12.
γέρδιος 43. 10; 60. 5.
γερδιακὴν τέχνην ἀθλητής 59. 10.
γεωργός 86. 12, 19, 20; 97. 2; 102. 1.
ἐρέτης 80. 11; 81. 10; 81 (a) 5; 82. 6, 12.
ζυτοποιός 39. 3.
θυρωρός 91. 8.
ἰβιοτάφος 15 [2] 7.
κατασπορεύς 66. 3.
κογχιστής 87. 9.
κογχιστικὴ τέχνη 87. 14, 19.
κυβερνήτης 81 (a) 1, 16.

νεκροταφικὴ κηδεία 68. 6; 70. 9; 71 [1] 15, [2] 3.
νεκροτάφη 71 [1] 8; 75. 1, 22.
νεκροτάφης 76. 2.
νεκροτάφος 68. 1; 69. 6; 70. 4, 6, 7; 71 [1] 2; 73. 7, 13; 75. 2, 23; 76. 1; 77. 3. 22.
οἰνέμπορος 61. 13.
ὀρχήστρια 67. 6.
οὐσιακὸς μισθωτής 57. 2.
πραγματικὸς πιστικὸς ἀποθήκης ἁγίου Σεργίου ἐμπύρου, ὁ αἰδέσιμος Ἰωάννης 88. 10.
στιπουργός, ὁ θεοφ. πρεσβ. καὶ αὐθέντης στιπ. 86. 7.

VIII. MILITARY TERMS.

ἄλα οὐετρανῶν (?) Γαλλικῆς τούρμης 51. 5.
διπλοκάριος (= dupliciarius), Ἀντώνιος Σαβεῖνος (143) 51. 4.
δυῦξ, Ἰωσὴφ ὁ εὐκλεέστατος δ. (682) 100. 6.
ἑκατόνταρχος, Κρηνολήμος Κουιντιλλιανός (211) 62. 1.
equites promoti 110. 1.
Ἰουστινιανοί, γενναιότατοι Σκύθαι Ἰουστ. ἀγραρεύοντες ἐν μοναστηρίῳ Βαύλλου 95. 1.
ἱππεὺς προμώτων σεκούντων 74. 1.
λεγεών β Τραιανὴ διακειμένη ἐν Τεντύρῃ ὑπὸ Μακρόβιον πραιπόσιτον (302) 74. 2.
μαχαιροφόρος 62. 15.
μάχιμος, Ἀριμούθης ὁ μισθωτῶν μάχιμος 14 (a) 23.
μισθοφόροι ἱππεῖς 31. 5.
στρατηλάτης, Φλ. Ψενσυήριος Ἀνουβίωνος 89. 2, 7, 9; 90. 3. 20.
στρατιώτης 74. 1, 24; 83. 8.
triarchus (= trierarchus) Minucius Plotianus 108. 10.

IX. RELIGION.

(a) GRAECO-EGYPTIAN.

ἀθλοφόρος Βερενίκης εὐεργετίδος 15 [1] 4; 20 [2] 6.
ἱέρεια Ἀρσινόης φιλοπάτορος 15 [1] 4; 20 [2] 7.
ἱέρεια (ἐν Πτολεμαΐδι τῆς Θηβαΐδος) Κλεοπάτρας τῆς ἀδελφῆς 15 [1] 9.
..... Βασ. Κλεοπάτρας τῆς γυναικὸς 15 [1] 9.
..... Βασ. Κλεοπάτρας τῆς θυγατρός 15 [1] 9.
.... Κλεοπάτρας τῆς μητρὸς θεᾶς ἐπιφανοῦς 15 [1] 10.
ἱέρειαι 23 (a) [2] 1; 32. 2; 35. 2.
ἱερεὺς ἐν Ἀλεξανδρείαι Ἀλεξάνδρου καὶ θεῶν σωτήρων καὶ θεῶν ἀδελφῶν καὶ θεῶν εὐεργετῶν καὶ θεῶν φιλοπατόρων καὶ θεῶν ἐπιφανῶν καὶ θεοῦ φιλομήτορος καὶ θεοῦ εὐπάτορος καὶ θεῶν εὐεργετῶν (139) 15. 2.   ἱερ. ἐν Ἀλ. Ἀλεξ..... καὶ θεῶν ἐπιφανῶν καὶ θεοῦ εὐπάτορος καὶ θεοῦ φιλομήτορος καὶ θεοῦ φιλοπάτορος νέου καὶ θεοῦ εὐεργέτου καὶ θεῶν φιλομητόρων σωτήρων (114) Βασ. Πτολ. θεὸς φιλομήτωρ σωτήρ 20 [2] 2.
ἱερεὺς ἐν Πτολεμαΐδι τῆς Θηβ. (139) Πτολεμαίου σωτῆρος 15 [1] 5.
.... Βασ. Πτολ. θεοῦ εὐεργ. καὶ σωτ. ἐπιφ. εὐχαρ. 15 [1] 5.
.... τοῦ βήματος Διο? υἱσου τοῦ βασ. τοῖ μεγ. θεοῦ εὐεργ. καὶ σωτ. ἐπιφ. εὐχαρ. 15 [1] 6.
.... Πτολ. θεοῦ φιλαδέλφου 15 [1] 7.
.... Πτολ. εὐεργέτου 15 [1] 7.
.... Πτολ. φιλοπάτορος 15 [1] 7.
.... Πτολ. θεοῦ ἐπιφ. καὶ εὐχαρ. 15 [1] 7.
.... Πτολ. θεοῦ φιλομήτορος 15 [1] 8. δικαιοσύνη s?}
                Πτολ. θεοῦ φιλομ. 15 [1] 8.
.... Πτολ. θεοῦ εὐπάτορος 15 [1] 8.
ἱερεῖς 20. 8; 23 (a) [2] 1; 32. 2; 35. 2.
ἱερεὺς Μονοῦτος 21. 4.
ἱερεὺς Σούχου 14 (d) 1.   ἱερ. Σουχ. καὶ Ἀφροδίτης 33. 3, 6; 35. 4. 5. 16.
ἱέρισσαι 20 [2] 8.
ἱερομοσχοσφραγιστής 64. 1.
ἱερόν (Σούχου καὶ Ἀφρ. ἐν Παθύρει) 34. 2; 35. 7, 8.
ἱερὸς πῶλος Ἴσιδος 20 [2] 5.
κανηφόρος Ἀρσινόης φιλαδέλφου ἐν Ἀλεξ. 15 [1] 4; 20 [2] 5. ἐν Πτολ. 15 [1] 10; 20 [2] 8.   κανηφόρος 23 (a) [2] 2; 32. 2; 35. 2.
Νεχθαραῦτι θεὸς μέγας 33. 5.
παστοφόριον 34. 2; 35. 6, 8, 9, 14.

(b) CHRISTIAN.

ἡ ἁγία τριάς 91. 8.
τὸ θεῖον 84. 20.
Θεός 73. 6, 16; 84. 19; 112. 17, 21.   σὺν Θεῷ 87. 41; 89. 4; 90. 10; 105. 1; 106. 1.   Θεὸς δεσπότης 91. 5, 7. Κύριος Θεός 73. 22. Θεὸς παντοκράτωρ 100. 10.

IX. RELIGION

Ἰησοῦς Χριστός. κυρ. καὶ δεσπ. ἡμῶν Ι. Χ. ὁ θεὸς καὶ σωτὴρ ἡμῶν 86. 1 ; 87. 1 ; 88. 1 ;
   100. 1.   σωτῆμος ἡμῶν Χριστοῦ 112. 20.   Χριστῷ ἐγκοιμηθεὶς 113. 29, 35.
   Χριστός 112 (α) 1.
Κύριος 73. 3, 24 ; 113. 6, 14, 17, 27. 39.
Μαρία 112 (α) 1.   ἡ ἁγία καὶ πανάχραντος καὶ πανάρητος καὶ ἔνδοξος καὶ παρθένος
   μήτηρ Χριστοῦ Μαρία 113. 3.   ἡ δέσποινα ἡμ. ἡ ἁγία θεοτόκος καὶ ἀειπάρθενος Μαρ.
   100. 2.
πάντες οἱ ἅγιοι 100. 3 ; 113. 24.
ἅγιος Σέργιος 88. 10.
ἀπόστολοι, οἱ δώδεκα 113. 40.
ἀρχάγγελος Μιχαὴλ καὶ Γαβριὴλ 113. 5.

Ἀνδρέας 113. 41.
Διόσκορος 113. 9.
Ἰάκωβος υἱὸς Ζεβεδαίου 113. 42.
Ἰωάννης, ἅγ. ἁγ. Ἰωαν. πρόδρομος] καὶ Βαπτιστὴς καὶ παρθένος καὶ μάρτυς 113. 20.
Ἰωάννης, ὁ ἅγ. ἀββᾶ Ἰωαν. ἀπόστολος καὶ εὐαγγελιστὴς παρθένος ἀρχιεπίσκοπος τῆς πόλεως
   Ἐφέσου 113. 31.
Ἰωάννης ἀδελφὸς Ἰακώβου 113. 42.
Κύριλλος 113. 9.
Λουκᾶς, τρισμακάριος ἀββᾶ Λ. ἀπόστολος καὶ ἀρχιεπίσκοπος ἐν Χριστῷ κοιμηθεὶς τῆς πόλεως
   Ἀλεξανδρείας 113. 33.
Μάρκος, ὁ ἅγ. ἀββᾶ Μ. ἀπόστολος καὶ εὐαγγελιστὴς καὶ ἀρχιεπίσκοπος κοιμηθεὶς τῆς πόλεως
   Ἀλεξανδρείας 113. 36.
Πέτρος, κύριος ὁ ἅγ. Π. πρῶτος ἀπόστολος καὶ πρῶτος ἀρχιεπίσκοπος Χριστῷ ἐγκοιμηθεὶς τῆς
   πόλεως Ῥώμης 113. 28.   Σίμων ὃν ὠνόμασε Πέτρον 113. 40.
Στέφανος, ὁ κυρ. [Στ.] πρωτοδιάκονος καὶ πρωτομάρτυς 113. 22.

ἀββᾶ νιμ, ὁ ἅγ. ἀβ. ν. ἀρχιεπίσκοπος καὶ (ὁ) συλλειτουργὸς αὐτοῦ ἀββᾶ νιμ ἐπίσκοπος
   113. 18.
ἀρχιδιάκονος, Ἠλίας 111. 41.
ἐπίσκοπος. ὁ δεσπ. ἡμ. ἅγιωτ. ὅσιωτ. πατὴρ πνευματικὸς ἀββᾶ Πέτρος ἐπισκ. 91. 9.   ἁγιώ-
   τατος πατριαρχικὸς πνευματικὸς ἀββᾶ Σενούθης ἐπισκ. 93. 6.
πρεσβύτερος 73. 1, 2, 24 ; 113. 26.   Ἰωάννης πρεσβ. καὶ οἰκονόμος 111. 3.   Κυρακὸς πρεσβ.
   καὶ προεστὼς τοῦ εὐαγοῦς μοναστ. ἀββᾶ Ἀγενοῦς 90. 13.   Κοσμᾶς τῶν πρεσβυτέρων
   πρατούρας 100. 7, 17.

ἑβδομὰς τοῦ σωτηρίου Πάσχα 112. 13.
αἱ ἑπτὰ ἑβδομάδες τῆς ἁγίας πεντηκοστῆς 112. 16.
ἑσπέρα βαθεῖα σαββάτου(ν) 112. 14.
κυριακή 112. 15.
ἡ ἁγία τεσσαρακοστή 112. 11.

ἐκκλησία. ἡ ἁγ. ἐκκλ. ἆπα Ψοίου 111. 2.   ἐκκλ. Ἀπόλλωνος 95. 1, 5.   ἡ καθ᾽ ἡμᾶς ἐκκλ.
   112. 18.   ἡ καθολικὴ τοῦ κυρίου ἐκκλ. 113. 17.   ἡ ἐκκλ. ὀρθοδόξων 113. 26.
εὐαγγελικαὶ παραδόσεις 112. 12.
μοναστήριον ἀββᾶ Ἀγενοῦς 90. 14.   μον. Βαΰλλον 95. 2.
ὀρθόδοξος 113. 17, 26.

X. PLACE NAMES.

(a) Counties, Nomes, Districts.

Αἰγύπτιος, συγγραφὴ Αἰγ. 22. 4. ὠνὴ Αἰγ. 25. 11. μονόγραφος Αἰγ. 25. 12. συνάλλαγμα Αἰγ. 26. 9. μὴν Αἰγ. 59. 12.
Ἀραβικός, χάραγμα Ἀρ. 55 (*a*) 5.
Ἀρσινοίτης (νομός) 40. 6; 45 (*a*) 3; 46. 6; 46 (*a*) 2, 18; 50 (*a*) 2, (*b*) 2; 55. 2; 56. 1; 61. 2; 62 (*a*) 1; 79 [1] 1, [2] 1; 88. 9, 13.
Αὔασις (of Ammon?) 50 (*b*) 3; (of Khargeh) (ὄασις) 73. 10.

Γαλλιαός, τούρμη Γαλ. 51. 5.

Ἑλληνικός, συνάλλαγμα Ἑλλ. 26. 10.
Ἑρμοπολίτης (νομός) 86. 13.

Θηβαΐς 15 [1] 5, 11; 20 [2] 8, 9; 81 (*a*) 3; 87. 6.

Ἡρακλείδου μερίς 40. 6; 41. 6; 44. 2; 45 (*a*) 3; 46. 5; 46 (*a*) 3, 18; 51. 13; 55. 3; 56. 1; 57. 5; 61. 2; 62 (*a*) 1.

Ἰβίτης νομός 74. 5.

Λατοπολίτης (νομός) 23. 11. ἡ κάτω τοπαρχία τοῦ Λατ. 15 [2] 3, [3] 3; 23 (*a*) 2, 5.

Κύσις, τοπαρχία Κύσεως 75. 3; 76. 1; 78. 2.

Παθυρίτης (νομός) ἡ ἄνω τοπαρχία τοῦ Παθ. 23 (*a*) [2] 2; 24. 3.
Πέρσης 25. 5; 33. 1. Περ. τῆς ἐπιγονῆς 18. 3, 4; 19. 6; 20 [2] 11; 21. 6; 23 (*a*) [2] 5, 11; 24. 7; 26. 3; 27. 6; 29. 8; 32. 4. Περ. τῶν Πτολεμαίου καὶ τῶν υἱῶν 15 [1] 13. Περ. τῶν υἱῶν 15 [1] 14.
Περσίνη 15 [1] 12; 18. 5; 23 (*a*) [2] 4; 28. 3.
Προσωπίτης (νομός) 58. 1.

Σκύθαι 95. 1.

χώρα (= Αἴγυπτος?) 41. 4, 22.

(b) Towns and Villages.

Ἀλεξανδρεία 14 (*c*) 5; 15 [1] 2, 5; 20 [2] 7; 71 [1] 6; 113 36, 39.
Ἀντινόου πόλις ἡ λαμπροτάτη 80. 5; 81. 5; 81 (*a*) 1.
ἡ Ἀπολλωνοπολιτῶν (πόλις) 89. 1.
Ἀπόλλωνος (πόλις) 95. 1, 5.
Ἀπτύτεως νεκρ(όπολις?) 72. 5.

X. PLACE NAMES

ἡ Ἀρσινοιτῶν πόλις 85. 4; 100. 6.
Ἀρ(σινόη) 85. 2; 88. 6; 100. 4.
Ἀφροδείτη(ς) πόλις (κώμη τοῦ Ἀρσιν.) 61. 12.

Βακχιάς 44. 11; 53 (d) 5; 56. 9; 67. 4.
Βού β(αστος) (κώμη τοῦ Ἀρσιν.) 47. 4.

Γότνιτ (κώμη τοῦ Λατοπ.) 23 (a) [2] 5.

Διόσπολις 36. 17; 72. 5.

Ἑρμοπολίτης 82. 7.
ἡ Ἑρμοπολιτῶν πόλις 86. 10; 87. 9, 11.
Ἑρμοῦ πόλις 80. 9; 81. 9; 81 (a) 4; 87. 6, 16, 40, 44; 94. 5.
Ἔφεσος 113. 9, 33.

Fulvini 108. 9, 11.

Ἶβις 71 [1] 15, [2] 5. αἱ περὶ κῶμαι 71 [1] 16.
ἡ Ἰβιτῶν πόλις 68. 2; 70. 6; 71 [1] 4, 9; 72. 2; 78. 3.
Ἰβίων 111. 2.

Καρανίς 52. 5.
Κερκεσοῦχα (fem.) 46. 4; (neut.) 46. 9.
Κροκοδίλων πόλις (τοῦ Παθ.) 23 (a) [2] 2; 24. 2; 25. 12; 29. 17; 31. 5, 11; 32. 12; 35. 13. τὸ Κρ. πολ. πεδίον 20 [1] 3.
Κῦσις 68. 3, 6; 69. 6; 70. 4, 7; 72. 2; 74. 4.
αἱ κῶμαι Κύσεως 68. 7; 70. 10.
Κυσίτης 71 [1] 3.
Κυσίτις 69. 6.
Κωνσταντίνου πόλις, σύνοδος ἐν Κωνστ. πολ. ρή. 118. 8.

Λάτωνος πόλις 15 [3] 1. Λάτων πόλις 15 [1] 11.
Liburne (statio) 108. 9.

μητρόπολις (sc. Arsinoe) 43. 12; 49. 4.
ἡ Μωθειτῶν πόλις 75. 1, 30.

Πάθυρις 15 [2] 5, 6, 7; 16. 1; 18. 1; 19. 1; 20 [2] 10; 21. 1; 22. 1; 23. 4; 23 (a) [2] 11; 24. 5, 8; 25. 1; 26. 1; 27. 1; 28. 1, 11. τὸ ἀπὸ βορρᾶ πεδίον Παθ. 23 (a) [2] 6. τὸ περὶ Παθ. πεδίον 25. 8. ἡ ταινία Παθ. 28. 10; 32. 6.
Παθ(   ) πολίτης 83. 8.
Πανὸς πόλις 80. 10; 81. 10.
ἡ πόλις (i.e. Alexandria) 14 (c) 3. (i.e. Hermopolis) 94. 3.
Ποῦσι καὶ αἱ περὶ κῶμαι 71 [1] 16.
Πτολεμαΐς τῆς Θηβαΐδος 15 [1] 5, 10; 20 [2] 8, 9.
Πτολεμαΐς Ὅρμου 83. 5.

Ῥώμη 113. 13, 28.

Σοκνοπαίου Νῆσος 40. 5; 41. 2, 6; 43. 8; 45. 5 13; 45 (*a*) 1, 5, 12; 47. 7; 48.
  1, 9; 50 (*a*) 1 (Σοκνοπαίου); (*b*) 1 (Σοκν.), (*d*) 1, (*e*) 1, (*f* 1) 2 (Σοκν.), (*f* 2) 2
  (Σοκν.), (*g*) 1, (*h*) 1, (*i*) 2, (*k*) 1, (*m*) 3 (Σοκν.); 51. 12; 53 (*a*) 6, (*b*) 6 (Σοκν.),
  (*c*) 6 (Σοκν.), (*e*) 4, (*f*) 4 (Σοκν.); 55. 6; 59. 5; 60. 5; 62 (*a*) 3; 64. 4.
Ταλί 83. 1.
Τεπτύρη 74. 3, 6.
Φιλαδελφία 44. 5; 50 (*c*) 1, (*l*) 1; 53 (*g*) 4; 57. 5; 66. 1.
Φιλόξενος 88. 8.
Ψεναρψενῆσις 42. 4.
Ψένυρις 61. 8.

(*c*) ἄμφοδα, ἐποίκια, νῆσοι, τόποι, &c.

Ἀλύπιος ἄμφοδον 83. 3.
Ἀμιβωι ἄμφοδον 49. 4, 9.
Ἀφροδίτης νῆσος τῆς ἐν Παθύρει 15 [2] 4, 5.
Βίβρυχος ἐποίκιον 83. 4.
Βιθυνῶν ἄλλων τόπων ἄμφοδον 62. 3.
Βουσικοῦ ἄμφοδον 49. 13.
Δόμνου κτῆσ(ις) 101. 2.
Ἐλευσὶν ἐποίκιον 83. 2.
Ἱερὰ πύλη ἄμφοδον 79 [1] 3.
Λευκὸς χ(ῶρος)? 105. 2; 106. 2.
Λητοῦ νῆσος 15 [2] 5.
Μάκρονο(ς) χῶρος 104. 1.
ἁγίου Μάρκου ῥέμιον 100. 8.
Μωήρεως ἄμφοδον 79 [1] 7.
Ταμείων ἄμφοδον 43. 3; 49. 13; 51. 4.
Τουνκῆρκις ἐποίκιον 86. 12, 20.
Χηνοβοσκίων ἄμφοδον 79 [2] 4.

XI. TAXES.

ἀννῶνα 95. 1.
ἀργυρικά 52. 5; 62 (*a*) 2; 97. 3.
δεκάτη ἐγκυκλίου 32. 12; 34. 1; 35. 13.
διαγραφή 105. 3.

εἰκοστὴ ἐγκυκλίου 15 [3] 1.
ἑκατοστὴ καὶ πεντηκοστή (ρ' καὶ ν') 50 (b) 1, (f 1) 2, (f 2) 2, (g) 2, (h) 2.
ἐκφόριον 57. 12.
ἐναρούριον 65. 1.
ἐρημοφυλακία 50 (c) 1, (l) 3, (m) 3 ; 58. 1.
καμήλων τέλος 48. 9.   καμ. τέλεσμα 52. 7.
κανών 80. 14 ; 81. 14 ; 95. 2.
κόλλυβος 65. 1, 3.
κοπῆς τριχός, τέλεσμα 60. 6.
λιμὴν Μέμφεως 50 (d) 2, (e) 2, (k) 2, (l) 1.
μεριδαρχικὴ πρόσοδος (?) 54. 3.
νομαρχία Ἀρσινοΐτου 50 (a) 2, (b) 2.
προσδιαγραφόμενα 41. 10 ; 48. 2, 3, 4, 10, 11, 12 ; 52. 9 ; 65. 1, 2.
σῖτος 101. 1.
συμβολικά 41. 11.
σύμβολα καμήλων 58. 3.
τέλος (ὠνῆς) 15 [3] 5 ; 32. 14 ; 34. 2, 3.   ἐφοδίου καὶ τέλους 71 [2] 27.
χειρωναξία 60. 4.
χωματικά 53 (a) 4, (b) 5 et saep.

XII. WEIGHTS AND MEASURES.

ἄρουρα 15 [2] 3, [3] 3 ; 20 [1] 2, 3 ; 23 (a) [1] 8, [2] 7 ; 25. 10, 15 ; 32. 7, 13, 42. 3, 4 ; 58. 8 ; 83. 6.
ἀρτάβη 19. 8 ; 22. 4, 5 ; 29. 9, 10, 24, 34, 35 ; 38. 19, 20 ; 44. 13 ; 47. 8, 10, 13, 14, 15 ; 50 (b) 4 et saep. ; 57. 13 ; 67. 14 ; 77. 26 ; 86. 21 ; 96. 3, 4, 6 ; 101. 3 ; 104. 1, 3, 4, 5.
ζυγόν 95. 3, 4.   ζ. δημόσιον 97. 6.   ζ. Ἑρμουπόλεως 87. 16.
κεράμιον 24. 9, 21, 30 ; 41. 13 ; 50 (f 2) 4 ; 61. 15.
κόλλυβος 90. 13.
μετρητής 50 (e) 4, 7, (g) 3.
μέτρον 29. 18.   μ. δημόσιον 44. 13.   μ. δημόσιον ξεστόν 44. 12.   μ. δημ. ξεσ. ἐν θησαυρῷ 47. 6.   μ. ὄγδοον θησαυροῦ τῆς κώμης 57. 17.   μ. τετράχυον 24. 13.
   μ. τοῦ εὐαγοῦς μοναστηρίου ἀββᾶ Ἀγενοῦς 90. 14.
ναύβιον 65. 2.
ξέστης 99. 3, 5, 6.
σταθμός 89. 3 ; 90. 9.
στατήρ 38. 8, 9, 13.
χοῦς 77. 19, 24, 25.

XIII. COINS.

ἀργύριον 41. 11, 24 ; 43. 15, 17 ; 46. 15 ; 43. 1 ; 51. 17 ; 56. 18 ; 61. 10 : 69. 13 ; 77. 39.   ἀργ. ἐπισήμου ἱεραὶ δραχμαί 25. 22 ; 26. 21 ; 28. 20 ; 30. 25 ; 33. 13.   ἀργ. Σεβαστῶν νομίσματος 72. 6.   ἀργ. καινοῦ Σεβ. νομ. 74. 8.   ἀργ. Σεβ. νομ. ἐν νούμοις 75. 6, 26.

denarius 108. 3.

δραχμή 15-69, passim ; 76. 21, 24, et saep.   δρ. παλαιαί 76. 17, 19.   δρ. παλαιοῦ νομίσματος 76. 6 ; 77. 30.

κεράτιον 97. 5.

μνᾶ 18. 17 ; 21. 17 ; 27. 16.

νόμισμα (or νομισμάτιον) χρυσοῦ 89. 5 ; 90. 12, 26 ; 95. 2, 5 ; 100. 14 ; 102. 1, 3 ; 105. 4 : 106. 4.   νομ. παρὰ κερ. β τῷ σῷ σταθμῷ 89. 3, 7, 9.   χρ. κεφαλαίου νομ. δεσποτικὰ ἁπλᾶ δόκιμα ἑξ παρὰ κεράτια ιδ ἥμισυ τέταρτον τῷ σῷ σταθμῷ 90. 7, 21.   νομ. παρὰ κεράτια ἑξ 87. 15, 23. 30, 43.   νομ. β παρὰ κερ. ιθ 98. 3.   νομ. ὄβρυζα 103. 2, 3.   nummi HS 110. 4.

ὀβολός 51. 18 ; and see Index XIV.

ὁλοκόττινα 94. 1.

τάλαντον 15-34, passim ; 39. 6 ; 72. 7, 15 ; 74. 9 ; 75. 7, 27.

φόλλις 87. 33.

χαλκοῖ 15-39, passim.

χαλκοῦς : see Index XIV.

XIV. SYMBOLS.

(a) Measures.

ἄρουρα ❍ 23 (a) [1] 8, [2] 7.   ʊ 42. 3 ; 56. 8 ; 83. 6.

ἀρτάβη ⋤ 22. 4, 5 ; 29. 24, 34, 35.   ⊤ 23. 14 ; 38. 20 ; 44. 13 ; 47. 14 ; 86 21 ; 96. 4.   o 104. 1, 3. 4. 5.

(b) Coins.

τάλαντον ⊀ 15-39, passim.   ʓ 72. 7.   ⌒ 74. 10.

δραχμή ʒ 16, 6.   < 32. 14, et saep. ; 34. 3.   ʃ 43-76. passim.

ὀβολός ½ ♂ 65. 1, 2.
1 — 65. 1.
ὀβολοί 2 = 65. 1, 2.
χαλκοῦς ½ (?) — 65. 1, 3.
χαλκοί 2 χ⁰ 65. 1, 2, 3.
νόμισμα ⊽ 89-106, passim.

(c) Fractions (in general $\iota' = \frac{1}{10}$, $\kappa' = \frac{1}{20}$ and so on).

½ ∠ 23 (a) [1] 8. S 104. 4.
⅔ y 104. 1.
½ + ⅓ 8 8 47. 14, 15.

(d) Miscellaneous.

γίνεται / 15-106, passim.
ἑκατόνταρχος ξ 62. 1.
ἔτος, ἔτους, &c. ∠ S passim.
πυροῦ ↳ (i.e. πυ.) 14 (a) 10 ; 22. 4. 5 ; 23. 14.
πυροῦ ἀρτάβη ↳ 23. 14, 19, 20.
τέτακται ↳ 32. 12. ↳ 35. 13. I 34. 1.

XV. GENERAL INDEX (GREEK).

ἀβροχεῖν 56. 10.
ἀγανακτεῖν 82. 18.
ἀγαπητὸς ἀδελφός 73. 2.
ἁγιωσύνη 91. 2.
ἀγορεί 29. 25.
ἀγοράζειν 32. 14 ; 34. 2 ; 35. 16 ; 36. 18 ; 38. 4, 18 ; 46. 17.
ἀγράμματος 51. 14.
ἀγρωμεύειν 95. 2.
ἄγραφος 69. 28 ; 76. 18.
ἀδελφότης 89. 2, 4, 6 ; 92. 3, 10.
ἀδιαίρετος 23 (a) [2] 7 ; 28. 10 ; 32. 6.
ἀδιαιρέτως 87. 12.
ἄδολος 29. 14 ; 90. 13.
αἰγικός 51. 15.
αἰδέσιμος 88. 9.
αἰδεσιμότης 90. 6.
αἰκίζεσθαι 78. 14, 19.
αἷμειν 18. 25 ; 21. 22 ; 23. 14 ; 27. 24 ; 36. 14, 18 ; 74. 14.
αἴρειν 77. 9.
αἰτεῖν 112. 18.
αἰῶνες τῶν αἰώνων 112. 22.
αἰώνιος 71 [1] 11 and see Index II.
ἀκίνδυνος 82. 5.
ἀκολουθία 82. 21.
ἀκολούθως 23. 12 ; 69. 19.
ἀκούειν 36. 15 ; 90. 25.
ἄκυρος 25. 20 ; 26. 18 ; 28. 18 ; 30. 22 ; 71 [2] 11.
ἀλόγως 77. 9.
ἀμελεῖν 38. 4.

ἀμετανόητος 68. 4, 5; 70. 8.
ἀμήν 100. 23 (γθ); 112. 22.
ἀμπελῖτις 56. 7.
ἀμπελών 28. 7, 9, 12, 14.
ἀνάβασις 67. 17.
ἀνάγεσθαι 23. 5.
ἀναγκάζειν 14 (α) 6; 38. 17; 93. 4.
ἀναγκαῖος 14 (α) 3, (c) 2, 6; 90. 7.
ἀναγκαίως 78. 15.
ἀναγράφειν 49. 4.
ἀναγραφή 41. 19; 111. 1.
ἀναδέχεσθαι 99 (α) 2.
ἀναδιδόναι 71 [2] 25.
ἀνακομιδή 89. 3.
ἀναλίσκειν 77. 15.
ἀνέξιος 78. 7, 14; 91. 3.
ἀναπέμπειν 66. 1.
ἀναπόριφος 46. 14.
ἀναριθμεῖν 23. 14.
ἀναφαίρετος 68. 4; 70. 7; 71 [1] 11; 74. 12.
ἀναφύλακτος 15 [2] 1, 8; 32. 5.
ἀνέρχεσθαι 77. 13; 84. 10, 15; 94. 4.
ἄνευ 14 (c) 6.
ἀνήλωμα 29. 18. (ἀναλ.) 77. 16.
ἀνθομολογεῖν 71 [2] 14.
ἄνθρωπος 92. 1.
ἀνιέναι 78. 21.
ἀνομολογεῖν 22. 7; 30. 13; 31. 14.
ἀντίγραφον 23. 2, 10; 42. 3; 69. 1; 70. 5; 71 [1] 7.
ἀντίδικος 78. 21.
ἀντικνήμιον 40. 2; 51. 11.
ἀντιλέγειν 78. 13.
ἀντίληψις 113. 24.
ἀντιλογία 87. 26.
ἀντισύμβολον 23. 7, 15.
ἀνυπέρθετος 74. 17.
ἀξιοῦν 14 (α) 5, 8, 15, 21, (c) 6; 61. 17; 78. 19; 87. 40; 97. 9.
ἀξιόχρεως 41. 22.
ἀπαιτεῖν 17. 4.
ἀπαλλάσσειν 82. 20; 94. 3.
ἀπαξαπλῶς 76. 17.
ἀπάτωρ 55. 14; 56. 3.
ἀπελεύθερος 46 (α) 10; 63. 2, 10; 69. 5; 71 [2] 29.

ἀπέρχεσθαι 99 (α) 5.
ἀπέχειν 22. 8; 26. 8; 31. 6, 14; 39. 4; 44. 5; 46. 14; 51. 14; 69. 30; 71 [1] 27; 74. 10, 25.
ἁπλοῖς 68. 11; 70. 12; 74. 18.
ἁπλῶς 69. 28; 71 [2] 9.
ἀπογίνεσθαι 69. 10.
ἀπογράφειν 45. 7, 9, 12; 45 (α) 8, 10; 49. 7, 12, 13; 55. 7; 56. 4, 7.
ἀπογραφή 55. 10; (κατ᾽ οἰκίαν) 49. 9, 10, 11, 12.
ἀποδεικνύειν 78. 26.
ἀπόδειξις 100. 17, 20, 21, 25; 112. 9.
ἀποδέχεσθαι 86. 14.
ἀπόδοσις 21. 27; 57. 15; 72. 8; 86. 15; 87. 31; 89. 5; 90. 14.
ἀποδιδόναι 14 (α) 18, 20, 22; 15 [1] 12, [2] 11; 16. 9; 17. 5; 18. 11, 13; 20 [1] 1, [2] 11; 21. 10, 13; 23 (α) [1] 3, [2] 3, [3] 2; 24. 10, 16; 27. 8, 11; 29. 11, 19; 32. 4, 10; 35. 4, 11; 72. 7, 9, 15; 82. 30; 89. 8; 90. 22; 91. 7.
ἀποζεῦγνύναι 76. 4.
ἀποζυγή 76. 19.
ἀποθήκη 88. 11; 111. 39.
ἀποκαθιστάναι 29. 16; 61. 11.
ἀποκριθέν 112. 20.
ἀποκρότως 89. 3; 90. 6.
ἀπόκτησις 70. 26.
ἀπολαμβάνειν 69. 9.
ἀπολογία 78. 27.
ἀπολύειν 82. 14; 89. 6; 90. 20.
ἀπόνοια 78. 8.
ἀποπέμπειν 76. 8.
ἀποπληροῦν 80. 17; 81. 17.
ἀποσπᾶν 59. 17, 18.
ἀποστέλλειν 14 (c) 2, 5; 77. 2; 92. 8.
ἀποσυνιστάναι 71 [1] 5, [2] 28, 30.
ἀποτίνειν 16. 9; 17. 5; 18. 14; 21. 14; 24. 18; 27. 12; 29. 21; 33. 12.
ἀποτυγχάνειν 112. 19.
ἀποφέρειν 70. 21.
ἀποχή 80. 18, 21, 23, 24; 81. 18, 21, 23, 24; 81 (α) 10, 17; 99. 7.
ἀργυροῦς 111. 5. 6.
ἀρεστός 24. 14.

ἀρετή 90. 11.
ἀριθμεῖν 72. 6.
ἀριθμός 74. 10; 105. 4; 106. 4.
ἀριστερῶν, ἐξ ὑμ. 51. 8.
ἀρ(ρ)αβών 67. 17.
ἀρχαῖος, κατὰ ἀρχαίους 67. 10.
ἀρχεῖον, τὸ ἐν Παθ. ἀρχ. 19. 13, 14; 22. 7; 28. 11; 30. 10, 12; 31. 11, 13.
ἄρχεσθαι 112. 11.
ἀρχή 75. 9; and see Index III.
ἀρχοντικός 82. 15.
ἄσημος 23 (a) [2] 4; 55. 13, 16, 20.
ἀσμένως 14 (a) 17.
ἀσπάζεσθαι 73. 4; 91. 1; 92. 10.
ἄσπιλος 113. 1.
ἀσφάλεια 75. 13; 80. 19; 81. 19; 81. 19; 81 (a) 11; 89. 6; 90. 5, 18; 97. 6; 100. 15.
ἀσφαλής, τὸ ἀσφ. 89. 6, 9; 90. 19, 21, 24.
ἄτοκα 18. 9; 21. 9; 24. 9; 27. 8; 29. 10.
ἄτοπος 82. 14.
αὐθαιρέτως 62. 8; 79 [1] 6, [2] 8.
αὐθέντης 86. 7.
αὐλή 55. 22.
αὐτόθι 74. 10.
αὐτοπροσώπως 91. 6.
ἀφανής 61. 16.
ἀφιέναι 31. 17.
ἀφιστάναι 28. 3, 23; 76. 10; 77. 9. 12; 87. 27.
ἄχραντος 78. 24.
ἄχρι 72. 8; 87. 28; 89. 5; 90. 14.

βαδιστής, ὄνος βαδ. 14 (b) 5.
βάλλειν 99 (a) 11.
βέβαιος 68. 11; 70. 13; 71 [2] 13; 74. 19; 75. 15; 76. 21; 80. 19; 81. 19; 87. 36; 90. 26.
βεβαιοῦν 46. 16 (?); 74. 15.
βεβαίωσις 74. 16; 75. 10.
βεβαιωτής 15 [2] 10; 32. 9; 35. 10.
βεβαιώτρια 23 (a) [3] 1.
βιβλίδιον 61. 19.
βιβλίον (βυβλ.) 41. 21. βιβλ. δερμάτινα 111. 27. βιβλ. χαρτία 111. 28.
βοηθός 78. 18.

βούλεσθαι 29. 28; 57. 6: 67. 4; 76 11; 82. 15, 19, 24; 89. 4; 90. 11.
βωμός 111. 20, 21.

γαμεῖσθαι 76. 11.
γειτνία 15 [3] 3; 32. 13; 35. 15.
γείτων 15 [2] 4; 23 (a) [2] 7, 10; 32. 7, 8; 35. 8, 9.
γένημα 44. 6; 47. 5; 97. 4.
γένος 44. 11; 78. 11 (?).
γεωργεῖν 33. 7.
γῆ ἀμπελίτις 56. 7. γῆ ἤπειρος σιτοφ. 23 (a) [2] 7; 32. 5, 13. γῆ νησιωτ. 15 [2] 2, [3] 3. γῆ σιτοφ. 25. 8; 28. 3; 33. 5.
γινώσκειν 73. 6; 92. 4.
γλεῦκος 24. 12.
γνώμη 14 (a) 20; 100. 9.
γόμος 46 (a) 4.
γονεύς 78. 5.
γοῦν 61. 23.
γράμμα 17. 10; 46. 19, 25; 69. 14; 71 [2] 9; 72. 10. 16; 75. 29; 78. 35; 79 [1] 12; 82. 22; 87. 40; 91. 3; 92. 2, 9; 97. 9.
γραμματεῖον 87. 35, 39; 89. 3.
γραμματηφόρος 93. 2.
γράφειν 36. 14; 38. 5, 14, 15; 46. 18. 23; 62. 14; 68-106, passim.
γραφικός 38. 7.
γυμ(νάσιον) 67. 1.

δαίμων πονηρός 76. 3.
δάκτυλος μικρός 46. 9.
δανείζειν 18. 2, 11, 21, 23; 19. 10; 21. 3, 10, 20; 24. 4, 23, 28; 27. 3, 9, 21, 22; 29. 4, 12, 27; 30. 7, 31.
δάνειον 18. 10, 20; 19. 11; 21. 9, 27; 22. 5; 24. 10; 27. 8, 17, 28; 29. 11, 32; 30. 7, 9, 31; 31. 8, 16.
δανειστής 21. 21; 26. 13.
δαπάνη 77. 20, 30.
δεῖσθαι, δεηθῶμεν, 113. 6, 14, 27, 39.
δεικνύειν 68. 5.
δένδρον 28. 8; 64. 13.
δεξιῶν, ἐγ δ. 15 [1] 12, [2] 9; 46. 11.
δέρμα 51. 15.

δερμάτινος 111. 27, 34.
δισμίτιον 87. 22, 34.
δέσποινα 92. 2, 5; 96. 3.
δεσποτεία 74. 12.
δεσπότης 78. 16; 92. 11; 93. 5; 103. 2.
δευτεροβόλος 50 (*a*) 4.
δέχεσθαι 15 [2] 12; 23 (*a*) [3] 2; 32. 10; 35. 11; 87. 13; 92. 2; 96. 2; 97. 2; 100. 10.
δηλαδή 90. 25.
δηλοῦν 15 [3] 2; 32. 13; 35. 15; 62 (*a*) 3; 77. 38; 86. 15.
δημόσιος 69. 20; 71 [1] 29, [2] 3, 32. τὰ δ. 69. 3. ἐν δημ. κατακειμένη 68. 11; 70. 13; 75. 15; 76. 21.
δημοσιοῦν 71 [1] 6, [2] 26.
δημοσίωσις 71 [2] 25, 26.
διαγράφειν 48. 7; 52. 4; 54. 2; 56. 16; 60. 2; 62 (*a*) 4.
διαγραφή 15 [3] 1; 32. 12.
διαδέχεσθαι τὴν στρατηγίαν 61. 4.
διαδοχή 82. 12.
δίαιτα 89 (*a*) 6, 7.
διακεῖσθαι 74. 2.
διαπέμπειν 78. 17.
διαπιπράσκειν 100. 12.
διασαφεῖν 33. 11.
διαστολή 37. 8; 69. 35.
διατηρεῖν 14 (*a*) 16.
διάφορος 92. 8.
διδόναι 41. 20, 21; 59. 19; 80. 12; 81. 11; 81 (*a*) 7; 95. 1; 98. 3.
δίδραχμος τόκος 18. 17; 21. 17; cf. 27. 15.
διευτυχεῖν 38. 3.
δίκαιος 49. 6; 71 [1] 14; 78. 1; 93. 2, 4; 113. 14.
δικαστήριον (?) 78. 25.
δικαστικός 82. 18.
δίκη 18. 27; 21. 25; 24. 26; 27. 26; 29. 31; 84. 22; 87. 26.
δίμωσον (= δίμοιρον) 102. 2.
διομολογεῖν 28. 21; 33. 14.
διπλοῦς 91. 7.
δισσός 69. 15; 71 [2] 13; 76. 20.
διώκειν 84. 7, 8.
δοκεῖν 68. 10; 70. 12; 71 [2] 6; 92. 6.

δοκοῦν 35. 6.
δόσις 68. 9; 70. 11.
δουλ(ε)ία 75. 4, 12, 26.
δούλιος 78. 11.
δοῦλος 91. 8, 10.
δράκων 84. 12, 16.
δρόμος 35. 8.
δύνασθαι 78. 22; 84. 14.
δυνατός 77. 37.
δωμός (= τομός ?) 38. 5, 6.
δῶρα 113. 25.

ἑβδομάς 87. 33, and see Index IX *b*.
ἔγγραφος 69. 28; 76. 17; 90. 5.
ἐγγυᾶν 27. 17; 62. 9; 79 [1] 6, [2] 8; 86. 14.
ἐγγυητής 86. 13.
ἔγγυος 17. 7; 18. 18; 27. 19.
ἐγκαλεῖν 66. 3.
ἐγκοιμηθείς 113. 29, 35.
ἔδνα 76. 10.
ἔθω, εἴθισται 37. 8.
εἶδος 76. 8.
εἰρήνη 112. 18; 113. 16.
εἴρομεν (dative) 41. 19.
εἰσάγειν 50 (*a*) 3, (*f* 2) 3; 78. 3.
εἰσκομίζειν 61. 9.
εἴσοδος 35. 8.
ἑκατοντάρουρος 42. 3.
ἐκβιβάζειν (ἐγβ.) 62. 12.
ἐκβόλιμος 71 [2] 11.
ἐκδιδόναι 59. 1; 80. 18, 21, 23; 81. 18, 21, 22; 81 (*a*) 10; 97. 7; 99. 7.
ἐκλαβεῖν 67. 5.
ἑκούσιος 100. 9.
ἑκουσίως 62. 8; 79 [1] 6, [2] 8.
ἐκπρόσωπος 100. 5.
ἐκτίνειν 26. 10.
ἔκτισις 18. 19; 27. 20.
ἑκών 16. 2; 25. 3.
ἔλαιον 50 (*e*) 4, 7, (*g*) 3; 77. 25, 36.
ἐλεύθερος 78. 4, 11, 12.
ἔλευσις (?) 113. 13.
ἐλλογεῖσθαι 67. 18.
ἐλπίζειν 112. 19.
ἐμφανία 62. 10; 79 [2] 8.
ἐναντίος 36. 13.

XV. GENERAL INDEX (GREEK)

ἐνδεικνύειν 70. 8.
ἐνδεχόμενον 14 (a) 4.
ἔνδοξος 113. 4.
ἐνεγγυᾶσθαι 79 [1] 11.
ἕνεκεν 68. 4; 70. 8.
ἐνέργεια 113. 9.
ἔννομος 75. 15.
ἐνοίκιον 83. 2, 3, 5, 7.
ἐνοχλεῖν 14 (a) 5, 17.
ἔνοχος 62. 13.
ἐντάγιον 97. 7, 8; 98. 5, 7.
ἐντέλλειν 14 (c) 6.
ἐντεῦθεν 76. 5, 16.
ἐντολή 37. 7.
ἔντομος 41. 18.
ἐντός 59. 16.
ἐνώπιον 71 [2] 26.
ἐξάγειν 50 (b) 2, (c) 2, (d) 3, (e) 3, (f) (1) 2, (g) 2, (h) 3, (i) 4, (k) 2, (l) 3, (m) 6.
ἐξαιρέτως 113. 7.
ἐξάμηνος 95. 2.
ἐξαριθμεῖν 45. 18; 45 (a) 17.
ἐξεῖναι 59. 16; 68. 8; 70. 11; 71 [2] 9; 72. 9; 76. 10.
ἐξευτελίζειν 93. 3.
ἑξῆς 86. 15; 88. 14; 112. 15.
ἐξυπηρετεῖν 81 (a) 2.
ἐξωπυλίτης 72. 4; 74. 4; 78. 2, 6, 33.
ἑορτάζειν 112. 15, 16.
ἐπακολουθεῖν 62. 14.
ἐπάναγκος 25. 24; 26. 22.
ἔπαυλις 83. 5.
ἐπέρχεσθαι 25. 16, 21; 26. 14, 19; 28. 14, 19; 30. 17, 23; 33. 10.
ἐπερωτηθείς 68. 12, 18; 69. 31, 36; 70. 13, 16, 20; 71 [2] 14, 28; 72. 10; 74. 19; 75. 16, 28; 76. 22; 79 [1] 10; 80. 19; 81. 20; 81 (a) 11; 87. 36; 100. 17.
ἐπῆρ(ε)ια 82. 17, 20.
ἐπιβάλλον 22. 3; 31. 7; 32. 6; 33. 3; 35. 7, 15.
ἐπιδεικνύειν 37. 7.
ἐπιδιδόναι 49. 14; 55. 24; 56. 13, 14; 61. 17; 76. 13; 78. 34.
ἐπιζητεῖν 62. 11, 13; 79 [1] 8.

ἐπιθεωρεῖν 64. 2.
ἐπικαλεῖν 22. 9; 26. 8; 31. 15; 66. 1; 71 [2] 2.
ἐπικείμενος 57. 9.
ἐπικρίνειν 49. 6, 10.
ἐπιλύειν 30. 4.
ἐπίλυσις 26. 27; 30. 31; 31. 19.
ἐπιμελεῖσθαι 36. 13, 19.
ἐπιμένειν 82. 16.
ἐπιπορευόμενος 25. 20; 26. 18; 28. 18.
ἐπισπονδασμός 23. 17.
ἐπίστασθαι 92. 3.
ἐπισυνάγειν 72. 8.
ἐπιτάσσειν 44. 8.
ἐπίτιμοι 46 (a) 7.
ἐπίτιμον 25. 21; 26. 20; 28. 19, 23; 33. 12.
ἐπιτυχεῖν 78. 18.
ἐπιφέρειν 71 [2] 11.
ἐπιφώσκειν 112. 15.
ἐπιχωρεῖν 41. 24.
ἐπομνύειν 100. 9.
ἐργάζεσθαι 53 (a) 4, (b) 5 et saep.; 87. 19, 27.
ἐργαστήριον 87. 18.
ἔργον 14 (a) 4; 53 (a) 4; 76. 7; 87. 20, 25?
ἐρεινοῖς 111. 13, 16.
ἐρημία 84. 4.
ἐρρῶσθαι 14 (a) 24, (b) 7, (c) 4, 5; 23. 8; 36. 6, 21, 22; 38. 21; 46 (a) 12; 73. 21; 77. 41; 82. 24, 27.
ἔρχεσθαι 71 [1] 13; 73. 14, 16; 94. 2.
ἐρωτᾶν 68. 20; 69. 37, 42; 70. 17, 23; 71 [2] 16, 19, 21, 23.
ἔστι 73. 14.
ἑστία 78. 10.
ἴσω 73. 9.
ἔσωθεν 100. 8.
ἐταρισματαμισθ( ) 41. 26.
ἑτοιμάζειν 14 (b) 1, 5, 9; 77. 15.
ἑτοίμως ἔχειν 89. 4; 80. 10.
εὐαγής 90. 13.
εὐγνώμων 14 (a) 9.
εὐδοκεῖν 69. 31, 40; 70. 19; 71 [2] 7, 20, 22, 28.
εὐδόκιμος 89. 1.

εὐθύμων 15 [1] 12; 20 [2] 12; 23 (a) [2] 3, 4, 6, 10; 32. 5; 35. 5.
εὐκλεέστατος 100. 6.
εὐλαβής 111. 3.
εὐλογεῖν 113. 7, 11.
εὐμεγέθης 15 [1] 12, [2] 7.
εὔνοια 68. 4; 70. 8; 71 [1] 12.
εὐπορκία 72. 10.
εὑρεσιλογία 90. 16.
εὑρίσκειν 91. 4; 92. 7.
εὐτύχει 41. 23; 78. 28.
εὔχεσθαι 46 (a) 14; 73. 21; 77. 41; 82. 25, 28; 91. 2, 5.
ἐφεξῆς 112. 15.
ἐφεστηκότα (ὦτα) 33. 2.
ἐφίστασθαι 41. 9 ?
ἐφόδιον 71 [2] 27.
ἔφοδος 25. 20; 26. 18; 28. 17; 30. 22.
ἐχόμενος 24. 19; 27. 13; 29. 22.
ἔχθρα 82. 16.
ἐχθρός, 112. 17.

ζ(ε)ῦγος 67. 5.
ζημία 82. 19
ζητεῖν 79 [1] 10.
ζυγοστασία 46 (a) 8.

ἡγεμονικός 80. 7, 24; 81. 7, 24; 82. 3.
ἡδέως 73. 20.
ἥκειν 36. 18.
ἡμέρα 67. 8, 11, 13; 69. 17, 26; 77. 19; 87. 32; 104. 4, 5.
ἥμερος 14 (b) 3.
ἡμιώλιον 16. 9; 18. 15; 21. 15; 27. 14; 29. 24; 31. 17.
ἤπειρος 23 (a) [2] 7; 32. 5, 13.
ἡσύχως 91. 4.
ἤτοι 71 [1] 14.

θαυμάζειν 77. 8; 92. 1.
θέλειν 73. 19; 93. 4; 94. 1.
θεοσεβής 96. 2.
θεοφιλία 93. 3.
θεραπεία 91. 4.
θήλειος 46. 13; 50 (a) 3; 74. 7.
θην 38. 9.

θλίβειν 78. 23.
θύειν 64. 3.
θυία 111. 35.
θυροῦν 35. 7.

ἴδιος 29. 17; 72. 6; 78. 8; 80. 14; 81. 14; 82. 10; 84. 1; 86. 16.
ἱκανός 41. 22; 78. 21; 112. 9.
ἱκετεία 112. 18; 113. 1.
ἱματισμός (ἡμ.) 75. 5, 11. 25.
ἴσος, τὸ ἴσον 51. 4. ἐξ ἴσων μέρους 71 [1] 13.
ἰσχύς 71 [2] 12.
ἴχνος 91. 1.

καθαρός 29. 14; 90. 13.
καθέδρα 111. 36.
καθείργειν 78. 11.
καθήκειν 41. 10; 44. 11.
καθίστασθαι 37. 6.
καιρός 74. 17; 112. 10.
κακόν 36. 12; 84. 21.
κάκωψις 28. 4.
κάλαμος 38. 7.
καλεῖν 112. 11.
καλός 76. 12; 91. 4; 104. 1, 3. 4. 5.
καλῶς 14 (c) 3; 36. 16; 38. 3; 71 [2] 15; 82. 5; 92. 3.
κάπηλος 45. 8, 13, 16; 45 (a) 1, 9, 13, 15; 50 (a) 3. (b) 3. (d) 3. (f 1) 4. (g) 3, (i) 5, (k) 3, (n) 7; 52. 8; 58. 3; 74. 6, 23.
καρπός 83. 1, 2, 6.
καταβαίνειν 38. 16.
καταβάλλειν 94. 2; 99. 1.
κατάβασις 67. 15.
καταβιβρώσκειν 36. 15.
καταβολή 19. 15; 22. 13.
καταγίνεσθαι 55. 10; 61. 7.
καταδίκη 87. 29.
κατακεῖσθαι 68. 12; 76. 21.
κατακολουθεῖν 23. 3, 10.
κατακομίζειν 46 (a) 4.
κατάλυσις 87. 21, 28.
καταμένειν 71 [1] 17; 72. 5; 80. 10; 81. 10.
καταπέτασμα 111. 7.

καταπλεῖν 71 [1] 6.
κάταρξις 87. 21.
κατάστασις 91. 4; 92. 4, 6.
καταφυγή 78. 25.
καταχωρίζειν 41. 16; 45. 16; 45 (a) 13, 15; 70. 13; 71 [2] 13.
καταχωρισμός 41. 20; 61. 18.
κατέχειν 82. 6, 13, 20.
κάτοικος 42. 1.
κειμήλια 111. 1.
κελεύειν 56. 4; 92. 6.
κέλευσις 96. 3.
κεφάλαιος 80. 6, 24; 81. 6, 24; 82. 3, 31.
κεφαλή 80. 14; 81. 14; 82. 11.
κηδεία 68. 6; 70. 9; 71 [1] 15.
κηρός 38. 13.
κίνδυνος 86. 16; 87. 34; 90. 17.
κογχίζειν 87. 22.
κοιμᾶν 113. 38.
κοινός 76. 4.
κοτύλη 101. 29.
κουκούμιον 111. 23.
κραβάκτ(ιον) (κραββάτιον?) 111. 32.
κράτησις 40. 4; 74. 12.
κράτιστος 56. 5.
κρεμαστός 111. 16, 17?
κροκοδιλοτάφιον 14 (d) 3.
κρόταφος 15 [2] 1.
κτῆμα 57. 11; 97. 3.
κτῆσις 101. 2.
κύαθος 111. 30.
κυνηγετεῖν 71 [2] 12.
κυνηγικοὶ τόποι 71 [1] 15.
κύριος ('guardian') 15 [1] 13; 18. 6; 23 (a) [2] 4; 28. 4; 45 (a) 6; 49. 3; 59. 2; 69. 8, 39; 85. 3.
κύριος ('valid') 28. 21; 30. 26; 33. 14; 68. 11; 70. 12; 71 [2] 13; 72. 10; 74. 12, 18; 75. 14; 76. 20; 80. 19; 81. 19; 87. 36.
κύριος or κυρία (in address) 82. 1; 86. 7; 96. 1, 2; 97. 1; 103. 1, 2; 113. 6, 14, 22, 27, 28.
κώμη 37. 6; 41. 5; 43. 8, 11; 44. 2, 11; 45. 8, 13; 45 (a) 5, 9; 51. 12; 52. 5; 55. 6, 11; 56. 9; 57. 19; 59. 4; 60. 5; 61. 8, 12; 66. 1;
67. 3, 8; 71 [1] 16, 17; 72. 2; 74. 4; 83. 1.
κῶνος 17. 3, 6.

λαμβάνειν 37. 8; 67. 10; 71 [1] 19; 87. 32; 100. 10.
λανθάνειν 84. 19.
λάχανον 92. 8.
λέβης 111. 22.
λέγειν 71 [1] 22.
λειτουργεῖν 14 (c) 4, 7; 82. 9.
λειτουργία 82. 7.
λευκομέτωπος 14 (b) 3.
λευκός 46. 13; 50 (a) 4.
λευκόχρωμος 74. 7.
λεύκωμα 51. 9.
λέων 84. 7, 9.
λήκυθος (λύκηθος) 111. 40.
λῆμμα 60. 3.
λινοῦς 111. 12.
λείψανον 112. 20.
λογε(ί)α 38. 15.
λογεύειν 38. 15, 16, 17.
λόγευσις 69. 34, 40.
λόγος 26. 12; 44. 8; 59. 19; 60. 6; 61. 21; 63. 3, 4, 7, 11; 67. 29; 69. 23; 76. 13; 81 (a) 9; 87. 13, 29; 95. 1; 112. 10.
λουτήριον 111. 24.
λυπεῖν 36. 9.
λιχνία 111. 18, 19.

μαγίς 111. 33.
μακαρία 86. 9.
μακάριος 113. 33.
μακροπρόσωπος 15 [1] 12, 14, [2] 8; 20 [2] 12; 23 (a) [2] 6, 10; 32. 5; 33. 2; 35. 4, 5.
μαμμικός 55. 18, 24.
μαμπάριον 111. 12, 13.
μανθάνειν 77. 12; 91. 3.
μάρμαρος 111. 10.
μάρσιπος 38. 11.
μαρτυρεῖν 68. 21, 22; 69. 43, 44; 70. 18, 19; 71 [2] 24; 73. 16; 77. 37; 90. 24.
μαρτύρεσθαι 78. 16.

μάχαιρα 111. 31.
μεγαλεῖον 78. 16, 17.
μεγαλοπρέπεια 100. 11.
μεγαλοπρεπής 92. 3, 10, 11; 93. 1. 5;
  100. 5.
μέγας 38. 12.
μελάγχρως 23 (a) [2] 6.
μελιτόχροος 100. 13.
μελίχρως 15 [1] 12, 13, 14, [2] 7; 20
  [2] 11; 23 (a) [2] 3, 4, 10; 28. 4;
  32. 4; 33. 2; 35. 4, 5.
μέλας 38. 8.
μελεῖ 92. 3.
μέλλειν 77. 35.
μένειν 61. 21; 88. 12.
μερίς 20 [2] 12; 28. 7, 8; 46 (a) 5.
μέρος 15 [2] 2; 22. 4, 10; 23 (a) [2]
  11; 25. 9; 31. 8, 15; 32. 6; 33. 4,
  11; 35. 7, 15; 55. 18, 22, 23; 68.
  7; 70. 10; 71 [1] 13, 14, 15; 75.
  4, 11, 26.
μέσος 15 [1] 13, 14; 20 [2] 11; 23 (a)
  [2] 3, 4, 10; 28. 5; 32. 4; 33. 1.
μέσος ἢ ἐλάσσων 23 (a) [2] 6; 28. 4 (ἐλ.
  ἢ μεσ.); 35. 4, 5.
μεταγινώσκειν 82. 18.
μετέρχεσθαι 68. 9; 70. 11; 71 [2] 8;
  76. 9, 16.
μέτοχος 33. 4; 34. 1; 44. 1; 47. 4;
  48. 7; 52. 4; 62. (a) 2.
μετρεῖν 19. 3; 22. 2; 47. 4.
μέτωπον 20 [2] 12; 23 (a) [2] 3, 4;
  46. 11; 62. 17.
μήκιστος 91. 2.
μῆκος 112. 10.
μητρικός 55. 11.
μιαντός? 113. 2.
μικρός 46. 9; 111. 9.
μισθός 67. 11; 77. 5, 24, 28; 80. 13;
  81. 13; 81 (a) 6; 82. 10; 91. 7.
μισθοῦν 33. 4; 57. 6, 20.
μίσθωσις 33. 7; 57. 8.
μνήμη 86. 9.
μοναχός 71 [2] 25.
μονή 62. 10; 79 [1] 7.
μόνιμος 24. 14.
μόσχος 64. 3.

μύξα 111. 25, 26.
μῦς 36. 15.
μιόχρους 46. 13.

ναυτιλία (ναυστιλείη) 80. 16; 81. 16.
νεανιεύειν 78. 9.
νεκρός 77. 13.
νέος 29. 14.
νεώτερος 38. 12.
νησιῶτις γῆ 15 [2] 2, [3] 3.
νηστεία 112. 14.
νομίζειν 82. 22.
νόμος 84. 3.
νουθετεῖν 93. 3.
νύξ 91. 5.

ξένια 14 (b) 9.
ξένος 91. 7.
ξέστης 111. 6.
ξηρός 96. 4.
ξύλινος 111. 33, 36.
ξύλον 103. 1.

ὄζιον 14 (b) 4.
ὁδοποίη 14 (b) 6.
ὀδούς 32. 5.
οἰκεῖν 79 [1] 3; 100. 8.
οἰκεῖος 14 (a) 8; 28. 5.
οἰκία 55. 11, 17, 21; 71 [2] 3; 79 [1]
  4; 83. 3, 4: and see ἀπογραφή.
οἰκοδομεῖν 35. 6.
οἰκονομεῖν 41. 17; 74. 13.
οἶκος 29. 16; 69. 10.
οἰνάριον 77. 36.
οἰνόκρεον 99. 3, 5, 6.
οἶνος 24. 9, 12, 21, 29; 41. 13; 50
  (f 2) 4; 61. 15; 77. 18; 90. 13.
οἱοσδήποτε 76. 7, 15; 90. 16.
ὀλίγος 92. 8.
ὀλόγραφον 89. 6; 90. 19.
ὅλος 76. 4; 77. 30.
ὀμνύειν 62. 4; 79 [1] 4, [2] 5.
ὁμοίως 63. 7.
ὁμολογεῖν 16. 2; 17. 2, 4; 26. 3; 31. 4;
  33. 1; 46. 7; 68. 3, 12, 18; 69. 3,
  32, 36; 70. 7, 14, 16, 20; 71 [1]
  11, [2] 28; 72. 6, 10; 74. 6, 19;

XV. GENERAL INDEX (GREEK)

75. 3, 16, 28; 76. 5, 22; 79 [1] 4, 11, [2] 5; 80. 20; 81. 20; 81 (*a*) 12; 87. 12, 36; 88. 14; 89. 2; 90. 4; 92. 9; 100. 9, 17.
ὁμολογία 25. 3.
ὁμόνοια 112. 20; 113. 16.
ὁμόνοος (?) 113. 11.
ὁμότιμος τοῖς συγγενέσι 23. 1.
ὁμοῦ 88. 14; 100. 9.
ὁμόφυλος 78. 4.
ὄνομα 71 [2] 10; 74. 17.
ὀνομαστός 59. 8.
ὄνος 14 (*a*) 10, (*b*) 5, 6; 46. 12; 50 (*c*) 2, 3, (*e*) 3. 5, (*h*) 3, (*l*) 3, (*m*) 11; 67. 16.
ὁπότερος 27. 23; 29. 28.
ὀρθῶς 71 [2] 15.
ὁρίζειν, ὡρισμένος χρόνος 18. 14; 21. 13; 24. 17; 27. 11; 29. 20.
ὅριον 15 [2] 3.
ὅρκος 62. 14.
ὁρμή 78. 15.
ὄρνις 14 (*b*) 3, 4.
ὀροβος 50 (*k*) 3.
ὅρος 77. 22; 84. 5.
ὀρ(υγή)? 53 (*d*) 5.
ὄρχησις 67. 7.
ὄσπρια 50 (*h*) 4, (*l*) 4.
οὐηλάριον 111. 16.
οὐηλόθυρα 111. 14.
οὐλή 15 [1] 14, [2] 1, 8; 20 [2] 12; 23 (*a*) [2] 3, 4, 6; 32. 5; 40. 1, 2; 46. 8, 11; 51. 11; 61. 23; 62. 17; 72. 3.
οὖς (ὦς) 15 [2] 1; 33. 2.
ὀφείλειν 16. 6; 30. 28; 49. 6; 69. 10; 89. 2; 90. 5.
ὀφείλημα 26. 9; 30. 27.
ὀφθαλμός 51. 10.
ὀχλεῖν 92. 7.
ὀψώνιον 43. 13; 63. 4, 12.

παιδεία 78. 8.
παιδοποιεῖν 78. 5.
παῖς 58. 7, 18.
παλαιός 83. 3: and see δραχμή.
πάλιν 75. 9.
πάμφιλος 92. 11.
πανάρετος 113. 4.
πανάχραντος 113. 3.
παντοίως 72. 9; 86. 17; 87. 35.
πάνυ 77. 8.
παππικός 55. 23.
παρά absol. 36. 3.
παραδιδόναι 16. 7; 73. 11; 76. 7; 111. 3
παράδοσις 46 (*a*) 8.
παρακαλεῖν 92. 7; 93. 3.
παρακομιδή 77. 5.
παραλαμβάνειν 29. 18; 51. 16; 74. 14; 94. 2, 4.
παραμένειν 87. 17.
παραμυθεῖα 89. 8; 90. 12, 22.
παραναγνῶναι 68. 16; 69. 33; 70. 15; 71 [2] 17, 29.
παράνομος 78. 20, 27.
παρασκευάζειν 93. 1, 4.
παρατοῦρα 100. 7.
παρατυγχάνειν 46 (*a*) 7.
παραχρῆμα 16. 9; 18. 15; 21. 15; 24. 12, 19; 25. 21; 26. 20; 27. 13; 28. 19; 29. 23; 30. 23; 33. 12.
παραχωρεῖν 25. 14, 19; 33. 3.
παραχώρησις 42. 7.
παρέρχεσθαι 84. 6.
παρέχειν 24. 13; 87. 25, 29; 89. 4; 90. 10; 98. 1; 102. 1; 103. 1.
παρθένος 113. 5, 21, 32.
παριστάναι 62. 11, 13; 79 [1] 8. 9.
παρουσία 14 (*b*) 2; 113. 13.
παρρησία 92. 7; 113. 13.
πατρικός 91. 2.
πατρῷος 82. 11.
παύειν 69. 21; 91. 5.
πείθειν 82. 21; 93. 4.
πει,ᾶσθαι 82. 18.
πέμπειν 76. 10; 92. 1, 5, 8.
περί (περη) adv. 71 [1] 16.
περίβολος 28. 13; 35. 7, 8, 15.
περιεῖναι 78. 13.
περιέχειν 69. 35; 71 [2] 18.
περιλύειν 112. 14.
περιστριδεῖς 14 (*b*) 4.
περιττός 112. 10.
περίχωμα 23 (*a*) [2] 8, 9; 32. 8.
πῆχυς 40. 1.

πιπράσκειν 16. 3; 46. 12, 20; 74. 6, 24; 77. 33.
πιστός 73. 12.
πιττάκιον 90. 26; 96. 6.
πλεῖν 14 (c) 6.
πληγή 78. 14.
πλήρης 69. 29; 74. 10; 75. 8.
πληροῦν 71 [2] 26; 76. 6, 12; 75. 7; 77. 4; 81 (a) 6; 100. 11.
πληρωτικός 100. 16, 25.
πλησθῆναι 91. 4.
πλοιάριον 111. 26.
πλοῖον 23. 6, 13, 18; 81 (a) 2, 5.
ποιεῖν 24. 16; 25. 4; 26. 22; 27. 12; 29. 21; 36. 12; 38. 3; 57. 15; 73. 17, 20; 77. 34; 78. 15, 25; 82. 5; 87. 29; 89. 6; 90. 18; 92. 3; 99 (a) 8, 9.
πολιτική 73. 9.
πολυδρία (?) 71 [1] 25.
πολύκωπον 80. 11, 16, 24; 81. 7, 11. 16, 24; 81 (a) 2, 5, 7; 82. 3. 10. 12.
πονηρός 76. 3.
πορεῖον 38. 18.
πορίζειν 14 (a) 11.
πόρος 86. 16; 87. 34; 90. 17.
ποτήριον 111. 5.
πούς 72. 3; 91. 1, 6.
πρᾶγμα 69. 28; 76. 18; 94. 3.
πραγματεύεσθαι (τὰ βασιλικά) 37. 5.
πρᾶξις 18. 22; 21. 18; 24. 22; 27. 21; 29. 16.
πρᾶσις 74. 15, 18.
πράσσειν 21. 24; 24. 26; 27. 25; 29. 30.
πρεσβεία 113. 1, 3, 12.
πρίασθαι 15 [2] 6, 12; 20 [1] 4; 23 (a) [2] 10, [3] 3; 32. 8, 10; 35. 9. 11.
προάστεια 70. 3; 71 [1] 2.
προέχειν 41. 5.
προίξ 76. 14.
προκεχωρισμένος 23. 17.
προνοητής 67. 1; 69. 8, 40; 98. 1.
προπωλητής 15 [2] 10; 32. 9; 35. 10.
προπωλήτρια 23 (a) [2] 11.
προσαποτίνειν 25. 21; 26. 19; 28. 18; 30. 22.
προσάπτειν 78. 11.

προσβαίνειν 49. 5.
προσδιαγράφειν 41. 14.
προσεδρεύειν 87. 18.
προσεῖναι 23 (a) [2] 7.
προσήκειν 82. 8.
προσκυνεῖν 91. 1, 6, 7; 92. 10.
προσομολογεῖν 69. 30; 71 [2] 6.
προστιθέναι 112. 10.
προσφάγιον 77. 21.
προσφέρειν 71 [2] 9; 113. 25.
προσφωνεῖν 70. 20; 71 [2] 27.
προχρεία 87. 14, 31, 43.
πύλη 50 (a) 1, (b) 1, &c.
πυρός 22. 4, 5; 23. 14, 18, 19, 20; 29. 9, 23, 34; 36. 18; 47. 6; 50 (b) 3, (c) 3. (d) 4, (e) 5, (f 1) 3; 67. 14. See also Index XI.
πῶλος 50 (d) 3, (f 1) 5, (k) 3.

ῥάβδος 111. 8.
ῥίς 15 [1] 14.

σεμψέλλια 111. 37.
σερακτο(όγδοον) 104. 3, 4.
σημαίνειν 23. 3, 11; 30. 6.
σημειοῦν (σεσημείωμαι) 49. 17; 53 (a) 8. (d) 9.
σήμερον 69. 9.
σιδηροῦς 17. 3; 111. 8, 19.
σινδών 77. 27.
σῖτος 86. 21; 94. 1; 96. 3, 4, 6; 101. 1.
σιτοφόρος 23 (a) [2] 7; 25. 8; 28. 8; 32. 5, 13; 33. 5.
σκεῦος 76. 15; 77. 14; 111. 1
σκευοφόρος 14 (b) 6; 50 (m) 12.
σπέρμα 92. 8.
σπορά 57. 10.
σπόρος 36. 16; 97. 4.
σπουδάζειν 82. 14.
στοιχεῖν 89. 7; 90. 21, 27; 95. 4; 96. 5; 97. 8: 100 18; 102. 4.
στρογγυλοπρόσωπος 23 (a) [2] 3, 4.
στρῶμα 111. 17.
συγγενής 23. 2, 9; 45 (a) 6; 78. 13.
συγγράφειν 16. 2.
συγγραφή 15 [3] 4; 19. 11; 22. 4; 30. 9; 32. 13.
συγκεῖσθαι 74. 23.

XV. GENERAL INDEX (GREEK)

συγκολλησιμός 41. 8.
συγχρῆσθαι 14 (*b*) 4.
συγχωρεῖν 15 [2] 9; 25. 3, 5; 33. 8.
συκαμενέα 98. 1.
συκάμινος 16. 4.
συλλαμβάνειν 78. 14.
συλλέγειν 77. 11.
συλλειτουργός 113. 19.
συλλύειν 26. 4.
συμβαίνειν 14 (*c*) 5; 76. 4.
σύμβιος 71 [1] 28; 78. 9.
συμβίωσις 76. 5, 9?
σύμβολον 23. 6, 15.
συμβοηθητικός 97. 7.
συμμετρεῖν 47. 14, 15.
συμπείθειν 33. 8.
συμπλεῖν 23. 16.
συμπλήρωσις 33. 7; 89. 5; 90. 15.
σύμφυτος 28. 7.
συμφωνεῖν 45. 18; 71 [2] 27; 74. 8; 80. 13; 81. 13.
συνάγειν 69. 14.
συνάλλαγμα 22. 10; 26. 9.
συνάπτειν 28. 9; 112. 15, 20.
συνδανείζειν 18. 8.
συνεπικελεύειν 26. 24.
συνεπιορεῖν (?) 69. 19.
συνευδοκεῖν 26. 25.
συνήθεια 80. 12; 81. 12; 81 (*a*) 6.
συνήθης 71 [2] 26, 28?
συνιστάναι 74. 11.
συνίσχειν (?) 14 (*a*) 13.
σύνοδος 67. 3; 113. 8.
σύνολον 69. 29; 76. 18.
συντάσσειν 14 (*a*) 18, 21; 23. 12.
συντελεῖν 82. 11.
συντιμᾶν 34. 3.
σύντομος 94. 2, 4.
συνυπογράφειν 23. 4, 12.
συστατικός 69. 20; 70. 4; 71 [2] 32.
σφραγίς 23 (*a*) [2] 7, 8; 25. 8, 15; 32. 6.
σῶμα 14 (*a*) 12; 71 [2] 15; 77. 3, 6, 10, 35.
σωτηρία 91. 5.

τάξις 81 (*a*) 3; 82. 23.

τάσσειν, τεταγμένος 14 (*a*) 3. τέτακται 15 [3] 1; 32. 12; 34. 1; 35. 13.
τελεῖν, τετέλεσται 50 (*a*) 1, (*b*) 1 et saep.
τέλειος 46. 13; 76. 19.
τελεσιφόρος 41. 9.
τελώνης 15 [3] 2; 34. 1; 35. 14.
τέτανος 15 [2] 8; 33. 2.
τετράμηνος 41. 16.
τετρημένος 15 [2] 1.
τέχνη 59. 10; 87. 14, 19, 21. 28.
τηλικοῦτος 82. 15.
τήρησις 73. 14.
τιθέναι 19. 12; 22. 5; 25. 3, 11; 28. 11; 30. 9; 31. 8; 33. 7; 69. 34; 71 [2] 18; 87. 38; 90. 25.
τιμάξιος 92. 11.
τιμή 15 [2] 9; 17. 6; 33. 9; 46. 15; 51. 15; 61. 14; 71 [1] 24; 74. 8, 25; 77. 17, 18, 27; 103. 1.
τίμημα 67. 12.
τίμιος 91. 1.
τόκος 18. 17; 19. 9; 21. 16; 22. 9; 27. 15; 31. 12; 69. 14, 25; 72. 8, 15; 89. 5.
τόπος 91. 4; 97. 3. ἐπὶ τόπων 56. 17; 82. 24.
τράπεζα ('bank') 15 [3] 1; 23. 4; 32. 12; 35. 13; 43. 2; 51. 3. δημοσία τρ. 56. 17.
τράπεζα ('altar') 111. 10, 11, 12.
τράχηλος 15 [1] 12; 51. 8.
τριετηρίς 69. 22.
τρίπους 111. 11.
τρινφαντός 111. 38.
τρόπος 31. 16; 33. 11; 74. 14; 76. 8, 15.
τροφ(ε)ῖα 75. 5, 10, 24.
τροφεύειν 75. 3.
τροφή 14 (*a*) 11.
τυγχάνειν 57. 8.
τυλάριον 111. 34.
τύπτειν 78. 19.
τύχη 62. 8; 79 [1] 5, [2] 7.

ὑγιαίνειν 36. 20; 91. 2.
ὑγίεια 91. 3; 92. 4, 5.

206   INDICES

ἵδρευμα 69. 17, 27; 71 [1] 14, 30.
ὑπάρχειν 15 [2] 2; 16. 4; 18. 26; 21.
   23; 23 (a) [2] 6; 24. 25; 29. 29;
   32. 5; 35. 6; 55. 16, 21; 68. 5;
   70. 9; 71 [1] 13, [2] 10; 82. 12.
ὑπερέρχεσθαι 84. 10.
ὑπερεύχεσθαι 91. 2.
ὑπερπεινῶν 18. 16; 21. 16; 27. 15.
ὑπεύθυνος 79 [1] 9.
ὑπηρεσία 71 [2] 3; 82. 15.
ὑπηρετεῖν 77. 34.
ὑπογράφειν 15 [3] 2; 32. 13; 75. 14.
ὑπογραφή 46. 17; 75. 13; 76. 20; 81
   (a) 11.
ὑποζύγιον 14 (a) 28.
ὑπόθεσις 112. 11.
ὑποθήκη 17. 3; 69. 14.
ὑποκεῖσθαι 23. 3, 10.
ὑποκκινος 28. 5.
ὑποκλυστός 15 [1] 14; 23 (a) [2] 6, 10;
   32. 4.
ὑπολαμβάνειν 36. 10.
ὑπόσκνιφος 35. 5, 6.
ὑπόστασις 86. 17; 87. 35; 90. 18.
ὑποταγή 112. 17.
ὑποτάσσειν 49. 6.
ὑποφάλακρος 20 [2] 12.
ὑφίστασθαι 82. 19.

φαίνειν 41. 22; 61. 20.
φακός ('mole') 15 [1] 12; 51. 7.
φακός ('lentil') 44. 12, 13.
φάρμακον 77. 17.
φάσκειν 17. 9.
φέρειν 73. 8; 77. 35; 91. 6.
φεύγειν 84. 4.
φιλοστοργία 71 [1] 12.
φοβεῖν 84. 3.
φοῖνιξ 50 (c) 2; (n) 7.
φονεύειν 36. 11; 84. 2.
φόρετρον 44. 10.
φόρος 39. 5.
φορτικός 112. 10.
φροντίζειν 77. 15.
φροντιστής 45. 5.
φύειν 28. 8; 78. 12.

φυλακή 78. 21; 99 (a) 12.
φυλάττειν 82. 14; 93. 2.

χάλασμα 23 (a) [2] 7.
χαλκοῦς 111. 11, 18, 20. 21, 22, 23, 24,
   26, 40.
χαρά 91. 4.
χείριγμα 50 (a) 5.
χαμίσσειν 50 (a) 4.
χαρίζεσθαι 14 (c) 7; 36. 19; 68. 3, 17;
   70. 7, 16; 71 [1] 11; 113. 13.
χάρις 68. 4, 5, 10; 70. 5, 7, 12; 71 [1]
   7, 11, 12, [2] 12. 18; 77. 13, 14;
   92. 9.
χάρτης 38. 5, 6.
χαρτίον 38. 5.
χάρτιος 111. 28.
χεῖλος 15 [2] 8; 23 (a) [2] 6.
χείρ 46. 9; 69. 10; 89. 6; 90. 19;
   104. 3 (?).
χειρογραφεῖν 37. 8.
χειρόγραφος 70. 19; 71 [1] 7, [2] 25;
   75. 13; 87. 43 (?).
χειρολυχνία 111. 25.
χήν 14 (b) 3, 4.
χιλωθηρον (gen.) 38. 11
χλωρός (?) 50 (c) 2.
χορηγεῖν 82. 10.
χρεία 14 (c) 1, 6; 72. 6; 92. 7.
χρέος 86. 16. 21; 88. 16.
χρεωστεῖν 89. 2; 90. 5.
χρηματίζειν 15-35 saep.; 70. 24; 85. 4.
χρηματισμός 23. 2, 10; 41. 18; 69. 20;
   70. 5; 71 [1] 29, [2] 33.
χρῆσθαι 72. 9; 74. 13.
χρησιμεύειν 82. 23.
χρόνος 18. 14, 16; 21. 14, 16; 23. 19;
   24. 17; 27. 11, 15; 29. 20; 41. 27;
   59. 17; 74. 13; 82. 9, 26, 29; 91. 2.
χῶμα 53 (g) 3.
χώρα 41. 22; 80. 17; 81. 17.
χωρεῖν 80. 13; 81. 15.
χωρίζειν 36. 10; 46 (a) 9.
χωρίς 85. 3; 87. 25; 90. 16.

ψωμίον 67. 14; 77. 20, 36.

ὠνεῖσθαι 15 [3] 4; 25. 9; 29. 6, 10; 74. 11.
ὠνή 15 [2] 11, [3] 2; 23 (a) [3] 1; 25. 11; 28. 11; 32. 9. 13; 35. 10; 71 [1] 14.

XVI. GENERAL INDEX (LATIN).

actum 108. 10.
aereus 109. 6.

barbaricus 108. 5, 6.

clavus 109. 5.

date 110. 4.
debere 107. 4.
decedere 107. 6.
decer(n)ere 110. 6.
dies 107. 3.

edere(?) 107. 7.
equus (aequus?) 110. 5.
esemeioth(e) 100. 23.

fatum 108. 5.
ferreus 109. 5.
fides 110. 4.

ilex 109. 7.
interpretari 107. 13.
intervenire 108. 10.

mittere 108. 6.

nomen 107. 14.

o(mn . . ?) 107. 12.

paries (?) 109. 3.
pertinere 107. 11.
p(ost?) 107. 3.
procurator 108. 7.

quoniam 107. 10.

recipere 108. 2, 8.
res 108. 7.
retinere 107. 12.

salvus (salbus) 108. 8.
sanus 108. 8.
scriba 108. 11.
scribere 107. 5; 108. 8.
scripta 108. 7.
sedens (?) 108. 9.
societas 107. 13.
socius 107. 6.
solvere 107. 2, 4.
statio 108. 9.
superare 108. 4.

terebratus 109. 1.

unguis 109. 6.

APPENDIX

Corrections and Addenda to Greek Papyri I, an Alexandrian Erotic Fragment, &c.[1] (BERNARD P. GRENFELL) :—

1. The 'Erotic fragment' has been the subject of considerable discussion, see O. Crusius (*Münchener Allgemeine Zeitung*, April 7, 1896, Beilage nr. 80, and *Philologus*, L.V. 2), H. Diels (*Deutsche Litteraturzeitung*, 1896, nr. 20), F. Blass (*Jahrbuch f. Klass. Philol.* 1896, p. 347), H. Weil (*Revue des Études Grecques*, 1896), *Athenaeum*, Aug. 1896, E. Rohde (*Berl. Phil. Wochenschr.* Aug. 15, 1896), and U. von Wilamowitz-Möllendorf (*Nachrichten d. K. Ges. in Göttingen*, 1896, Heft 3). Much has been done by these distinguished scholars towards solving the difficulties of interpretation, though unanimity has not yet been reached on the question whether the fragment is to be regarded as rhythmical prose or as poetry. The former view, which I had suggested, is adopted and expanded by Diels, Blass, Weil, and my reviewer in the *Athenaeum*, while Crusius, Rohde, and W-M., prefer to treat the whole fragment as a poem. Leaving out of consideration questions of metre, interpretation, punctuation, and division of words, I confine myself here to suggested alterations in my version, which I have again compared with the original text.

3. There are no dots after επιβουλως, as Crusius (*Philol.* l.c.) suggests. What looks like them in the facsimile is not ink, but a dark fibre of the papyrus.

---

[1] W-M. = Prof. U. von Wilamowitz-Möllendorf; H. = Mr. A. S. Hunt. Where no name is given, the corrections are my own.

4. Crusius is right in reading φιλιην for φιλιαν. α and η are often very much alike in this papyrus, but the doubtful letter is more like η than α here and in line 1, where read φιλιης for φιλιας.

5. The fourth α in απαραιναμαι is a correction (Blass).

10. Between this line and the next there is a paragraphus (Weil. Crusius).

11. Of the two alternatives which I suggested, μοι αιτιαν and μεταιτιαν, the second has generally been preferred. W-M. would read μου. μοι may be a mistake for μου, but μου cannot be read in the text.

12. No very convincing solution of this difficulty has yet been proposed. As to the γ of ηνεγκε I must reiterate what I said before, that the facsimile is deceptive. What looks like the bottom curve of a σ is only a dark fibre, not ink; the letter is written Γ.

With regard to the next word, μην (Blass) can be read, but ιω (Crusius, W-M.) cannot. The first letter is like α, λ, or μ, but is not in the least like ν. νοι, which Crusius thinks possible, is still less satisfactory, as the last letter of the word is certainly ν.

17. There is a consensus of opinion that επιμανουσοραν must be altered; but the mistake, if it be one, is due to the scribe, since επιμανουσοραν is quite clear.

19. Crusius expresses doubt as to the δ before ερι, and thinks γ can also be read. But this form of δ is quite common, cf. the δ of διανοιαι in line 5; and γ in Ptolemaic papyri is upright and angular.

20. Blass suggests μοριας for μοριος, but the second ο is clear in the original.

22. On αραμ[νη]σθωμ Blass remarks, 'von dem θ zeigt das facs. nichts,' but the θ is distinct from the ω in the original, though partly covered by it. Probably Crusius is right in supposing that the scribe corrected αναμνησθωμαι into αναμνησωμει.

25. There is no double point after διαλυεσθαι, as Crusius doubtfully suggests.

Col. 2. 1. l. αν for ον, Blass. A small fragment which contained the two letters has disappeared, so I cannot verify this.

10. Last season I acquired another fragment belonging to the second column. It is too small to be of much value, but I give it here in the hope that the rest of the papyrus may yet come to light. Like so many mutilated documents in our museums, the papyrus was no doubt com-

plete when discovered, and was only broken up through careless handling. Lines 10 ff. are now as follows:—

10 κυριον ατυχ[.]. ς ου[
οπυασθωμεθα εμων (or -ην) [..]εδε[επι-
τηδειως αισθεσθω μ[..]ταν[
εγω δε μελλω ζηλουν τω[
δουλ[....].ταν διαφορου: η[
15 ανθρ'ωπο.]ς ακριτως θαυμα
με.[......]φ[ο]ρη: [
θαυ[μα......]χριαν κατ[
σχω[..........]τωι το[
κου[..........]νοσησαν[
20 και[...........]μμεν..[
λελαλ[ηκ......πε]ρι εμην[

Probably this was the end of the composition.

xi. [1] 15. l. [γῆ]ν for [...]ν (W-M.).
    [2] 6. l. Δαιμάχωι for Δαγμάχωι (W-M.).
    14. l. δραξάμενον for δρυξάμενον (W-M.).
    25. l. [προβλ]ηθέντα (W-M.).
    26. l. ἐπιτ[ετελεσμ]ένον ὑπ' αὐ[τοῦ (W-M.).

xiv. 6. l. ἐπίστατον (i.e. ὑποκρητηρίδιον) for ἔτι στατόν (W-M.).
    7. l. κλι (the ι being underneath the λ) i.e. κλί(νης) for κα (*Athenaeum*, l.c.).

xvii. 6–8. The lacunae may be filled up [διὰ τὸ ἡμᾶς πρεπβυ]τέρας
    [θόντες οὔτε ἀγχι]στείαν
    [λειμμένοι καταλ]ύσαντες.
                                    (Mahaffy-Grenfell.)

On xix, xxxii, xl, and xli my reviewer in the *Athenaeum* remarks, 'A point ... which Mr. Grenfell has overlooked is that nos. xix, xxxii, xl, and xli are written on the *verso* of the papyrus contrary to the well-established canon that the *recto*, or side on which the papyrus-fibres lie horizontally, is always first used for writing ... the truth appears to be that whereas in the Roman period the rule is invariable, except in the case of very minute scraps of papyrus, in the Ptolemaic period there are some exceptions, though here too the rule generally holds good. Of the four exceptions just mentioned, two are very small pieces of papyrus, and in the third case the shape and appearance of the papyrus suggests that the writer has used the side which was intended to be the *recto*, though for some unknown reason he has turned it round, so that the writing is across the fibres.'

It is however my reviewer who has overlooked the precise enunciation of the 'well-established canon' given by its founder, Professor Wilcken, in *Hermes* XXII, and has in consequence identified 'writing *across the fibres*' with 'writing *on the verso*,' which is something quite different. As the distinction has not always been kept clear, it is worth while to cite Professor Wilcken's canon (l.c. p. 489) in his own words:— 'die Horizontalseite ist die ursprünglich zum Schreiben bestimmte Seite des Papyrus, während die Verticalseite, wenn überhaupt, nur nachträglich dazu benutzt wird.' On the previous page Professor Wilcken had expressly guarded himself against the relativity of the term horizontal, 'Zur Vermeidung von Missverständnissen füge ich hinzu dass ich die Ausdrücke horizontal und vertical anwende, indem ich mir eine einzelne Selis in der ursprünglichen Lage vor mir liegend denke, d. h. so, wie sie in die Rolle eingefügt wurde, so dass also die längere Seite die Höhe bildet.' This being so it is, as Professor Wilcken remarks (l.c. 490, note 1), a matter of complete indifference which direction the writing takes with regard to the fibres on the (originally) horizontal side or *recto*. In the Ptolemaic and Roman periods it was the custom, though by no means the invariable one [1], to write along the fibres of the *recto*, but in the Byzantine period there are almost as many papyri written across the fibres of the *recto*, as along them. The direction of the writing with regard to the fibres is of little importance, since it has nothing to do with the question which is the *recto* or side on which, when held in its 'ursprüngliche Lage,' the fibres run horizontally to the person holding it.

On applying the canon as it was propounded by its discoverer to the four papyri in question, so far from their being 'contrary' to it, they,

---

[1] e. g. no. xlii of the present volume, which is written on the vertical fibres, but, as the line of juncture between the two sheets of which it is composed shows, on the *recto*. No. lxvi, of the third century, and nos. xci-xcviii, &c., of the Byzantine period, are other instances of writing across the fibres of the *recto*.

as might be expected, confirm it. In xxxii and xli, though incomplete, the dimensions of the sheet can, in each case, be gauged so far that, holding the papyrus in the natural position for reading it, we can see that the breadth considerably exceeded the height. In order therefore to apply the canon which requires that the longer side should constitute the height, the papyrus must be turned round so that the writing is at right angles to us. Then of course the fibres, on the side containing the writing, are horizontal to us, and the papyrus is merely an instance like those mentioned, in which the writing is on the *recto*, but across the fibres, and the dimensions of the *selis* cannot be ascertained. xix is still more fragmentary; but the 'ursprüngliche Lage' can be ascertained because there is a junction with another sheet near the top, running parallel with the writing. As the sheets were joined together so that the fibres on the 'Horizontalseite' or *recto* are at right angles to the line of juncture (Wilcken, l.c. p. 490, note), it is necessary, in order to hold xix in its 'ursprüngliche Lage,' to turn it round so that the writing is at right angles to us; and the papyrus is another example of the class in which the writing is on the *recto*, but across the fibres. xli, though complete, is obviously a small piece cut off a whole sheet. There is nothing to show which the 'ursprüngliche Lage' of the papyrus was, and the only way of ascertaining which is the *recto* and which the *verso* of this papyrus, would be to compare the surface of the two sides, since the *recto* is generally much smoother than the *verso*. As the papyrus is now mounted, this unfortunately cannot be done; but unless a negative instance can be found to Wilcken's law, the overwhelming presumption is that, as in the three other cases, this writing also is on the *recto*, but across the fibres.

The only objections to the universal validity of Wilcken's law besides those of the *Athenaeum* reviewer, which have been shown to be based on a misconception, are those raised by Professor Mahaffy in connexion with *Petrie Pap.* II, nos. xxix (*b*), (*c*), and (*d*), and xxxi. The first three however present no difficulty. In xxix (*b*) two sheets are joined in such a way that in one case the *recto*, in the other the *verso* is uppermost. There are other instances of this obviously incorrect method of joining two sheets, e.g. in a long demotic roll in Lord Amherst's collection consisting of several sheets, the *verso* of one sheet is uppermost. But this is no argument against the application of Wilcken's law to papyri consisting either of a single sheet or of several sheets correctly joined together, so that the fibres on the *recto* of each are continuous.

xxix (c) and (d) are written on both sides, the *recto* containing a taxing account on vineyards, the *verso* some private accounts. Professor Mahaffy remarks that the private account 'can hardly have been the earlier writing.' But seeing that the Ἀθηναίων πολιτεία was written on the *verso* of private accounts, why could not a comparatively unimportant taxing account be so written? Where a papyrus is written on both sides, the *verso* is frequently the more important document.

Of xxxi, Professor Mahaffy remarks, 'This fragment is written on the *verso* side (at right angles with the fibres), whereas the (usual) *recto* side is blank. It is thus a distinct exception from Wilcken's law.' The editor has here fallen into the same misconception of the nature of Wilcken's law as the *Athenaeum* reviewer. The fact that the writing is at right angles to the fibres has no bearing on the question of *recto* and *verso*, which, as has been said, has to be decided by finding out the 'ursprüngliche Lage' of the sheet and seeing whether the writing is on the 'Horizontalseite.'

Which then is the 'ursprüngliche Lage' of the papyrus? The question cannot be decided definitely because it is broken both along the top and down one side, and it is quite uncertain how much is lost in either case. There is a junction with another piece of papyrus along the top, parallel with the direction of the writing, and, if that were a junction with another sheet, the question would be settled, since the present top of the papyrus would become the side in the 'ursprüngliche Lage' (v. sup.) and the writing would be on the 'Horizontalseite' or *recto* as the law requires. But it is more probable that the junction is not with another sheet but with another papyrus altogether, which was glued to it in the process of cartonnage manufacture. There are however several reasons for supposing that the writing is on the *recto*. As the papyrus is now mounted, the surface of the two sides cannot be compared: but the side containing the writing is quite smooth, and much more like a *recto* than a *verso*. Secondly, in its present condition, the breadth of the papyrus (holding it so as to read it) considerably exceeds its height, and as there is nothing to show that more is lost at the top than at the side, the presumption is that the breadth of the papyrus (held so as to read it), not its height, constitutes the height in its 'ursprüngliche Lage.' In that case of course the writing is on the 'Horizontalseite' or *recto*. Thirdly, since Wilcken's law holds good in every case where the 'ursprüngliche Lage' can be ascertained, the presumption is that it holds good where there is not enough evidence to show what the 'ursprüngliche Lage' of a sheet was. But it may be noted that, even if this papyrus were written on the *verso*, it still would not disprove Wilcken's law; for, though the other side, on this hypothesis the *recto*, is blank, the papyrus is very incomplete, and therefore there might have been writing on the supposed *recto* which has perished, but was earlier than the writing on the supposed *verso*. The only way in which Wilcken's law can be disproved is by the discovery of a complete sheet or sheets of which the *recto* is blank, or of a papyrus consisting of one or more sheets of which the writing on the *verso* is quite certainly earlier than that on the *recto*.

There is, however, some difficulty in connexion with *Gr. Pap.* I. xxxiii, which in publishing that papyrus I had overlooked. The papyrus is written on both sides which are equally rough, and has a junction of two sheets in the middle, parallel with the direction of the writing. In order, therefore, to ascertain which is the *recto*, the papyrus has to be held so that the junction of the sheets is vertical. Then the side containing the contract dated Phamenoth is on the *recto*, and that dated Mecheir on the *verso*. Here, at any rate, it might seem that there was an exception to Wilcken's law. But in the summary of three sales in lines 27-29 covering two different years, chronological order is not observed, so that there is no necessity for supposing that in writing the contracts dated Phamenoth and Mecheir chronological order was observed, especially as these contracts are clearly not originals but copies made at a later date. Nor is it at all certain that the contract dated Mecheir is really earlier than that dated Phamenoth, for there is nothing to show that they were made in the same year, and different years are mentioned in lines 27-29. Moreover, one sheet of this papyrus is broken off at the top, while the other is only part of a whole sheet; and as the two sides of the papyrus are equally rough, it is possible that the two sheets have been incorrectly joined in such a way that the fibres on the *recto* of one join those on the *verso* of the other which has been turned at right angles. In any case there are far too many doubts connected with this papyrus for it to be used as an exception to Wilcken's law, the universal validity of which is still unshaken.

xx. 15. l. διδράχμο]υς; cf. xviii. 17 of the present volume.

xxi. 5. l. τὴν ἀνακομισθεῖσαν παρά (Mahaffy).

xxvii. Note on line 11, for '5½ arourae... were' l. '½ aroura... was'.

xxxiii. Lines 1–29 are on the *recto*, 30–56 on the *verso*; cf. the preceding discussion of this subject.

αρ in 6, 8, et al. is perhaps ἀρ(οτήρ) (Mahaffy).

xxxiv. 2. for ἐπὶ . . . . . l. ἐφ' Ἑρμίου ; cf. xxxv. 2 of the present volume.

xxxviii. 9. ρων Pap. l. ⟨τι⟩ρῶν (W-M.).

13. The stop is to be placed as W-M. suggests after μου, not after πλήοσιν. οὐ can hardly be right, though ὁ δέ, W-M.'s suggestion, will not do. The letter after ο is more like τ than υ, and at the edge of the papyrus is what may be a bit of a letter, perhaps ο or ω.

19. εαγραφω. I had suggested ἐ⟨ὰν ᾖ ἂ⟩ γράφω. W-M. suggests ἐὰ⟨γ⟩ γράφω, which is shorter, but the alteration of εαν to εαγ before γ is contrary to the practice of scribes of this century, and the writer of this document uses the forms συνστησάμενος and ἐνκεκλημένος.

xli. διεθειτο Pap. W-M. suggests this is a mistake for δεηθέντι. There should be a stop after Πετεύριος (W-M.).

xliii. 4. l. ἔγραψας for ἔγραψα (W-M.). At the end of the line supply ἠγορα- (H.).

6. l. [ἔχεσθαι (H.).

xlvii. 2. l. κωί μης (sic) (H.).

10. l. καὶ γάρ for [. . . . .]αι (H.).

16–17. l. κα'ὶ . . . ἀ χ θῆναι αὐτοὺς λόγον | ὑπεξομένους ὧν . . . (H.).

xlix. 8. κεκευσθέντα is a misprint for κελευσθέντα.

liii. Lines 2–5 give the four ingredients of the ἀχάριστον, the drachmae referring to the weights, not the coins (W-M.).

liv. 6. l. ἐμ for ἐν (H.).

11. l. διδούντος (sic) for διδύντος (H.).

14. l. μισθου. μένου for μισθω μένου (H.).

16. l. καθήκι for α . θη καὶ (H.).

18. l. τελεσμάτων for τελε . . . . . (H.).

On the *verso*, after φο / l. σιτ'ο" ἀρ/ τρε ῖς κριθ" ἀρ/ ἥμισυ (H.).

lvi. The date of this papyrus should be given as 537, not 536, since it is dated in the fifteenth indiction (*Athenaeum*, l. c.).
lvii. 5. λογιζώμενα is probably the word lost after ἔτη (H.).
lviii. 3. l. κώμ(ης) for κώμης (H.).
  20. l. Ἰακυβίου for Ἰακουβίου (H.).
  25. l. συμβολαιο^{υ}γράφ^ο/ for συμβολαιο^{υ}γράψ/ (H.).
  26. Perhaps γεναμ^ε π/ i. e. π(αρά) (H.).
lxi. 11. διατηρησιν Pap. l. διατηρῶσιν (H.).
lxiv. 8. l. τῷ πάντ(ων) for . . . . . (H.).
lxv. 3. l. μηδένα λόγον for μηδὲν ἄλογον (H.).
lxvi. 1. om. stop after θεοφιλία (H.).
  4. l. [τῷ δεσπ^ο] ἐμ^ο τ^ω π^α (i. e. ἐμοῦ τῷ πάντων) θεοφιλ/ ὑσιωτ/ π/ (i. e. πατρί) (H.).

OXFORD
PRINTED AT THE CLARENDON PRESS
BY HORACE HART
PRINTER TO THE UNIVERSITY

www.ingramcontent.com/pod-product-compliance
Lightning Source LLC
Chambersburg PA
CBHW031752230426
43669CB00007B/584